铁路行车技术管理

（普速铁路部分）

肖龙文　主编

中南大學出版社
www.csupress.com.cn
·长 沙·

内容简介

本书是为了适应我国铁路运输发展、科学技术进步、铁路体制改革的需要而编写的交通运输专业类教材。本书依据《铁路技术管理规程》(普速铁路部分)《铁路调车作业标准》《接发列车作业标准》《铁路运输调度规则》《铁路营业线施工安全管理办法》等铁路行车主要规章编写，全面系统地介绍了铁路行车工作必须遵循的基本原则、工作方法和作业程序。本书内容主要包括编组列车、调车工作、行车闭塞法、接发列车、列车运行、列车调度指挥和施工作业组织等。

本书既可作为交通运输类专业的教材，也可作为铁路运输企业职工培训用书。

高等院校交通运输类"十三五"规划教材

编审委员会

总序

交通运输业是国民经济体系的重要组成部分，也是促进国民经济发展的重要基础产业和推动社会发展的先决条件。在最近的30年里，我国交通运输业整体上取得飞速发展，交通基础设施、现代化运输装备、客货运量总量和规模等都迅猛扩展，大量的新技术、新设备在铁路等交通运输方式中被投入应用。同时，通过大量的交通基础设施建设，特别是近年来我国高速铁路的不断投入使用，我国的交通供需矛盾得到一定的缓解，我国交通运输网络的结构也得到了明显改善，颇具规模的现代化综合型交通运输网络已经初步形成。

我国交通运输业日新月异的发展，不仅对专业人才提出了迫切的需求，更使其教材建设成为专业建设的重点和难点之一。为解决当前国内高校交通运输类专业教材内容落后于专业与学科科技发展实际的难题，由中南大学出版社组织国内交通运输领域内的一批专家、学者，协同编写了这套交通运输类“十三五”规划教材。参与规划和编写这套教材的人员都是长期从事交通运输专业的科研、教学和管理实践的一线专家、学者，他们不仅拥有丰富的教学和科研经验，还对我国交通运输相关科学技术的发展和变革有着深入的了解和掌握。这套教材比较全面、系统地介绍了目前国内交通运输领域尤其是高速铁路的客货运输管理、运营技术、车站设计、载运工具、交通信息与控制、道路与铁道工程等方面的内容，在编写时也注意吸收了国内外业界的实践和理论成果，突出了实用性和操作性，适合高等院校交通运输类以及相关专业的培养目标和教学需求，是较为系统和完整的交通运输类系列教材。该套教材不仅可以作为普通高校交通运输专业课程的教材，还可以作为各类、各层次学历教育和短期培训的首选教材，也比较适合作为广大交通运输从业人员的学习参考用书。

由于我们的水平和经验所限，这套教材的编写也有不尽如人意的地方，敬请读者朋友不吝赐教。撰写者在一定时期之后会根据读者意见以及学科发展和教学等的实际需要，再对教材进行认真地修订，以期保持这套教材的时代性和实用性。

最后衷心感谢参加这套教材编写的全体同仁，正是由于他们的辛勤劳动，编写工作才得以顺利完成。我们还应该真诚感谢中南大学出版社的领导和同志们，正是由于他们的大力支持和认真督促，这套教材才能够如期与读者见面。

田红旗

中南大学校长、院士、博士生导师

前 言

第10版《铁路技术管理规程》是2006年9月27日经铁道部第十四次部长会议通过，于2007年4月1日开始执行的。2007年以来，随着高速铁路陆续投入运营，许多内容超出原《铁路技术管理规程》规定。普速铁路也有很大变化，如纳入动车组在普速铁路运行有关作业要求，旅客列车与货物列车列尾装置的安装及有关作业要求，对部分行车凭证进行调整与统一，对发布调度命令的事项与有关要求进行调整与完善等。设备变化后引起的作业方式、职责调整必须重新进行规定。为实行铁路政企分开，2013年3月撤销铁道部，组建中国铁路总公司，承担原铁道部的企业职责，负责铁路运输统一调度指挥，经营铁路客货运输业务，承担专运、特运任务，负责铁路建设，承担铁路安全生产主体责任等。铁路实行政企分开后，《铁路技术管理规程》的定位和职责发生了重大变化。因此，中国铁路总公司于2014年5月27日经总经理办公室会议审议通过《铁路技术管理规程》(技术规章编号：TG/01—2014)，自2014年11月1日起执行。

本书是根据交通运输类专业教学的需要，以中国铁路总公司《铁路技术管理规程》(技术规章编号：TG/01—2014)(普速铁路部分)第二篇行车组织相关条文及铁路行车主要规章为依据编写，全书共分八章，分别是概述、编组列车、调车工作、行车闭塞法、接发列车、列车运行、列车调度指挥和施工作业组织。

本书由中南大学肖龙文主编。参加编写工作的有：中南大学肖龙文(第一章、第二章、第三章、第七章、第八章)，中南大学邓连波(第六章)，中南大学张云丽(第四章)，中南大学周文梁(第五章)。

在编写本书过程中，参考了许多专家学者的有关文献资料，得到广州铁路(集团)公司、上海铁路局、南昌铁路局等有关领导和专家的支持，在此一并表示感谢。

由于编者水平有限，书中难免有疏漏之处，恳请广大读者给予批评指正。

编者

2017年2月

目　录

第一章

概　述

铁路行车工作的基本任务是合理使用铁路运输设备，安全、迅速、及时、准确地运输旅客和货物。它包括调车工作、接发列车工作和调度指挥工作三个方面。

第一节　铁路行车组织

一、铁路行车组织的概念

铁路是国民经济大动脉、国家重要基础设施和大众化交通工具，是综合交通运输体系骨干、重要的民生工程和资源节约型、环境友好型运输方式，在我国经济社会发展中的地位至关重要。

铁路行车组织是铁路运输生产组织最核心的组成部分，是铁路综合运用各种技术设备合理组织列车运行以实现旅客和货物运输过程的生产计划和组织工作。铁路企业通过采用先进的行车方式和组织方法，密切铁路内部各专业部门和铁路外部各企业单位间的协调配合，建立正常稳定的运输生产秩序，充分发挥各种运输技术设备的效能，以保证安全、正点、优质、高效地完成客货运输任务。

铁路运输生产是以列车运行方式进行的，凡与列车和车列运行、机车和车辆移动有关的各项作业和工作都属于铁路行车组织的范围。具体而言，铁路行车组织工作的主要内容包括：车站技术作业组织、车流组织、列车运行图、铁路通过能力、铁路运输工作技术计划和调度工作等。

铁路行车组织工作绩效综合反映了参与运输生产活动的各个部门共同努力的结果，直接影响到铁路运输安全及运营收入和支出，对铁路的形象和声誉、经济和社会效益都产生重大影响。

二、铁路行车组织的内容

铁路行车组织主要有以下内容。

(一)列车编组计划

1.列车编组计划的概念

货物在发站装车后，如何将这些车流编成各种列车输送到目的地，需要有一个经济合理的组织方法。列车编组计划就是规定如何将车流组织成为各种专门的列车，从发站向到站运送的制度。列车编组计划是全路的车流组织计划，列车中车组的编挂，须根据铁路总公司和铁路局的列车编组计划进行。

列车编组计划的编制，应在加强货流组织的基础上，最大限度地组织成组、直达运输，合理分配各编组站、区段站的中转工作，减少车辆改编次数。通过列车编组计划，可以合理地组织车流输送，加速货物送达，充分利用铁路通过能力，以及合理地分配全路各技术站的调车工作任务。

列车编组计划所要研究和解决的主要问题就是怎样编组列车、编组哪些列车和在哪些车站编组列车的问题。其内容主要包括：列车的编组站(发站)；列车的解体站(到站)；列车中车辆的到站(重车)和车种(空车)；列车中车组的编挂方法等。

列车编组计划主要包括以下内容(表1－1)：

表1－1　甲站列车编组计划(示例)

发站	到站	编组内容	列车种类	定期车次	附注
甲	丁	丁及其以远	技术直达		
甲	丙	①丙及其以远(不包括丁及其以远) ②空棚车	直通		
甲	乙	乙及其以远(不包括丙及其以远)	区段		
甲	乙	①A－D间按站顺 ②乙及其以远	摘挂		按站顺

(1)发站：指列车编组始发的车站。

(2)到站：指列车的终到站(解体站)。

(3)编组内容：规定了该列车用哪些车流编组及车组的编挂方法。

(4)列车种类：该种列车的分类。

(5)定期车次：若该列车为装(卸)车地组织的直达列车，则表示该列车开行期间的固定车次。

(6)附注：对编组内容栏加以补充说明，常见的说明如按站顺、按组顺、规定基本组重量、开行列数等。

编组内容栏规定的列车中车组的编挂方法，通常为以下几种：

(1)单组混编，即该列车到达站及其以远的车辆，不分到站、不分先后混合编挂。

(2)分组选编，即一列列车中分为两个及其以上的车组，属于同一组的车辆必须编挂在一起。对车组的排列，无特殊要求者，可以不按组顺编挂。

(3)到站成组，即在列车中同一到站的车辆必须编挂在一起。

(4)按站顺编组，即在列车中除同一到站必须挂在一起外，还要求按车辆到站的先后顺序进行编挂。

2.列车编组计划的作用

列车编组计划是全路的车流组织计划，列车编组计划的主要作用如下：

(1)把全路复杂的重、空车流，分别按到站和去向的不同，组织到不同种类的列车之中，有节奏地组织运输生产。

(2)规定了各站的作业任务、作业方法和运用车站技术设备的办法，对车站工作组织起着决定性作用。

(3)规定了各站间的相互关系和联合动作，是全路车站分工的战略部署。

(4)不仅是铁路运输组织工作的主要内容，也是铁路与国民经济其他部门紧密联系的一个重要环节。

(5)列车编组计划与列车运行图有着密切的联系，它是编制列车运行图的基础。没有列车编组计划的行车量和列车分类，运行图将难以铺画。同时，列车编组计划又有赖于列车运行图来体现。两者密切结合，成为铁路行车组织工作的基本技术文件。列车编组计划也是铁路运输方案、日班计划及改善站场布局的依据。

(二)列车运行图

铁路列车运行图(以下简称列车运行图)是用以表示列车在铁路区间运行及在车站到达、出发或通过时刻的技术文件，它规定各车次列车占用区间的程序，列车在每个车站的到达、出发或通过时刻，列车在区间的运行时间，列车在车站的停站时间以及机车交路、列车重量和长度等。

列车运行图是铁路行车组织工作的基础。所有与列车运行有关的铁路各部门，必须按列车运行图的要求，组织本部门的工作，以保证列车按列车运行图运行。

列车运行图运用坐标原理，用图解形式表示列车运行。以水平线表示车站的中心线，以垂直线表示时间，以斜线表示列车运行线。上斜线代表上行列车，下斜线代表下行列车。列车运行线与车站中心线的交点，表示列车在车站的到达、出发或通过时刻。各种列车运行线用不同颜色和符号表示。

编制列车运行图时应符合下列要求：

(1)列车运行、车站间隔、技术作业等时间标准。如区间运行时分标准、列车追踪间隔时间标准、车站间隔时间标准、列车技术检查作业时间标准、机车换挂及继乘时间标准等。

(2)迅速、便利地运输旅客和货物。确定旅客列车行车量及列车性质时，必须根据客流，贯彻长短分工、快慢分工的原则。铺画旅客列车运行线时，应合理规定停站次数和时间。安排货物列车运行线时，要突出重点、兼顾一般，加速货物的输送。

(3)充分利用通过能力，经济合理地使用机车车辆和安排施工、维修天窗。合理铺画旅客列车运行线和优化货物列车铺画方案，既要充分利用通过能力，减少空费时间，又要提高列车旅行速度，加速机车车辆周转。

为确保施工作业安全，满足设备部门维修、施工作业需要，列车运行图应按规定安排足够的施工、维修天窗。

天窗是指在列车运行图中，不铺画列车运行线或调整、抽减列车运行线，为营业线施工、维修作业预留的时间，按用途分为施工天窗和维修天窗。

(4)做好列车运行线与车流的结合。“流线结合”是列车运行图与列车编组计划结合的重要内容，也是编制货物列车运行图的重要课题之一。

因为车流是运行图的基础，铺画运行线时必须符合列车编组计划所规定的列车种类、数量和性质。直达列车的配空和出重运行线要很好地结合，为组织好直达列车创造条件。

(5)保证各站、各区段的协调和均衡。区段内均衡地铺画列车运行线，可以有效地利用通过能力，保证畅通无阻。直达和直通列车运行线要做到区段间紧密衔接，干线与支线间紧密衔接。同时充分考虑编组站能力，使有改编作业与无改编作业的列车均衡交错地到达编组站，保证编组站作业均衡。要安排好车流接续，避免车辆在车站长时间停留。

(6)合理安排乘务人员作息时间。乘务人员保持充沛精力进行工作，有利于提高劳动生产率，保证行车安全。为此，在编制列车运行图与机车周转图时，对乘务人员的作息时间应按有关规定办理。

机车周转图不仅确定了机车供应台数，合理地安排了机车交路，使机车运用与列车运行线紧密结合，合理地压缩自、外段停留时间，并且还规定了机车正常保养和整备作业时间。因此，编好机车周转图也是提高机车运用效率、保证机车质量的重要措施，应与列车运行图同时编制。

(三)技术计划

铁路运输生产技术计划(简称技术计划)是为了完成月度货物运输计划而制定的机车车辆运用计划。为了保证月度货运计划的实现，必须在现有的机车车辆类型、结构和数量的条件下，编制合理运用机车车辆的技术计划。在一定的固定设备条件下，铁路所能实现的运输能力将取决于活动设备的数量、类型及分布。技术计划的编制与执行主要解决以下两方面的问题：为完成一定的运输任务，应拥有多少机车车辆；一定数量和类型的机车车辆能完成多少运输任务。技术计划主要内容包括如下：

(1)使用车、卸空车和交接重车计划；

(2)空车调整计划；

(3)各区段货物列车列数计划；

(4)分界站货车出入和货物列车交接计划；

(5)货车运用指标和运用货车保有量计划；

(6)机车运用指标和货物列车机车使用台数计划。

在铁路运输生产过程中，各铁路局承担的货物运输任务每月都有变动。各站段车种别的装车数量、装车去向、由外局接入重车的去向、卸车地点、车种别数量各月都不相同，造成了重车流和空车流在时间和空间上的不均衡变化。制定技术计划的目的，就是要根据变化的情况在各局之间合理调配机车、分布运用车，规定空车的正确流向和各区段的行车量及分界站的车辆交接任务，确定各局应完成的机车、车辆运用的数量指标和质量指标，以充分利用铁路区段通过能力和机车车辆利用效率，提高运输组织工作效率。

(四)运输方案

运输方案是保证完成月、旬运输任务的综合部署。它根据月度货物运输计划、技术计划、施工计划和列车编组计划、列车运行图、机车周转图的规定，考虑装卸站的装卸能力、短途运输能力、企业的生产规律及当月、旬的具体情况，对月、旬的货运工作、列车工作、机车工作和工务、电务、供电、工程施工等工作进行的综合部署和统筹安排。通过运输方案，把产、供、运、销全过程与运输生产各个方面、各个环节紧密衔接起来，使货流组织与车流组织、车流组织与列车运行、列车运行与机车运用紧密衔接起来，统筹兼顾，全面安排，从而使铁路运输更好地为经济发展、国防建设和人民生活服务，以适应国民经济发展的需要。

运输方案的主要作用为：

(1)通过运输方案，使运能和运量相互协调，保证运输生产计划的完成，全面完成运输任务；

(2)通过运输方案有效地组织路内外相关部门的紧密协作，提高运输效率和效益；

(3)通过运输方案找出运输生产中的主要矛盾和薄弱环节，预防可能发生的困难。

编制运输方案的主要依据为：

(1)货物运输生产计划、旬计划；

(2)货物列车编组计划，列车运行图和站段技术作业过程；

(3)有关区段通过能力，主要站通过能力及改编能力、装卸能力；

(4)各铁路局间相互交换的重点车站装车资料；

(5)前一时期运输方案执行情况的分析；

(6)吸引地区主要物资部门的生产、供应、销售情况及其对运输的要求；

(7)铁路与其他交通工具的衔接协作，联合运输的开展情况和短途运输能力等。

运输方案由货运工作方案、列车工作方案、机车工作方案和施工计划四部分组成。

(1)货运工作方案是运输方案的基础。它的主要任务是根据月度货物运输计划，结合货源货流特点和厂矿企业生产、装卸、搬运能力，以直达、成组为中心，合理组织自装车流，安排日历装车计划，同时做好主要站的卸车安排，为列车工作方案提供依据。

(2)列车工作方案是运输方案的核心。主要任务是按照列车编组计划和列车运行图的规定，最有利地组织车流，搞好流线结合，组流上线，把不同性质的车流分别安排在不同的运行线，“对号入座”。编制空车挂线、重车挂线方案，摘挂列车甩挂作业方案，枢纽小运转方案，编组站自装车流和中转车流相结合的接续方案，厂矿企业专用铁路运输与干线运输的列车接续方案等。选定分号列车运行图或抽线方案，确定核心车次，固定配空和出重列车运行线，保证干线与支线车流互相衔接，大小运转列车紧密衔接，编组站和区段站作业均衡。

(3)机车工作方案是实现运输方案的保证。它的主要任务是依据列车工作方案和机车周转图的规定，确定机车供应台数，合理安排机车交路，对机车运用和检修工作进行全面安排，以便提高机车运用效率。

(4)施工计划是保证运输安全与畅通的必需。编制施工计划应坚持运输、施工兼顾的原则。正确处理施工与运输的关系，既要保证施工任务的完成，又要减少施工对运输的影响。其内容包括施工日期、时间、地段或地点，以及对有关部门的要求等。

运输方案是路内、外各有关部门在完成运输任务上的共同作业方案，各单位均应主动配合，共同编制和执行，定期分析和考核，使其不断完善和发展。

(五)车站工作组织

铁路车站是铁路运输的基层生产单位，是设有配线的分界点，是铁路办理客运作业、货运作业和行车技术作业的场所。

车站按技术作业分为编组站、区段站、中间站，按业务性质分为营业站、非营业站，营业站分为客运站、货运站、客货运站。

编组站、区段站和较大的中间站，可根据线路的配置状况及用途划分车场。

铁路车站的行车工作主要有车站技术设备的合理使用与管理，接发列车工作和调车工作组织，车站作业计划的编制和执行，车站调度指挥，技术站列车技术作业等。

第二节 铁路行车技术管理规章体系

一、铁路行车规章的作用和意义

铁路拥有大量的技术设备和人员。他们分散在全国各地，在不同的地点和岗位上，共同为完成运输任务而发挥着各自的作用。因此，铁路各部门，尤其是铁路行车部门必须有严密的组织和分工，才能使运输生产安全、准确、迅速、协调地进行；必须有严格的规章制度和“一点不差，差一点不行”的严肃认真的工作态度，才能使每一个工种、每一个职工在自己的职责范围内完成运输生产任务。高度集中、各个工作环节紧密联系和协同动作，是铁路畅通无阻、四通八达、安全正点、当好先行的保证，也是铁路企业的特点。

铁路运输效率高、速度快、实时性及连续性强，要求铁路各部门、各单位、各工种的工作必须高度准确。铁路行车工作一旦组织不严、配合不当，某个环节或个人在工作中违反规章制度、疏忽失职，就有发生事故的可能。铁路是一个大联动机，一个部门或工种的工作发生事故，必然影响到其他部门，打乱运行秩序或中断运输，后果严重。铁路是物质生产部门，又是社会服务部门，发生事故必然造成人民财产损失或人身伤亡，给社会带来恶劣的影响。为此，必须加强铁路的技术管理，制定严密、科学的规章制度，保证各部门、各生产环节紧密配合、准确工作、质量良好地完成运输任务。

规章制度是国家机关、社会团体、企事业单位等制定的有关行政管理、生产操作、学习和生产等方面的各种法规、章程、规范、细则和制度的总称。铁路运输生产规章制度，是铁路企业为了安全、正点、优质、高效地完成客货运输任务、组织生产活动、约束生产行为的规范和准则。在企业管理中，规章制度属于技术管理范畴。正确、合理地制定规章制度，全面、有效地在生产过程中实施规章制度，是企业技术管理的主要任务。规章制度的科学性、先进性及实施中的权威性、实效性是衡量企业管理水平的重要标志。

二、铁路行车规章的种类

（一）《铁路技术管理规程》（以下简称《技规》）

1.《技规》制定及修订的背景、过程、目的

1950 年，为使铁路各部门、各单位、各工种安全、准确、迅速、协调地开展运输生产活动，原铁道部制定了第 1 版《技规》，于 1950 年 2 月 2 日公布，6 月 1 日起正式实行。60 多年来，《技规》先后进行了 9 次修订，使其不断完善，适应不同时期铁路建设和运输的需要，发挥了铁路基本技术规章的作用。随着铁路实行管理体制改革、政企分开，为加强铁路总公司铁路技术管理，确保国家铁路安全正点、方便快捷、高速高效，根据国务院机构改革和职能转变方案，铁路总公司在原铁道部第 10 版《技规》《铁路 200～250 km/h 既有线技术管理办法》《铁路客运专线技术管理办法（200～250 km/h 部分）》和《铁路客运专线技术管理办法（300～350 km/h 部分）》等基础上，制定形成铁路总公司第 1 版《铁路技术管理规程》。

2.《技规》制定的法律依据

铁路实行政企分开后，铁路总公司《技规》与行业标准和规范的关系发生了变化，铁路总公司《技规》应遵循《中华人民共和国铁路法》（以下简称《铁路法》）和《铁路安全管理条例》等

国家和行业有关法规、标准和相关规定。

《铁路法》于1990年9月7日经中华人民共和国主席令第32号公布，自1991年5月1日起施行，是铁路管理的基本法律，在铁路分类、铁路运输营业、铁路建设、铁路安全与保护等方面确立了一系列的基本原则和基本法律制度，该法最近于2015年修正。

《铁路安全管理条例》于2013年8月17日经国务院令第639号公布，自2014年1月1日起施行，该条例对铁路建设质量安全、铁路专用设备质量安全、铁路线路安全、铁路运营安全、监督检查以及法律责任等做了全面规定。

以上两法律、法规所规定的一系列原则和制度，是铁路总公司铁路技术管理必须遵循的，如铁路建设的标准轨距、铁路交叉与道口、铁路线路安全保护区等。

3.《技规》的定位

铁路总公司《技规》是国家铁路技术管理的基本规章，定位为企业内部的基本技术规章，统领铁路总公司各专业技术规章、企业标准等。各部门、各单位制定的技术管理文件等，都必须符合本规程的规定。国家铁路工作人员必须严格遵守和执行本规程的规定，在自己的职责范围内，以对国家和人民负责的态度，保证安全生产。各单位对遵守本规程成绩突出者，应予表扬或按有关规定给予奖励；对违反者，应视其违反程度和造成事故的性质、情节及后果，给予教育、处分。在铁路总公司明令修改以前，任何部门、任何单位、任何人员都不得违反《技规》的规定。确因受地质条件及周边环境等因素限制，如电力线路的电杆内缘至线路中心的水平距离、大风区段设挡风墙时的列车运行等，无法满足《技规》的规定时，由铁路局制定安全措施或特殊行车组织办法，报铁路总公司批准。

4.《技规》的主要内容

铁路总公司《技规》分高速铁路部分和普速铁路部分两册，每册分别包含总则、技术设备、行车组织、信号显示、附图、附件、缩写词对照表、计量单位符号等几个部分。第一编技术设备，规定了国家铁路的基本建设、产品制造、验收交接、技术性能、使用管理及保养维修方面的基本要求和标准；第二编行车组织，规定了与行车相关的各部门、各单位、各工种在从事铁路运输生产时，必须遵循的基本原则、责任范围、工作方法、作业程序和相互关系；第三编信号显示，规定了信号的显示方式和执行要求；附图，规定了铁路建筑限界和机车车辆限界。与原铁道部第10版《技规》相比，本规程主要增加了200 km/h及以上铁路的技术设备、行车组织、信号显示、限界等方面的内容，补充了200 km/h以下铁路新技术设备配置和行车组织方式变化的要求。

5.《技规》的适用范围

铁路总公司《技规》适用于国家铁路，包括高速铁路和普速铁路两部分。普速铁路部分，适用于200 km/h以下的铁路(仅运行动车组列车的铁路除外)，包括设计速度200 km/h以下客货共线铁路、重载铁路以及仅运行普通旅客列车的铁路等，不包括仅运行动车组列车的铁路。高速铁路部分，适用于200 km/h及以上的铁路和200 km/h以下仅运行动车组的铁路。

6.《技规》的特点

铁路总公司《技规》具有以下特点：

(1)科学定位、系统完整。为体现高速铁路与普速铁路设备配置和行车方式等方面的差异，便于准确、全面地表述及各专业、各工种人员学习和使用，将《技规》分为高速铁路部分和普速铁路部分。铁路政企分开后，铁路总公司《技规》作为企业规章，不再对社会企业和人员在铁路线路影响范围内的活动进行规定，这些内容按《铁路安全管理条例》执行。

铁路总公司《技规》沿用了原铁道部《技规》结构形式，并将原铁道部第10版《技规》(铁道部令第29号)和《铁路200～250 km/h既有线技术管理办法》《铁路客运专线技术管理办法》等基本技术规章文件内容，系统整合为铁路总公司《技规》。

(2)适应设备、体现发展。自2006年原铁道部第10版《技规》颁布以来，我国铁路技术设备特别是高铁技术设备发生了巨大的变化，铁路总公司《技规》大幅度增加了高速铁路的技术设备内容，同时对普速铁路线路、桥梁及隧道、通信信号、车站枢纽、机车车辆等设备提出了新的要求，行车组织方面的内容也有许多变化。

(3)安全第一、兼顾效率。铁路总公司《技规》大部分条文内容都直接涉及铁路运输安全，《技规》始终把安全放在首位，对涉及安全的技术设备配置、行车作业组织等内容和要求，力求全面、准确、规范。同时在保证安全的前提下，针对铁路技术装备发展的新情况，在设备配置、行车作业方式等许多方面兼顾了运输效率。

(4)先进适用、经济合理。铁路总公司《技规》在高速铁路部分和普速铁路部分都体现了技术的先进性和适用性，在高速铁路部分更多地对先进技术装备的应用进行了规定，在普速铁路部分更多地对适用技术的应用进行了规定。同时，有针对性地突出了经济合理建设及管理高速和普速铁路的要求。

(5)科学规范、协调一致。铁路总公司《技规》强调要从源头上避免规章不一致的情况。铁路总公司《技规》作为企业基本规章，在统领专业规章、企业标准的同时，强调与国家标准、行业标准协调一致。在具体条文编写过程中，对于应由《铁路安全管理条例》规定的，严格按条例编写；对于需与设计规范相协调的，相同条款内容保持一致；对于应由专业技术规章规定的，《技规》只作原则规定。

(6)务实严谨、便于操作。铁路总公司《技规》内容力求完整，描述准确，使相关单位和广大一线职工易于学习掌握。

(二)《行车组织规则》及《行车组织细则》

1.《行车组织规则》

《行车组织规则》(以下简称《行规》)是《技规》规定由各铁路局自行规定的事项；《技规》未作统一规定，又不宜由站、段等基层单位自行补充规定的行车办法。

《行规》是各铁路局根据中国铁路总公司《技规》的规定，结合铁路局技术设备、运输生产、经营管理和广大职工生产实践制定的补充规则，是铁路局普速铁路行车组织的基本规章。

《行规》是铁路局技术管理的基本规章，规定了铁路局普速铁路技术管理、行车组织、作业协调、应急救援等工作的基本要求，明确了各部门、各单位在铁路运输生产中的工作原则、职责范围、作业程序、基本方法、联系制度等。铁路局管内各单位、各部门制定的技术规章和技术管理制度，都必须符合《技规》和《行规》。在铁路局正式文件修改前，任何部门、任何单位、任何人员都不得违反《行规》。

2.《行车组织细则》

铁路局应根据《技规》规定的原则，结合管内高速铁路具体条件，制定高速铁路《行车组织细则》(以下简称《行细》)。

高速铁路《行细》是根据《技规》(高速铁路部分)的规定，结合各铁路局具体情况和广大职工生产实践经验制定的。《行细》适用于铁路局管内 200 km/h 及以上线路(既有线提速 200 km/h的铁路除外)、200 km/h 以下仅运行动车组列车的线路。

高速铁路行车工作除应认真执行《技规》(高速铁路部分)及铁路总公司有关文件外，均应按照《行细》执行，任何部门、任何单位、任何人员均不得违反《行细》的规定。货物列车行车组织办法除《行细》有明确规定外，其他参照《技规》(普速铁路部分)及铁路局普速铁路《行规》执行。

《行细》是铁路局高速铁路的基本规章，各部门、各单位制定的技术管理文件等，都必须符合《行细》的规定。

(三)《车站行车工作细则》

《车站行车工作细则》(以下简称《站细》)是车站贯彻执行《技规》和《行规》，加强车站技术管理、保证安全高效地进行行车组织工作的重要技术文件。主要内容有：车站的性质、等级和任务；车场用途及调车区划分，线路、道岔、调车设备，信号、联锁、闭塞设备，通信、照明、供电、给水设备，客、货运输设备的设置数量、使用条件和管理负责制；接发列车和调车工作组织；各项技术作业程序和时间标准，装卸时间标准，货物作业停留时间标准，中转停留时间标准；车站通过能力的改编能力，等等。

(四)作业标准

作业标准，是指和直接生产活动有关的作业项目或程序，在内容、顺序、质量、时限、工具、动作、态度等方面所做的统一规定。它是对生产作业人员具有约束性的准则，其中有国家制定的国家标准，铁路总公司制定的部定标准，铁路局制定的局定标准，各基层站段根据本单位具体情况制定的属于站段一级的标准。铁路行车工作常用标准有《铁路调车作业标准》《接发列车作业标准》《车机联控标准》和《铁路车站行车作业人身安全标准》等。

除上述规章、标准外，上级下达的与行车有关的文件、电报、规则、办法、命令等也是行车规章的重要组成部分。

三、《技规》《行规》《行细》和《站细》的相互关系

《技规》是铁路总公司依据《中华人民共和国铁路法》《铁路运输安全保护条例》等有关法律法规制定，是铁路技术管理的基本规章，适用于我国国家铁路。铁路其他规章和规范性文件及各部门、各单位制定的技术管理文件等，都必须符合《技规》的规定。《技规》是长期生产实践和科学研究的总结，它将随着运输生产和科学技术的不断发展，逐步充实和完善。在铁路总公司明令修改以前，任何部门、任何单位、任何人员都不得违反《技规》的规定。铁路职工必须认真学习、严格执行《技规》的有关规定。一切违反《技规》的规章制度都必须纠正和禁止。

《行规》和《行细》是由各铁路局制定的。它们只适用于该铁路局。《行规》和《行细》不能违反《技规》的有关规定。如因作业、设备等特殊原因，无法执行《技规》的有关规定，须经铁路总公司批准。

《站细》是由各车站制定，报铁路局批准执行。《站细》只适用于所制定的车站。《站细》不能违反《行规》的有关规定。如因作业、设备等特殊原因，无法执行《行规》的有关规定，须经铁路局批准。《站细》更不能违反《技规》的规定，特殊原因无法执行《技规》的有关规定时，须上报铁路局，经铁路总公司批准。

行车规章之间的相互关系并不是说行车规章有大小之分，重要性各不一样。任何行车规章，无论何部门制定，一旦实施，都必须严格遵守。任何违反行车规章的行为，都必须得到纠正。

第三节 对行车工作人员的要求

铁路行车工作事关人民的生命和财产安全，除了严格遵守《劳动法》的有关规定外，《技规》还对行车从业人员提出了特殊要求。

一、任职条件

1. 行车有关人员职业技能要求

行车有关人员，在任职、提职、改职前，必须按照《铁路职业技能培训规范》要求，进行拟任岗位资格性培训，并经职业技能鉴定和考试考核，取得相应职业资格证书和岗位培训合格证书后，方可任职。

在任职期间，须按照《铁路职业技能培训规范》等规定，定期参加岗位适应性培训和业务考试，考试不合格的，不得继续履职。

2. 行车有关人员身体素质要求

《中华人民共和国劳动法》(以下简称《劳动法》)规定：用人单位必须建立健全劳动安全卫生制度，严格执行国家劳动安全卫生规程和标准，对劳动者进行劳动安全卫生教育，防止劳动过程中的事故，减少职业危害。

用人单位必须为劳动者提供符合国家规定的劳动安全卫生条件和必要的劳动防护用品，对从事有职业危害作业的劳动者应当定期进行健康检查；从事特种作业的劳动者必须经过专门培训并取得特种作业资格。为了贯彻《劳动法》，铁路对机车乘务员等有关行车人员的管理十分重视，先后公布了《铁路行车主要人员体格检查规定》《职工健康监护技术规范》《铁路机车司机职业健康检查规范》和《中国铁路总公司职工体检和健康管理办法》。要求行车有关人员，在任职前必须经过健康检查，身体条件不符合拟任岗位职务要求的，不得上岗作业。在任职期间，要定期进行身体检查，身体条件不符合任职岗位要求的，应调整工作岗位。

3. 驾驶机车、动车组、自轮运转特种设备的人员上岗要求

根据《铁路安全管理条例》《铁路机车车辆驾驶员资格许可办法》规定，驾驶机车、动车组、自轮运转特种设备的人员，必须持有国家铁路局颁发的驾驶证。变更驾驶机(车)型前，必须经过相应的技术培训并考试合格。

实习和学习驾驶机车、动车组、自轮运转特种设备和操纵信号或重要机械、设备及办理行车作业的人员，必须在正式值乘、值班人员的亲自指导和负责下，方准操作。

二、岗位要求

(1)国家铁路工作人员必须严格遵守和执行本规程的规定，在自己的职责范围内，以对国家和人民负责的态度，保证安全生产。

(2)规定着装要求，既是《劳动法》的要求也是职业的需要。《劳动法》第五十四条规定，用人单位必须为劳动者提供必要劳动防护用品。劳动防护用品，是为免遭或减轻事故伤害和

职业危害的个人随身穿(配)戴的用品，是保护劳动者安全健康的一项预防性辅助措施，是安全生产、防止职业性伤害的需要，对于减少职业危害起着相当重要的作用。

中国是一个多民族、多地方语言的国家，各地方言差别较大。随着铁路多次提速，机车交路延长，铁路管理机构合并，行车人员在执行职务时，方言容易造成信息沟通不畅，甚至造成信息传达错误。因此要求行车有关人员在执行职务时，必须坚守岗位，穿着规定的服装，佩戴易于识别的证章或携带相应证件，讲普通话。

(3)行车工作事关人民生命财产安全，为保证行车人员精力充沛、能够正确操纵设备、落实有关规章制度，要求行车有关人员接班前须充分休息、严禁饮酒，如有违反，立即停止其所承担的任务。

(4)有关部门应加强对行车人员日常安全生产知识和劳动纪律的教育、考核，并有计划地组织好日常政治和技术业务学习。

各单位对遵守规章制度成绩突出者，应予表扬或奖励；对违反者，应视其违反程度和造成事故的性质、情节及后果，给予教育、纪律处分或追究法律责任。

第四节　行车工作基本要求

一、行车工作原则

安全生产是铁路运输组织的一贯方针，也是对铁路职工职责的基本要求。铁路发生事故，会给人民生命财产造成严重损失，因此行车有关各部门、各单位必须认真贯彻安全生产的方针。

铁路行车工作是由多部门、多工种联合进行的，并且是连续不间断的。一列列车往往要经过几个区段甚至几个铁路局才能到达目的地。如分散领导、多头指挥、各行其是，必然造成行车工作上的混乱和错误，不仅会影响正常工作、降低效率，甚至可能发生行车事故、造成重大损失。

为使行车各部门、各工种能够步调一致，协调动作，保证安全、迅速、准确、及时地完成运输任务，规定行车工作必须坚持集中领导、统一指挥、逐级负责的原则。

铁路运输调度工作，实行分级管理、统一指挥的原则。铁路总公司调度指挥中心负责全路、铁路局调度所负责本局的日常调度指挥工作。

(1)局与局之间由铁路总公司调度指挥中心，局管内各区段间由铁路局调度所，每个调度区段内(即调度台的管辖范围)由本区段列车调度员统一指挥。铁路总公司、铁路局各工种调度及有关人员分别由值班处长、值班主任统一指挥。

(2)列车调度员是一个调度区段的日常运输工作的具体组织者、指挥者，负责组织按图行车、应急处置，以及完成运输工作的数量指标和质量指标。所以，本区段有关行车人员均应严格执行列车调度员的命令和口头指示。

(3)车站行车工作由车站值班员、线路所的车站值班员统一指挥，直接掌握列车运行与到发线运用情况，有利于保证安全和不间断地接发列车。当一个车站设有几个办理接发列车的车场时，各车场一般独自设有联锁设备，单独办理相应的接发列车进路，这样的车站在各车场都可以分别设车站值班员，单独指挥本车场的行车工作。若各车场间接发列车进路互相关联，各车场车站值班员，除负责指挥本车场行车工作外，遇有与其他车场相关联的行车工作时，还必须服从指定的车站值班员的统一指挥。车站应明确划分各车场车站值班员的行车工作职责。

(4)列车和单机由司机负责指挥。司机的主要职责是对列车安全正点运行负责。如遇列车在区间被迫停车、分部运行等情况时，应与列车调度员或有关车站联系，正确组织列车防护、救援等工作。

当列车或单机在车站时，因司机不可能全面了解车站作业、列车运行及设备使用等情况，规定所有乘务人员都应服从车站值班员的指挥。

(5)在调度集中区段，列车调度员可以利用设备直接操纵调度集中控制车站的道岔和信号，可以随时了解区段内进路、道岔、信号和列车运行等情况。所以规定在调度集中区段，调度集中控制车站有关行车工作由列车调度员直接指挥，但调度集中设备转为车站控制时，只能由车站值班员操纵车站的道岔和信号，车站的行车工作由车站值班员指挥。

二、全国铁路行车时刻

铁路行车时刻的准确和统一，与列车正点运行和行车安全有直接关系，对准确及时地运送旅客和货物有着重要意义。

按国际时间标准，每 15 经度为 1 个时区。我国幅员辽阔，东西方向横跨经度 63 度，共跨及 5 个时区，东西两端地区时差 4 个多小时。为统一铁路的行车时刻，特规定全国铁路的行车时刻，均以北京时间为标准，从零时起计算，实行 24 小时制。

铁路运输调度管理系统(TDMS)、调度集中系统(CTC)、列车调度指挥系统(TDCS)、“5T”设备、机务运用安全管理系统等地面固定设备的系统时钟，当具备条件时，应接入铁路时间同步网；不具备条件时，可独立设置卫星授时设备，逐步接入统一的时间同步网。

为保证铁路行车的准确性，要求铁路行车房舍和办理行车工作的有关人员均应备有钟表，定时与铁路局调度所的时钟校对，以保证行车人员按统一的时间组织作业。校对是将钟表时刻保持与调度所的时钟时刻一致，GPS 授时的方式也属于校对。调度所和各系统的时钟应定期校准。

调度所的时钟及各系统的时钟须定期校准。钟表的配置、校对、检查、修理及时钟校准办法，由铁路局规定。

三、列车的定义、分类和等级

(一)列车的定义

列车是指编成的车列并挂有机车及规定的列车标志。动车组列车为自走行固定编组列车。

单机、大型养路机械及重型轨道车，虽未完全具备列车条件，亦应按列车办理。

旅客列车的尾部标志应使用电灯，动车组以外的旅客列车尾部标志灯的摘挂、保管，由车辆部门负责。对中途转向的动车组以外的旅客列车应有备用标志灯，以备转向时使用。

(二)列车的分类和等级

在运输生产工作中根据需要和服务对象，每列列车分别担负不同的运输任务，从而分为不同的种类；根据运输任务的轻、重、缓、急，列车又分为不同的等级。在行车工作中，正常情况下必须依照列车的等级顺序放行列车、调整列车运行秩序。在编制列车运行图、制定日常列车运行计划及进行调度调整时，亦须统筹兼顾，妥善安排。

1. 按列车运输性质分类

随着铁路运输事业的发展，为满足旅客和货物运输的不同需要，列车按运输性质主要分为以下五种。

(1)旅客列车：为运送旅客开行的列车。根据旅客列车的车底及运行速度或旅行速度等，可分为动车组、特快、快速、普通旅客列车。

(2)特快货物班列：是指使用行李车或邮政车等客车车辆，根据需要编组，整列装载行李、包裹和邮件等的列车。

(3)军用列车：为运送军队和军用物资开行的列车。

(4)货物列车：为运送货物和排送空货车开行的列车。分为快速货物班列、五定班列、快运、重载、直达、直通、冷藏、自备车、区段、摘挂、超限及小运转列车。

(5)路用列车：不以营业为目的，专为完成铁路本身任务而开行的列车。如试验列车，运送铁路器材、路料的列车，因施工、检修需要开行的轨道车，接触网作业车，大型养路机械车组等。

除上述五种列车以外，还有为执行任务而开行的特殊用途列车，如专运、救援列车等。

2. 按列车运行等级顺序分类

根据我国铁路列车分类，为适应技术设备条件、满足客货服务水平，在编制列车运行图、制定日常列车运行计划及调度调整运行秩序时，需要考虑列车顺序。

(1)动车组列车：为固定编组，运行速度和行车要求比其他列车高。

(2)特快旅客列车：一般运行于大城市之间，停站少且运行速度快，最高运行时速达到160 km/h。

(3)特快货物班列：使用最高允许时速达到160 km/h的机车和行邮车底，按特快旅客列车运行标尺运行。

(4)快速旅客列车：一般运行于大中城市之间，停站较少且运行速度较快，最高运行时速为120 km至160 km/h。

(5)普通旅客列车：一般运行于城乡之间，停站较多，方便各地群众乘降，最高运行时速为120 km/h。

(6)军用列车。

(7)货物列车。

(8)路用列车。

由于自然灾害、设备故障或铁路交通事故等，须开往现场救援、抢修、抢救的列车，包括救援列车和除雪机等，应优先办理，不受列车等级的限制。

由于特殊目的开行的列车，如专列或其他列车等，因其性质及任务不同，缓急程度不同，应根据具体情况在指定开行时确定其等级。

特快货物班列按运输性质分类次于旅客列车，但因其使用最高允许时速160 km/h的机车和行邮车底、按特快旅客列车运行标尺运行，所以在列车运行等级顺序中次于动车组列车和特快旅客列车而高于其他列车。

四、列车运行方向

（一）列车上、下行方向

在行车工作中，为便于管理、指挥、办理作业和运用统计，必须规定列车运行方向。确定列车运行方向的基本原则，是以开往北京方向的列车为上行列车；反之，为下行列车。有些线路按上述原则仍不易确定列车运行方向时，根据线路情况由铁路总公司规定，如陇海线、沈大线等。

枢纽地区往往有若干条支线、联络线和环线，列车运行方向较为复杂，而且枢纽地区的线路和车流情况各不相同，为此由铁路局规定。

为区别列车的种类、性质和运行方向，对每一列车必须编定车次，上行列车编为双数，下行列车编为单数。在同一列车运行路径中有不同的运行方向时，为便于掌握，在与整个方向不符的个别区间，准许不改变车次，仍使用原车次，如图 1－1 所示。

图 1－1 中，于洪—揽军屯间既是山海关经于洪、揽军屯至沈阳的下行方向，又是长春经于洪、揽军屯、浑河至大连的上行方向。因此，山海关经沈阳西至沈阳、苏家屯站为下行，车次应为单数；沈阳西向苏家屯站为上行，车次应为双数；沈阳西向沈阳站为下行，车次为单数；长春方向至苏家屯站为上行，车次为双数。

在沈阳西—于洪—揽军屯站间，向同一方向运行的列车，既有下行列车，又有上行列车，车次既有单数也有双数，为便于掌握，利于指挥，上述各方向的列车不在于洪、揽军屯站改变车次。

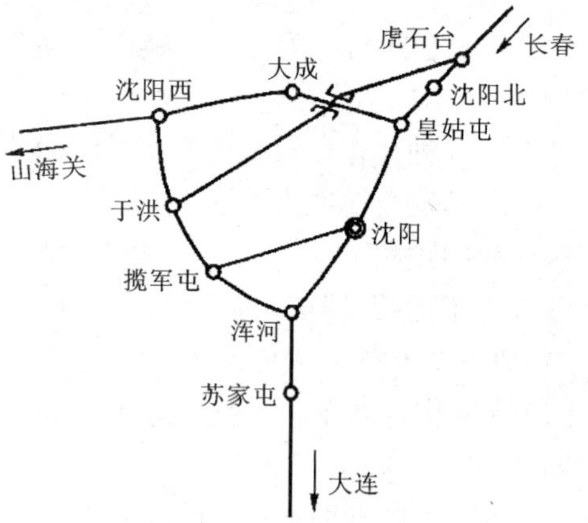

图 1－1 使用直通车次示意图

（二）列车在区间的运行线路

我国铁路列车在区间运行，采用左侧行车制，即列车在区间运行时，牵引机车司机的位置及铁路信号的设置位置均在列车运行方向的左侧。

在单线区段，双向运行，即上下行列车在同一条区间正线上往复运行，铁路信号分别设置在上下行列车运行方向的左侧。在双线区段单向运行，即上下行列车分别固定在左侧正线（上行列车走上行线，下行列车走下行线）上运行。列车在双线区段运行时，以左侧单方向运行，这个方向称为双线正方向行车；反之称为双线反方向行车。

双线反方向行车属于非正常行车。由于我国部分双线区间无双向闭塞设备，列车在双线反方向运行，接发车时，不能使用进出站信号机，在安全和效率上都有不利因素。因此，双线反方向运行，只准在整理列车运行时方可采用，每次还须得到列车调度员的命令后方可办理。旅客列车仅在正方向区间的线路封锁施工、发生自然灾害或因事故中断行车等特殊情况下，经铁路局调度所值班主任准许，方可反方向运行。

五、车站道岔和股道编号

(一)道岔编号规则

(1)以站舍(信号楼)中心作为分界线；站舍(信号楼)距车站(场)中心较远时，则以车站(场)中心线为界，从列车到达方向起顺序编号，上行为双号，下行为单号，如图1－2所示。

车站一端有两个以上方向时，道岔应按主要方向编号。

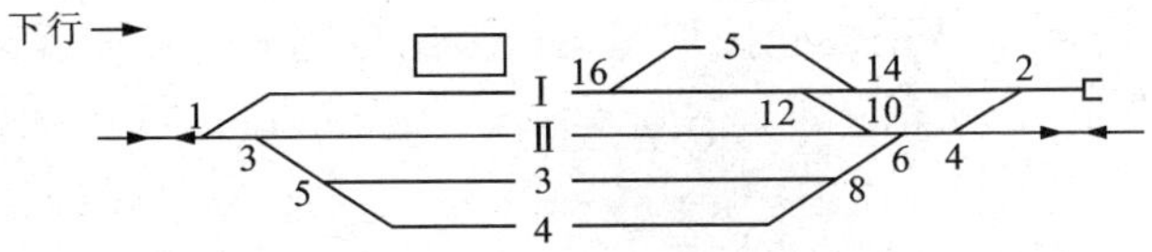

图1－2　道岔编号示意图

(2)尽头式车站，按列车到达车站的方向(上行或下行)由外向里顺序编号，下行为单号，上行为双号，如图1－3所示。

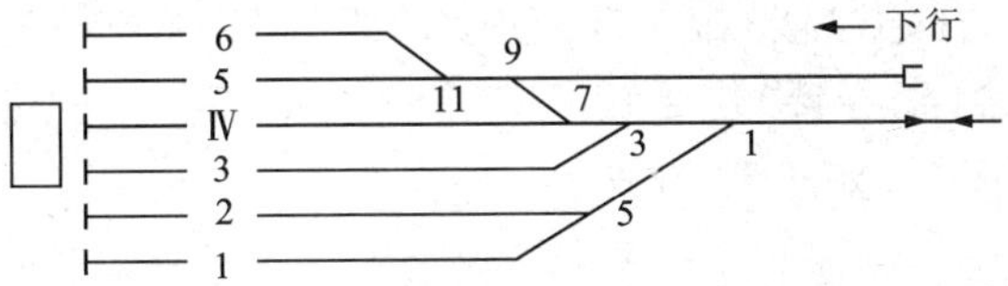

图1－3　尽头式车站道岔编号示意图

(3)每一道岔应有单独的号码。渡线道岔(如图1－2中2、4号道岔，10、12号道岔)，以及同一连接线上的数个道岔(如图1－2中3、5号道岔，6、8号道岔)均应连续编号。交分道岔每组应根据电动转辙机的安装，将两组尖轨和两组可动心轨分别编四个号码，编号顺序根据动作关系按渡线道岔的办法连续编号，如图1－4所示。

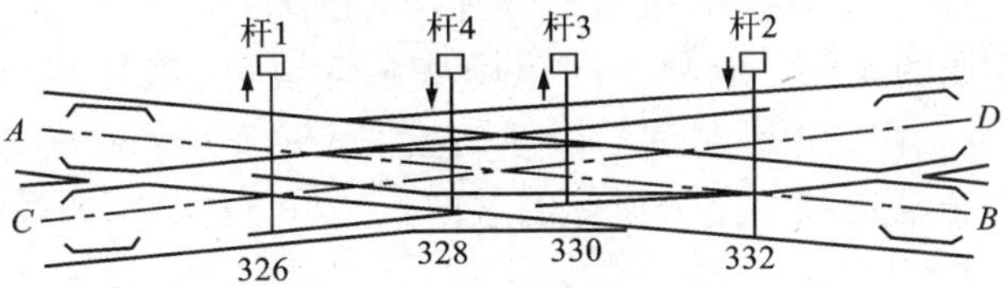

图1－4　交分道岔编号示意图

(4)一个车站有几个车场时，每一个车场的道岔必须单独编号。为区别车场，道岔号码使用三位及以上数字。第一位数表示车场号码，后面的数字表示道岔编号。遇两个车场共用一个咽喉区时，可根据作业情况划分。

(5)联锁区内的道岔号码应连续编排，在联锁道岔编完后，适当地预留一些号码，再编非联锁道岔。

(二)股道编号规则

(1)单线铁路的车站，从靠近站舍(信号楼)的线路起，向远离站舍(信号楼)方向顺序编号(包括正线在内)；位于站舍(信号楼)左右或后方的股道，在站舍前的股道编完后，再由正线一侧向外顺序编号。编号时为区别正线和站线，在示意图上正线用罗马数字填记，站线用阿拉伯数字填记，如图1－2所示。

(2)双线区段内的车站，从正线起按列车运行方向分别向外顺序编号，上行一侧为双号，下行一侧为单号，如图1－5所示。

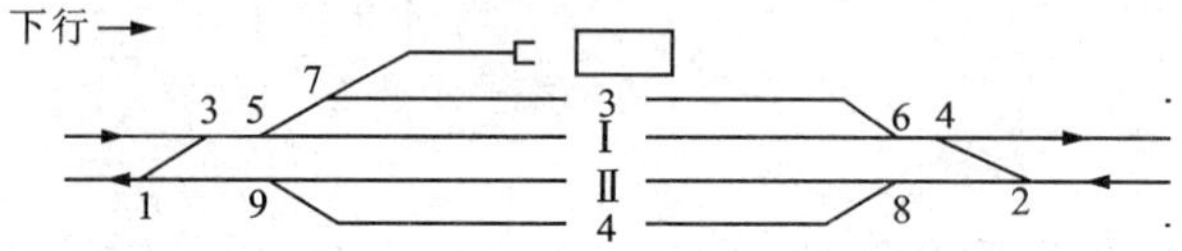

图1－5　双线区段车站线路编号示意图

(3)尽头式车站，站舍(信号楼)位于线路终点处时，股道号码应向终点方向由左侧开始顺序编号(图1－3)；站舍(信号楼)位于线路一侧时，从靠近站舍(信号楼)的线路起向远离站舍(信号楼)方向顺序编号，如图1－6所示。

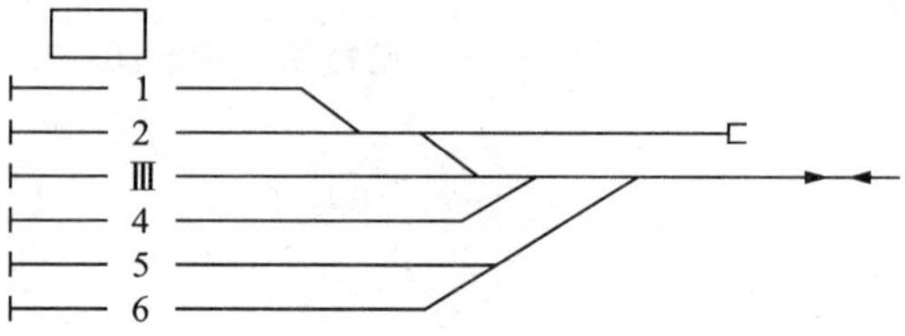

图1－6　尽头式车站线路编号示意图

一个车站(分场时为一个车场)的股道不得有相同的编号。

(4)在设有数个车场的车站，应分不同车场从靠近站舍(信号楼)的线路起向远离站舍(信号楼)方向顺序编号。在股道编号前冠以罗马数字表示车场，如三场的第六股道应为Ⅲ6。对无站舍的车场，编号方法为顺线路公里标的方向，自左向右顺序编号。

第五节　道岔管理

一、道岔管理权限

(一)车站管理的道岔

道岔是车站主要行车设备之一。道岔的扳动是否正确，直接关系到行车安全，必须明确道岔的使用管理责任。所以规定站内的道岔均由车站负责管理和使用，车站与其他单位管理的线路相衔接的道岔(包括衔接处起隔开作用的防护道岔，如图1－7所示)也应由车站管理。

其他部门不得擅自更改道岔编号，设备管理部门未经车站同意不得扳动道岔。

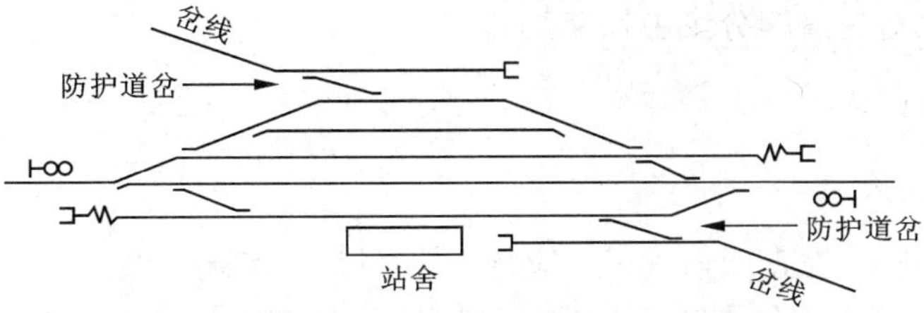

图 1－7　站线衔接道岔示意图

（二）区间正线上的道岔

岔线在区间内与正线接轨，影响区间通过能力，危及行车安全，也不便于管理。新建的岔线，不应在区间内与正线接轨；特殊情况必须在区间内接轨时，须经铁路总公司批准，并在接轨地点开设车站（线路所）或设辅助所管理（图 1－8）。因路内施工临时性的区间出岔，应按期拆除。

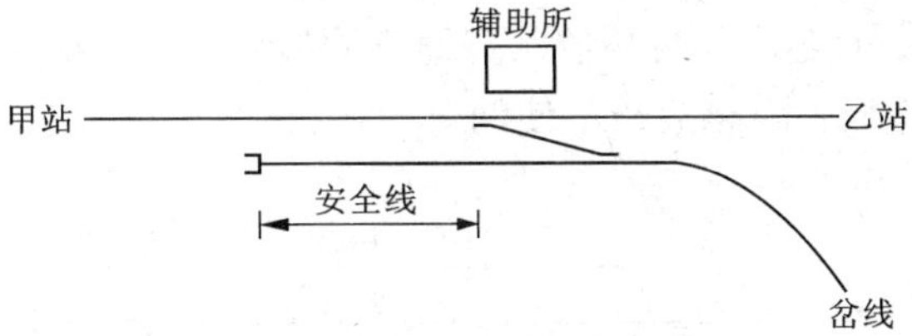

图 1－8　辅助所布置示意图

二、道岔管理分工

（1）道岔组由扳道员负责。道岔组是由站场同一端的邻近几个道岔所组成。每组的道岔数目，应根据道岔间的距离、作业的繁忙程度以及地形条件等来决定。每一道岔组只能由值班扳道员一人负责。未设扳道员的车站及个别道岔距离扳道员作业区较远，也可由车站指定的人员负责。

（2）道岔区由扳道长负责。在站场同一端有数个道岔组时，为保证各有关道岔组作业上的协调一致，应将数个道岔组组成道岔区，由扳道长统一领导道岔区的工作。

（3）车站集中操纵的道岔由车站值班员负责。集中联锁设备的车站（车场）、信号楼（行车室）所管的信号和道岔，应由车站值班员负责指挥使用；较大车站，部分车场信号楼（行车室）未设车站值班员的，由信号长（员）负责管理使用，设有多名信号员未设信号长的，应明确每名信号员的职责。

（4）在设有驼峰信号设备的车站，驼峰集中操纵的道岔应由驼峰值班员负责。

三、道岔管理的其他要求

（1）道岔组、道岔区的范围划分，人工扳动道岔的清扫分工，道岔加锁的钥匙、电动转辙机手摇把管理办法，均应在《站细》内规定。

(2)电动转辙机手摇把，要实行统一编号、集中管理，建立登记签认制度。

(3)集中操纵道岔的清扫分工由铁路局规定。

四、道岔定位

(一)道岔定位概念

道岔除使用、清扫、检查或修理外，应规定经常保持向某一线路开通的位置，这个位置称为定位；向另一线开通的位置称为反位。道岔定位是道岔管理的重要环节，是正确准备进路的辅助措施，所以道岔使用完了后，应及时恢复定位，避免错扳或忘扳而造成事故，以保证行车安全。在双线车站，还可减少扳动道岔次数，提高准备进路效率。

(二)道岔定位原则

道岔定位，是车站技术管理工作的重要内容之一，所以应在《站细》内记明，便于有关人员了解掌握。

道岔的定位应在有利于行车安全的前提下，尽可能减少扳动次数。

1. 单线区段车站正线进站道岔的定位

单线区段车站正线进站道岔的定位为由车站两端向不同线路的开通位置(图 1 –9)。单线区段车站经常办理列车的会车，两端道岔开通不同线路，可以减少道岔扳动次数。同时也可防止联锁失效办理会车时，因忘扳道岔使两对向运行列车进入同一线路。

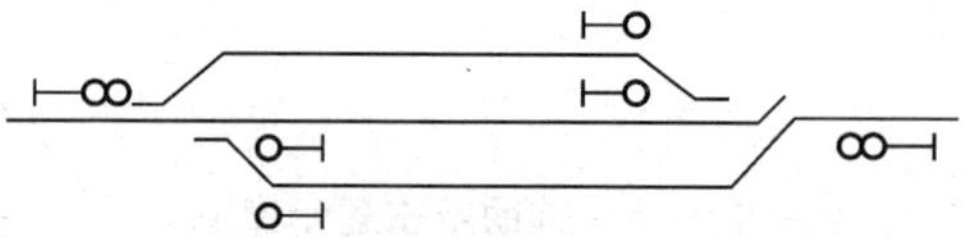

图 1 –9　单线区段车站正线进站道岔定位示意图

2. 双线区段车站正线进站道岔的定位

双线区段车站正线进站道岔的定位为各该正线的开通位置(图 1 –10)。由于双线车站列车通过作业多，可以减少道岔扳动次数。

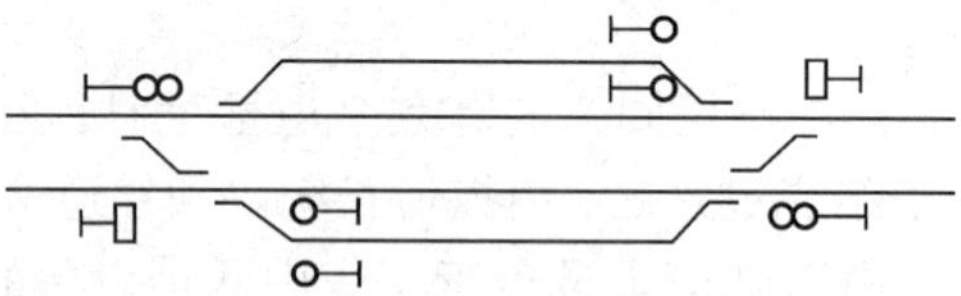

图 1 –10　双线区段车站正线进站道岔定位示意图

3. 区间内正线道岔及站内正线上的其他道岔的定位(引向安全线、避难线的除外)

区间内正线道岔及站内正线上的其他道岔的定位(引向安全线、避难线的除外)为向正线开通的位置(图 1 –11)。由于区间内正线及站内正线都是办理列车通过的线路，为减少道岔扳动次数及保证通过列车的安全，规定以向正线开通的位置为定位。

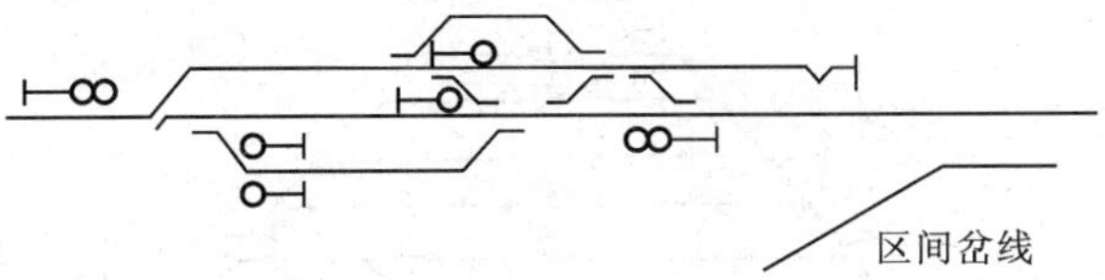

图 1-11 正线上道岔定位示意图

4. 引向安全线、避难线道岔的定位

引向安全线、避难线道岔的定位为向安全线、避难线开通的位置(图 1-12)。

安全线是为防止列车或机车车辆进入另一列车或机车车辆占用的进路而发生冲突的一种安全隔开设备。避难线是为了防止长大下坡道上失去控制的列车发生冲突或颠覆而设置的。所以规定引向安全线、避难线的道岔，为开通安全线、避难线的位置。

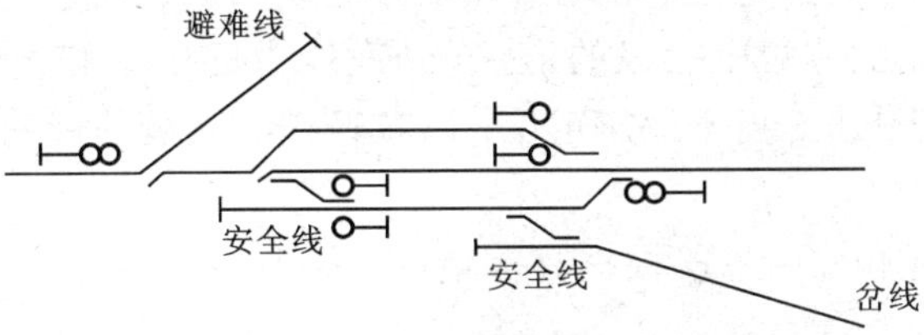

图 1-12 引向安全线、避难线道岔的定位示意图

5. 到发线上的中岔的定位

到发线上的中岔的定位，为到发线开通的位置。

到发线主要用于接发列车，为减少扳动和确保接发列车安全，规定到发线上的中岔为到发线开通的位置。到发线上的中岔指的是在一条到发线有效长范围内设置的通往其他线路的道岔；两条纵向衔接在一起的到发线的中间道岔不属于中岔。

6. 其他由车站管理的道岔定位

其他由车站管理的道岔，由车站根据行车安全和减少扳动次数等因素综合考虑。如到发线与货物线连接的道岔，应以开通到发线为定位(图 1-13)；道岔连接线上的道岔，以开通连接线为定位(图 1-14)；车站与其他单位线路衔接的道岔，以不使机车车辆进入站内的位置为定位；停放装载爆炸品、压缩气体、液化气体车辆的固定线路，以不能进入为定位；其他道岔，以经常使用的位置为定位。

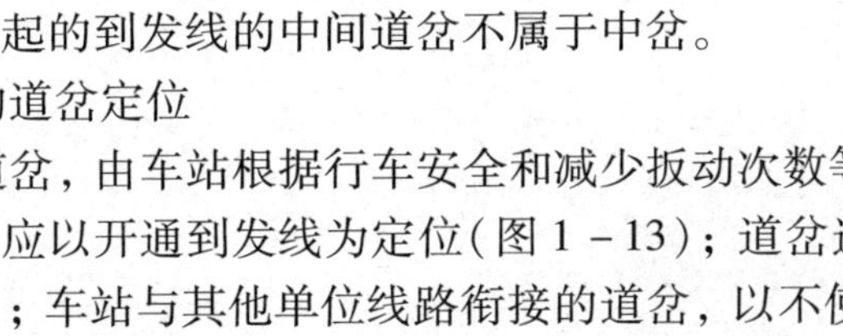

图 1-13 到发线与货物线连接的道岔定位示意图

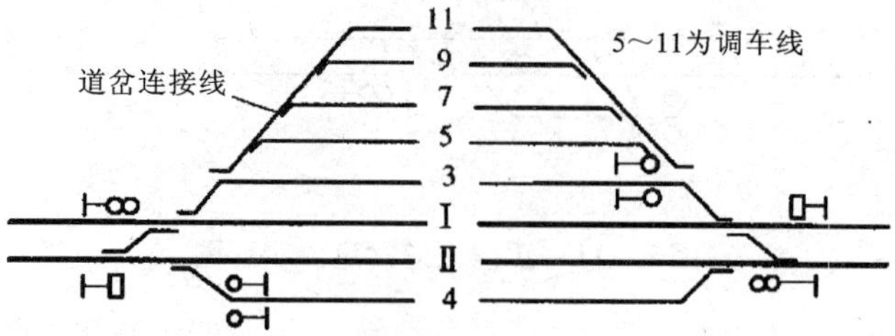

图1－14　道岔连接线的道岔定位示意图

(三)集中操纵的道岔及其他情况道岔定位规则

(1)集中操纵的道岔，在准备进路时，只需按压进路按钮，有关道岔当时无论在什么位置，都能自动转换到该进路开通的位置，并被防护该道岔的信号锁闭，因此，可不保持定位。但应在《站细》内记明具体道岔定位的位置，以便停电或联锁失效时使用。

(2)不办理接发列车的非集中操纵的道岔(到发线上的中岔和引向安全线、避难线的道岔除外)，主要用于调车作业，可不保持定位，以减轻作业人员的劳动强度和减少在站场内的走行。

(3)段管线的道岔定位，由各段根据具体情况，按照既有利于安全又便于使用和管理的原则自行规定。

第二章

编组列车

若干车辆连挂在一起，称为车组；若干车组连挂在一起，称为车列；编成的车列挂有机车及规定的列车标志时，称为列车。动车组列车为自走行固定编组列车。

列车应按《技规》、列车编组计划和列车运行图规定的编挂条件、车组、重量或长度编组，以保证列车运行安全、加速旅客和货物送达、充分利用铁路通过能力。单机、大型养路机械及重型轨道车，虽未完全具备列车条件，亦应按列车办理。

按《技规》规定编组列车，是指车辆编入列车的技术条件、隔离限制、自动制动机数量作用和配挂要求、列车尾部挂车条件、编入列车的机车编挂位置等，必须符合《技规》第十一章有关“编组列车”的规定。

按列车编组计划编组列车，主要是指列车种类、去向、编组内容、车组和车辆的编挂位置必须符合列车编组计划的规定。

按列车运行图编组列车，是指规定列车牵引重量、长度必须符合列车运行图的规定。

第一节　列车编组计划的规定

一、执行列车编组计划的要求

列车编组计划的内容主要包括：列车的编组站(发站)、列车的解体站(到站)、列车中车辆的到站(重车)和车种(空车)、列车中车组的编挂方法等。

列车编组计划一经确定，必须严格执行，任何车站不得任意违反列车编组计划编车，否则，会打乱站间分工、增加改编作业、带来作业困难甚至造成枢纽堵塞。因此，必须严格对待，认真贯彻执行。

在新编组计划实行前，各铁路局应制定本局关于保证执行列车编组计划的措施，组织有关人员认真学习新编组计划的内容、特点和要求。各技术站根据需要和可能，做好车场分工、线路固定使用和劳动组织的调整及其他各项准备工作，并将本站的列车编组计划摘录及注意事项张贴在车站调度室及调车区长室等有关场所。

技术站对正确执行列车编组计划负有特别重要的责任。在日常工作中，车站调度员和调车区长应按照列车编组计划的规定，正确编制阶段计划和调车作业计划；调车人员在编组列车的过程中，应考虑所挂车辆是否符合列车编组计划，车号员在编制编组顺序表和核对现车时，要检查其中编挂的车辆及编组方法是否符合列车编组计划，发现问题及时汇报。

执行列车编组计划具体应做到：

（1）摘挂列车主要是为中间站服务的，其编组方法应按中间站的要求办理。其一，所挂车辆应以到达中间站的车辆为主，即技术站编开的摘挂列车应首先将到中间站的车辆挂走，不满轴时方可加挂其他车辆，为了中间站调车作业方便，到达中间站的车辆还应挂于列车前部。其二，需要时，摘挂列车应为中间站挂车留出空余吨数（留轴），留轴后仍有“余轴”时，方可加挂编组计划指定的车流（区段车流或直通车流）。

（2）编组一般货物列车时，车组的编挂位置除单独指定者外，不受车组组号顺序的限制。临时排送空车时，应单独选编成组（摘挂、小运转列车除外），按回送单据向指定到站回送的空车（特殊规定者除外），按该到站的重车办理。

（3）车辆应按规定径路运行，对需要加冰、加油的冷藏车可视作前方加冰、加油站的重车办理（特定者除外）。

（4）同一技术站编组数种不同到达站的列车或车组时，每一列车和车组均不包括另一种列车或车组的车流。

二、违反列车编组计划的情况

凡有下列情况之一者（除另有规定外），均为违反列车编组计划：

（1）直达列车的车流编入直通、区段、摘挂和小运转列车；直通列车的车流编入区段、摘挂和小运转列车；区段列车的车流编入摘挂和小运转列车。

因为这种把远程车流编入近途列车的做法，势必造成远程车流在沿途技术站重复改编，延缓货物运送和车辆周转，打乱站间分工。但对于装载超限货物的限速货车，虽属直达、直通、区段车流，亦可利用摘挂列车挂运，而不算违反编组计划。

（2）直通、区段、摘挂和小运转列车的车流，编入直达列车；区段、摘挂和小运转列车的车流，编入直通列车；摘挂和小运转列车的车流，编入区段列车。

把近程车流编入远途列车的做法，其后果必然使远途列车在有关技术站提前改编，同样延缓货物的运送和车辆周转，破坏站间分工。但为加速到达中间站（包括中间站挂出）需要快运的鲜活、易腐货物的运送，可优先用直达、直通、区段列车挂运。如特殊需要，各局可在编组计划中指定车次，利用直达、直通、区段列车甩挂中间站车辆。

（3）未按规定选分车组或未执行指定的编挂顺序的（由于执行隔离限制实难兼顾时除外）主要有以下几种情况：

①分组列车和应按规定选分车组的单组列车，未选分成组。

②应按站顺编挂的摘挂列车，未按站顺编挂。

③指定连挂位置的车组，未按指定位置连挂。

发生上述情况，将打乱站间分工，造成有关站作业困难，延长停留时间，降低运输效率。

（4）未按规定的重、空列车数开行。

规定的重、空列车数，不是泛指某区段开行的一般的重、空列车数，而是在列车编组计划中特殊规定的列车数。例如，为缓和枢纽能力的紧张状况，规定发往枢纽地区并按特殊要求编组的重列车数，以及为保证邻局始发直达列车的装车，必须经由某分界站交出的空列车数。上述重列车数超出和空列车数交出不足，都算违反列车编组计划。

（5）未按补轴、超轴规定编组列车。

列车在变更重量和长度的车站补轴时，应尽量用与该列车编组内容相同的车流补轴，或者按规定超轴。

例如，如图2－1所示，A站编组A—丁直达列车，编组内容为丁站卸。在甲站补轴时，应尽量用丁站卸的车流补轴，如果无丁站卸的车流，编组计划又规定可用丁站以远的车流补轴时，则可用该车流补轴。如果未用丁站卸或丁以远车流补轴而用其他车流补轴时，则违反了编组计划。

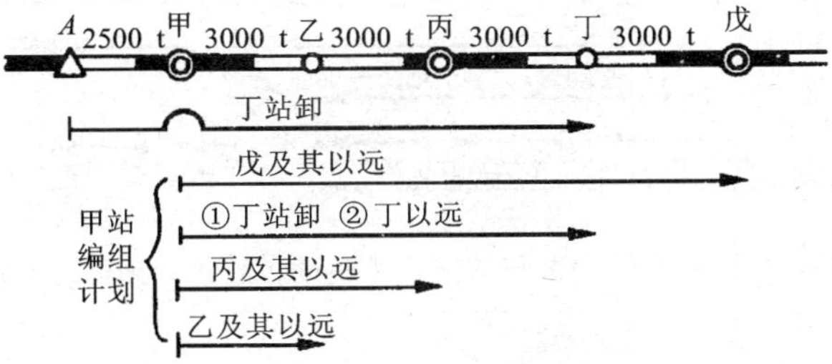

图2－1 补轴示意图

(6)违反车流径路，将车辆编入异方向列车。

①上下行搞反，如将上行车辆编入下行列车。

②有平行径路时，未走规定径路。

在编组计划中，根据各方向区间通过能力、运输距离、列车重量标准和运行速度等因素，规定了各支车流经济合理的径路。如果车站不按规定的径路编组，将导致延长货物运输距离、加剧通过能力的紧张状况、增加有关技术站的作业负担、降低运输效率。

(7)未达到编组计划规定的基本组重量、辆数或长度。

例如，如图2－2所示，甲—乙区段的列车重量标准为3200 t，乙—丙区段为2500 t，丙—丁区段为2000 t，由于重量标准不统一，在列车编组计划中规定甲—丁的直达列车基本组为2000 t，甲站用乙站及其以远700 t、丙站及其以远500 t分组补轴。

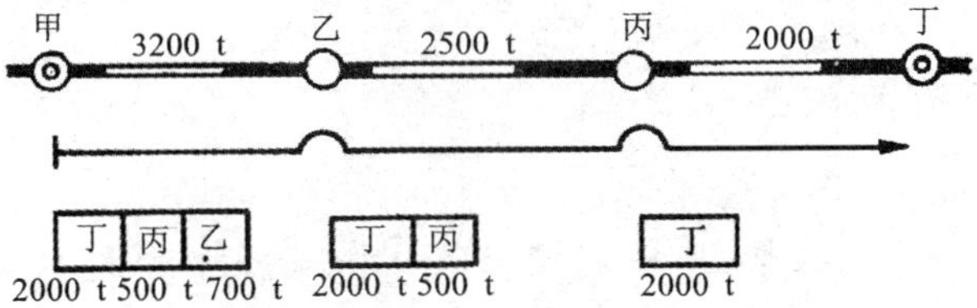

图2－2 按基本组重量编组列车示意图

如果甲站编组甲—丁的直达列车，基本组只编了1500 t，未达到规定的基本组重量，势必造成乙站补轴或改编。若乙站无车流补轴时，还有可能拆散这一直达列车，因此算作违反列车编组计划。

(8)始发直达列车不符合编组计划规定的编组方法。

例如，如图2－3所示，A站到己站及其以远车流应在甲站集结，编入甲—己技术直达列车；到丁站和庚站及其以远的车流应选分成组，编入到丁站解体的直通列车。如果A—丁始发直达列车里挂有己站及其以远的车流，则不符合编组计划规定的车流到达站；如果把丁站及其以远和庚站及其以远的车流混编在一起，则不符合列车的分组办法。这两种情况都算作违反编组计划。

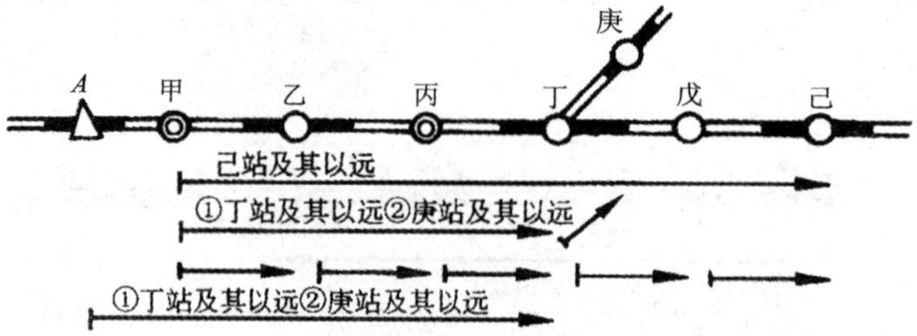

图 2－3　始发直达列车与前方技术站列车编组计划配合示意图

以上 8 种情况属于违反列车编组计划的编车，在日常工作中，违反列车编组计划的调度命令由计划调度员下达，各有关人员均应严格执行编组计划，加大考核力度，对违反列车编组计划的编车，及时做出处理。

第二节　列车运行图的规定

铁路列车运行图(以下简称列车运行图)是用以表示列车在铁路区间运行及在车站到发或通过时刻的技术文件。它规定各车次列车占用区间的程序，列车在每个车站的到达和出发(或通过)时刻，列车在区间的运行时间，列车在车站的停站时间以及机车交路、列车重量和长度等。

列车重量和长度应遵守列车运行图规定的各区段列车重量和长度标准。对跨及列车重量和长度标准不同区段的直通和直达货物列车，还必须遵守列车编组计划所规定的对基本车组重量和长度的要求，以达到既适应各区段的技术条件，又充分利用区段通过能力和机车牵引力的目的。

一、列车重量和长度

(一)列车重量标准和列车重量

列车重量标准(机车牵引定数)应根据机车牵引力、区段内线路状况及其设备条件确定。

查定机车牵引定数应贯彻以下原则：

(1)挖潜提效，在合理使用机车功率的条件下，满足运输需要。

(2)按线、按方向尽可能平衡一致，兼顾邻线衔接，减少车站作业。

(3)遵守线路允许速度，车站线路有效长度，机车、车辆构造速度，下坡道闸瓦压力限制速度，长大下坡道因制动周期限制速度，长大隧道限制速度及机车持续速度，确保行车及人身安全。

列车重量是列车中所有车辆的自重(包括附挂的无动力机车重量)与货物重量的总和，不包括工作机车(本务机车、重联机车、补机)及动力回送机车重量。

机车的重量按表 2－1(《技规》第 15 表)确定，车辆的重量按表 2－2(《技规》第 16 表)确定，铁路救援起重机的重量按表 2－3（《技规》第 17 表）确定，动车组的重量按表 2－4（《技规》第 18 表）确定。

表 2－1 机车重量及长度表

种类	机 型	自重/t	换算长度	备 注
电力	SS_1	137	1.9	
	SS_{3B}	276	4.0	按双节计算
	SS_4	184	3.0	按双节计算
电力	SS_3、SS_6、SS_{6B}、SS_7、SS_{7B}、6K	138	2.0	
	SS_{7C}	132	2.0	
	SS_{7D}、SS_{7E}、SS_9	126	2.0	
	SS_8	87/89	1.6	无列车供电/有列车供电
	8G、DJ1	184	3.2	按双节计算
	8K	184	3.4	按双节计算
	HXD_1	200	3.2	按双节计算
	HXD_2	200	3.5	按双节计算
	HXD_{1B}、HXD_{2B}、HXD_{3B}	150	2.1	
	HXD_{1C}、HXD_{2C}	138/150	2.1	
	HXD_3、HXD_{3C}	138/150	1.9	
	HXD_{1D}、HXD_{3D}	126	2.1	
内燃	DF_4、DF_{4B}、DF_{4C}、DF_{4D}	127	1.9	
	DF_5、DF_7、DF_{7B}、DF_{7C}	130	1.7	
	DF_{7D}	132	1.7	山区型自重 127 t，双司机室机车换长 1.8
	DF_{7E}	145	1.8	
	DF_{7G}	132	1.8	
	DF_8	130	2.0	
	DF_{8B}	131	2.0	25 t 轴重 DF_{8B} 自重 139 t
	DF_{11}	133	1.9	
	DF_{11G}	133	2.0	
	DFH_2	58	1.2	
	DFH_3	84	1.7	
	DFH_5	81	1.4	
	BJ	84	1.5	
	ND_2	114	1.6	
	ND_3	122	1.7	
	ND_5	126	1.8	
	NY_6、NY_7	124	2.1	
	HXN_5	150	2.1	
	HXN_3	150	2.0	
	NJ_2	138	2.1	

表 2－2　车辆重量及长度表

1. 客　　车		
客车种类	平均每辆总重量/t	平均每辆换算长度
各种客车	按车体外部标记计算	按车体外部标记计算
2. 货　　车		
货车种类	平均每辆自重/t	平均每辆换算长度
标记载重 60 t 四轴棚车（P_{62K}、P_{63K}）	24.0	1.5
标记载重 58 t 四轴棚车（P_{64K}）	25.4	1.5
标记载重 58 t 四轴棚车（P_{64AK}）	25.7	1.5
标记载重 58 t 四轴棚车（P_{65}）	26.0	1.5
标记载重 70 t 四轴棚车（P_{70}）	24.9	1.6
标记载重 60 t 四轴敞车（CF、CF_K）	22.4	1.2
标记载重 60 t 四轴敞车（C_{62A}、C_{62AK}）	21.7	1.2
标记载重 60 t 四轴敞车（C_{62B}、C_{62BK}）	22.3	1.2
标记载重 61 t 四轴敞车（C_{63}、C_{63A}）	22.5	1.1
标记载重 61 t 四轴敞车（C_{64K}）	23.0	1.2
标记载重 60 t 四轴敞车（C_{61}）	23.0	1.1
标记载重 70 t 四轴敞车（C_{70}）	23.8	1.3
标记载重 70 t 四轴敞车（C_{70E}）	24.0	1.3
标记载重 80 t 四轴敞车（C_{80}、C_{80B}）	20.0	1.1
标记载重 100 t 六轴敞车（C_{100A}、C_{100AH}）	26.0	1.4
标记载重 50 t 四轴集装箱平车（X_{1K}）	19.8	1.3
标记载重 60 t 四轴集装箱平车（X_{6A}）	17.8	1.3
标记载重 60 t 四轴集装箱平车（X_{6K}）	18.0	1.2
标记载重 70 t 四轴集装箱平车（X_{4K}）	21.8	1.8
标记载重 70 t 四轴集装箱平车（X_{70}）	22.4	1.2
标记载重 80 t 四轴集装箱平车（X_{2K}）	22.0	1.8
标记载重 60 t 四轴平车（N_{17AK}）	21.0	1.3
标记载重 60 t 四轴平车（N_{17GK}）	21.9	1.3
标记载重 60 t 四轴平车（N_{17K}）	20.5	1.3
标记载重 60 t 四轴平集共用车（NX_{17AK}）	22.9	1.3
标记载重 60 t 四轴平集共用车（NX_{17K}）	22.4	1.3
标记载重 60 t 四轴平集共用车（NX_{17BK}）	22.9	1.5
标记载重 70 t 四轴平集共用车（NX_{70}）	23.8	1.5
标记载重 70 t 四轴平集共用车（NX_{70A}）	23.8	1.3
标记载重 53 t 四轴罐车（G_{60K}）	21.0	1.1
标记载重 60 t 四轴罐车（G_{70K}）	20.4	1.1
标记载重 70 t 四轴罐车（GQ_{70}）	23.6	1.1

续表 2-2

货车种类	平均每辆自重/t	平均每辆换算长度
标记载重 70 t 四轴罐车(GN_{70})	23.8	1.1
标记载重 70 t 四轴罐车(GHA_{70})	23.8	1.2
标记载重 70 t 四轴氧化铝粉罐车(GF_{70})	23.6	1.2
标记载重 50 t 四轴毒品车(W_{5SK})	26.5	1.5
标记载重 60 t 四轴毒品车(W_{6S})	24.6	1.5
标记载重 70 t 四轴毒品车(W_{70S})	25.2	1.6
标记载重 60 t 石碴车(K_{13K})	21.5	1.1
标记载重 70 t 石碴车(KZ_{70})	23.8	1.1
标记载重 60 t 煤炭漏斗车(K_{18K})	24.0	1.3
标记载重 70 t 煤炭漏斗车(KM_{70})	23.8	1.3
标记载重 60 t 散装粮食车(L_{17K})	23.5	1.3
标记载重 60 t 散装粮食车(L_{18})	23.8	1.3
标记载重 70 t 散装粮食车(L_{70})	24.8	1.5
标记载重 60 t 散装水泥车(U_{60})	26.0	1.2
标记载重 60 t 散装水泥车(U_{60WK})	24.5	1.1
标记载重 60 t 散装水泥车(U_{61WK})	22.3	1.1
标记载重 20 t 双层小汽车运输车(SQ_5)	37.0	2.4
标记载重 22 t 双层小汽车运输车(SQ_6)	36.2	2.4
标记载重 40 t 机械冷藏车(B_{10A})	41.1	2.0

注：①旅客列车重量按客车总重(包括旅客及行李的重量)计算，回送空客车按自重计算。

②列车中其他各型货车的自重及换算长度和货物的重量按铁路总公司《铁路货车统计规则》规定计算。

③机车、车辆长度的计算，以前后两钩舌内侧面距离按 11 m 为换算单位(一辆)，各型机车、车辆按上述换算单位得出的比值，称为换算长度。

表 2-3　铁路救援起重机重量及长度表

型号	名称	自重/t	换算长度
NS2000	200 t 伸缩臂式铁路救援起重机	208	1.5
	吊臂平车	45	2.2
NS1600	160 t 伸缩臂式铁路救援起重机(1600 t · m)	192	1.4
	160 t 伸缩臂式铁路救援起重机(1680 t · m)	205	1.4
	吊臂平车	45	2.2
NS1601	160 t 伸缩臂式铁路救援起重机	186.4	1.1
	吊臂平车	42	2.2
NS1602	160 t 伸缩臂式铁路救援起重机	184	1.1
	吊臂平车	38	1.8

续表 2－3

型号	名称	自重/t	换算长度
N1601	160 t 固定臂式铁路救援起重机	187	1.1
	吊臂平车	38	1.9
N1602	160 t 固定臂式铁路救援起重机	190	1.1
	吊臂平车	40	2.2
NS1601G	160 t 伸缩臂式铁路救援起重机	186.4	1.1
	吊臂平车	38	1.9
NS1602G	160 t 伸缩臂式铁路救援起重机	186.4	1.1
	吊臂平车	40	2.2
NS1251	125 t 伸缩臂式铁路救援起重机	139	1.0
	吊臂平车	40	1.9
NS1252	125 t 伸缩臂式铁路救援起重机	138	1.1
	吊臂平车	40	1.9
NS1001	100 t 伸缩臂式铁路救援起重机	138	1.0
	吊臂平车	32	1.8
N1002	100 t 固定臂式铁路救援起重机	132	1.0
	吊臂平车	31.4	1.8
NS100G	100 t 伸缩臂式铁路救援起重机	140	1.0
	吊臂平车	32	1.8

表 2－4　动车组长度、重量及最高运行速度表

动车组类型	换算长度	整备重量/t	计算重量/t	最高运行速度/(km/h)
CRH1A－200	19.4	430.9	490.6	200
CRH1A－200 重联	38.8	861.8	981.2	200
CRH1A－250	19.4	424.6	484.4	250
CRH1A－250 重联	38.8	849.2	968.8	250
CRH1B	38.6	856	975	250
CRH1E	38.8	887.7	955.2	250
CRH2A	18.3	366.8	415.8	250
CRH2A 重联	36.6	733.52	831.6	250
CRH2B	36.5	724.1	822.5	250
CRH2E	36.5	785.8	839.4	250

续表 2-4

动车组类型	换算长度	整备重量 /t	计算重量 /t	最高运行速度 /(km/h)
CRH5A	19.2	369.7	469.7	250
CRH5A 重联	38.4	739.3	939.4	250
CRH2C 一阶段	18.3	372.8	421.6	350
CRH2C 一阶段 重联	36.6	745.6	843.2	350
CRH2C 二阶段	18.3	392.5	441.3	350
CRH2C 二阶段 重联	36.6	785	882.6	350
CRH3C	18.2	431.9	482.6	350
CRH3C 重联	36.5	863.8	965.2	350
CRH380A	18.5	402.4	446.9	380
CRH380A 重联	36.9	804.8	893.8	380
CRH380BG	18.2	488.5	535.5	380
CRH380BG 重联	36.5	977	1071	380
CRH380B	18.5	494.6	542.2	380
CRH380B 重联	36.9	989.2	1084.4	380
CRH380AL	36.6	818.5	906.4	380
CRH380BL	36.3	872.6	964.1	380
CRH380CL	36.4	889.4	981.7	380

货物重量可按《铁路货物运输统计规则》规定计算。一般根据货物运输单据中记载的货物实际重量计算，无货物实际重量时，按计费重量计算。

(二)列车长度标准和列车长度

列车长度标准，是根据运行区段内各站到发线的有效长，并预留 30 m 的附加制动距离确定。

$$L_{列} = L_{有效} - L_{机} - 30$$

式中：$L_{列}$——列车长度标准，m；

$L_{有效}$——到发线有效长，m；

$L_{机}$——机车长度，m。

列车长度是列车中所有车辆的长度，包括附挂的机车长度，但不包括本务机、补机及固定双机牵引区段的重联机车长度。

机车的长度按表 2-1(《技规》第 15 表)确定；车辆的长度按表 2-2(《技规》第 16 表)确定；铁路救援起重机长度按表 2-3(《技规》第 17 表)确定；动车组的长度按表 2-4(《技规》第 18 表)确定。

二、超重、超长和欠轴列车的开行

超重列车是指实际编成的列车重量比运行图规定的区段牵引重量超 81 t 及以上，连续运行距离超过机车乘务规定区段 1/2 的货物列车。编组超重列车能节省机车运行台数、提高区段通过能力，但由于机车性能及司机技术水平所限，可能造成运缓或坡停等后果。为此，编组超重列车时，编组站、区段站应商得机务段调度员的同意；在中间站应得到司机的同意，并均须列车调度员准许。

超长列车指实际编成的列车长度超过了列车运行图规定的该区段列车长度标准；对于到发线有效长较短的车站，列车长度虽未超过列车运行图规定的该区段列车的换长，但实际长度(包括机车长度及附加制动距离)超过该站到发线有效长时，在编制列车运行图及日常调度指挥中，可组织列车通过。如确因作业需要停车时，应按超长列车办理。编组超长列车时，必须考虑运行区段内的具体条件，编组的超长列车的最大长度不得超过区段内一个车站两股最短到发线有效长之和，并不宜编挂超限车辆和其他限速车辆。开行超长列车时，必须得到列车调度员的命令准许，跨铁路局开行超长列车时应转发铁路总公司的命令。超长列车的运行办法，由铁路局在《行规》中规定。

欠轴列车指实际编成的列车重量和长度均未达到列车运行图所规定的标准(既欠重又欠长)。编组欠轴列车，浪费机车牵引力，违反列车编组计划，一般不准开行。必须开行时，须得到列车调度员的命令准许。跨铁路局的欠轴列车，要经铁路总公司批准，并得到准许欠轴的调度命令方可开行。

全国主要干线直通列车规定了统一的牵引重量和长度标准。直通列车原则上不准超重、超长或欠轴。

摘挂列车、小运转列车、固定车底的循环列车、快运货物列车、军用列车、机械保温列车、限速列车、路用列车及“五定”货运班列等不受欠轴的限制，但超重或超长时，仍应按有关规定办理。

另外，线路坡度为12.5‰以上的区段，其牵引定数的尾数波动局管内的列车由铁路局自定，跨局的由有关局商定并经铁路总公司批准。

第三节　列车中车辆的编挂

一、禁止编入列车的车辆

(一)车辆技术状态不良

(1)插有扣修、倒装色票的及车体倾斜超过规定限度的车辆。

货车插有扣修、倒装“色票”的车辆，是指该车辆定检到期或因技术状态不良须经修理后才能使用的车辆，及因货物装载不良须进行倒装处理或有故障的重车须倒装后才能修理的车辆。这些车辆在未经修理或倒装处理前，不能编入列车，以免危及行车安全。对需回送车辆段或工厂修理的车辆，可以根据列检的要求，按规定办理回送。

凡因车辆技术状态不良或定检到期或有的货物装载不良须从列车队内摘下，往修理专用线、车辆段、车辆修理厂或货物装卸地点时，均应正确及时地填写所需要的色票并办理手续，以保证行车安全。色票上填写的内容有送往修理地点、车号、不良部位、摘车时间、办理摘车单位及检车员姓名等。

凡经检车人员检查确定，因车辆技术状态不良或定检到期需要扣修，或重车因技术状态不良需要倒装而进行摘车修理时，检车人员应在该车的表示板框内，插上相应的色票。插有色票的车辆，一律不准使用。各种色票的插、撤，只能由列检人员进行，其他人员不得任意插撤。列检人员在插撤色票的同时，要向车站发出“车辆检修通知书”。车站应按通知书要求送往指定地点。

车辆检修色票的类型有以下几种。

①《铁路货车送往修理专用线色票》(车统－16)：扣留的检修车送往专用修理线修理时，由检车员填写后插设于票插中。

②《铁路货车送往车辆段色票》(车统－17)：扣留的检修车送往车辆段修理时，由检车员填写后插设于票插中。

③《铁路货车送往修理工厂色票》(车统－18)：扣留的检修车送往工厂修理时，由检车员填写后插设于票插中。

④《铁路货车倒装色票》(车统－19)：扣留的检修车需要倒装时，由检车员填写后插设于票插中。

车体倾斜指车辆一侧或一端倾斜。客车倾斜超过50 mm，货车超过75 mm时，禁止编入列车(图2－4)。

车体倾斜超过规定限度，易使弹簧折断、车辆燃轴甚至行经曲线时脱轨，也可能超出机车车辆限界，危及行车安全。

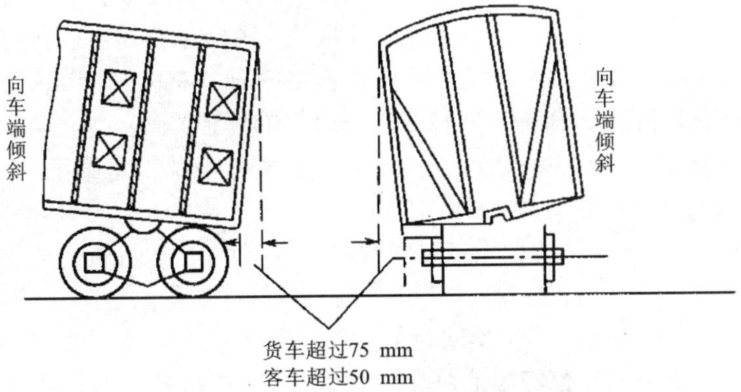

图2－4　车体倾斜

(2)曾经发生冲突、脱轨、火灾、爆炸或曾编入发生特别重大、重大、较大事故列车内以及在自然灾害中损坏，未经检查确认可以运行的车辆。

这些机车车辆经过激烈冲撞，其主要零部件，如转向架、轮对、轴箱、车钩及车底架等，可能存在隐患，容易产生损伤，威胁行车安全，所以其未经过列检检查时，禁止编入列车。

(3)缺少车门的车辆(检修回送车除外)。

车门短缺，装车后易造成货物窜出坠落，不能保证货物的完整和行车安全。

(4)未关闭侧开门、底开门以及平车未关闭端、侧板(有特殊规定者除外)的车辆。

未关闭侧开门、底开门以及平车未关闭端、侧板(有特殊规定者除外)的车辆，在运行中侧板或侧开门可能掀动或摇晃，甚至超出机车车辆界限，威胁线路附近设备和人员的安全。一旦端、侧板或侧门脱落，还可能导致列车脱轨，甚至颠覆。底开门不关闭，容易刮坏道岔，甚至脱落。

在装运超限货物不能关闭平车侧板和利用敞车装载双层牲畜，不宜关闭侧开门时，必须将侧板或车门绑扎牢固。

(5)企业自备机车、车辆、自轮运转特种设备和城市轨道车辆、进出口机车车辆过轨时，未经铁路机车车辆人员检查确认的。

这类机车车辆由于技术标准和维修保养等方面的因素，需经检查确认，才能编入列车运行，以保证铁路行车和货物运送安全。

①企业自备铁路货车(自备车)是指企业为满足自身生产需要自行购置、经国家铁路过轨运输的铁路货车车辆。

根据铁路总公司《企业自备铁路货车生产检修运用管理办法》，自备车生产、检修(含整机厂修、段修、辅修和技术改造)和运用由铁路总公司集中管理。生产、检修自备车须经铁路总公司批准，根据《铁路机车车辆设计生产维修进口许可管理办法》取得相应生产许可证、维修合格证。

自备车的运用标准执行铁路总公司《铁路货车运用维修规程》等规程、规则、文件和电报要求。

进入铁路营业线的自备车须进行过轨技术检查。过轨技术检查(含一次性过轨自备车)由总公司下属铁路车辆段进行，其他单位不得办理自备车技术过轨检查。

过轨自备车的各部分技术状态须符合铁路总公司制定的规章要求，非铁路总公司批准定型的车辆，须提供车辆动力学、车辆强度等试验报告，铁路总公司主管部门鉴定意见，车辆相关技术条件及批准生产文件。对过轨技术检查合格的自备车由车辆部门出具“企业自备铁路货车过轨技术检查合格证”(作为过轨技术检查合格的凭证)。

②自轮运转特种设备是指在铁路营业线上运行的轨道车及铁路施工、维修专用车辆(包括轨道起重机、架桥机、铺轨机、接触网架线车、放线车、检修车、大型养路机械等)。

根据铁路总公司《自轮运转特种设备过轨技术检查管理办法》，进入国铁运行的自轮运转特种设备须符合国家和铁路相关标准，以及《铁路技术管理规程》技术要求和限界，其车体和走行部还须符合《铁道车辆强度设计及试验鉴定规范》(TB/T 1335)，整体运行性能符合《铁道车辆动力学性能评定和试验鉴定规范》(GB 5599)、《铁道特种车辆及轨行机械动力学性能评定及试验方法》(GB/T 17426)等有关要求。

重型轨道车(含轨道平板车)、大型养路机械或铁路工程建设专用铺轨、架桥机等自轮运转特种设备满足下列条件之一者，必须进行过轨技术检查：

ⓐ国外引进抵港后首次进入国铁运行时。

ⓑ大修或返厂修需与大列联挂运行时。

ⓒ路外企业所属的重型轨道车或大型养路机械进入国铁挂运时。

ⓓ施工场地转移进入国铁挂运时。

需要进入国铁运行的自轮运转特种设备须具有以下证明资料，方可进行过轨技术检查：

ⓐ该自轮运转特种设备产品合格证。

ⓑ重型轨道车、大型养路机械有铁路总公司运输局基础部签发的有效的年检合格证(新造设备出厂到目的地或进口设备从口岸到目的地除外)，其他自轮运转特种设备有铁路总公司建设司签发的有效复查合格证，铁路局颁发的有效的准运证。

ⓒ按《铁路货车运用维修规程》相关规定和铁路总公司运输局基础部制定的《重型轨道车

过轨检查技术标准》《大型养路机械过轨检查技术标准》及铁路总公司建设司制定的《自轮运转特种设备过轨检查技术规定》执行过轨检查。

自轮运转特种设备所在地车辆段根据自轮运转特种设备所属单位提出的申请，对自轮运转特种设备进行证明资料核实后，做过轨技术检查。过轨技术检查合格后由车辆段填发《自轮运转特种设备过轨技术检查合格证》，检查不合格的自轮运转特种设备不得编入列车。车站挂运自轮运转特种设备须凭车辆段签发的《自轮运转特种设备过轨技术检查合格证》，方可将自轮运转特种设备编入列车。

（6）超过定期检修期限的客车车辆（经车辆部门鉴定的回送客车除外）禁止编入旅客列车。

定期检修，是指对运用中的车辆，每隔一定时间或运行距离，进行一次具有一定内容的检修工作。定期检修能有计划地使车辆恢复运用功能，保持良好的技术状态，并保证在到达下一个定期检修以前，不出现重大故障。

车辆实行定期检修，并逐步扩大实施状态修、换件修和主要零部件的专业化集中修。车辆修程，客车和特种用途车实行以走行公里为主，时间周期为辅的计划预防修，最高运行速度不超过 120 km/h 的客车分为厂修、段修、辅修，最高运行速度超过 120 km/h 的客车分为 A4、A3、A2、A1，货车分为厂修、段修、辅修。

检修周期及技术标准，按铁路总公司车辆检修规程执行。

厂修是对车辆进行全面检查和彻底修理，并进行必要的现代化技术改造。目的在于恢复车辆的基本技术性能，使修理后接近新造车辆水平。主要部件的技术质量应能保证在一个段修期内正常运用。厂修一般在车辆修理工厂进行，必要时可以在有条件的车辆段进行。

段修是对车辆进行全面检查、重点分析。着重分解检查车辆的走行部、车钩缓冲装置和制动装置等部件。消除故障隐患，修复损坏、磨耗的零部件；按规定更换磨损过限的零部件，防止故障扩大。目的是保持车辆的基本性能，延长车辆的使用寿命，保证车辆安全运行。主要零部件的技术质量应能保证一个段修期。段修在车辆段进行。

辅修主要对车辆的制动装置和轴箱油润装置进行检修，同时对其他部件进行辅助性修理，以保证这些部件在运用中保持良好的状态。客车的辅修一般在客车整备所车库停留时间内进行。

根据铁路总公司《铁路客车运用维修规程》，铁路客车实行固定配属管理。客车所属的铁路局、车辆段对客车的维修质量、安全负责。

凡入库检修的车辆，出库前必须达到《运用客车出库质量标准》；未完成检修或未达到标准的，一律不得上线运行。超过定期检修期限的客车车辆（经车辆部门鉴定的回送客车除外）禁止编入旅客列车。

（二）货物装载不符合规定要求

（1）装载货物超出机车车辆限界，无挂运命令的车辆。

一件货物装车后，在平直线路上停留时，货物的高度和宽度有任何部位超过机车车辆限界或特定区段装载限界，均为超限货物。在平直线路上停留虽然不超限，但行经半径为 300 m曲线线路时，货物的内侧或外侧计算宽度（已经减去曲线水平加宽量 36 mm 以后），仍然超限的，亦为超限货物。

装载超限货物的车辆，在运行上须有特殊的要求，如限制运行速度，禁止通过的线路、桥梁和隧道等，列车调度员均应根据批准装运电报发布挂运命令，否则禁止编入列车。

(2)装载跨装货物(跨及两平车的汽车除外)的平车，无跨装特殊装置的。

跨装，系指一件货物的长度或重量不能容纳于一辆车上，须用两辆平车共同负担载重。为使跨装货物的车辆能灵活地通过曲线，必须在车辆与货物之间使用特殊装置——转向架。同时，为了防止因车钩弹簧压缩、伸张而造成货物的窜动，在货物跨装的车辆与车辆之间，一般应使用车钩缓冲停止器(铁路总公司明确规定可不使用的除外)。如无跨装特殊装置，车辆通过小半径曲线或坡道地段则可能产生移动，甚至发生脱轨或颠覆。跨及两车装载的汽车或爬装的汽车，由于有车轮的小距离转动，可以缓解和适应车钩的伸缩，因此，不用使用跨装特殊装置。

(3)平车及敞车装载货物违反装载和加固技术条件的。

货物装载和加固必须保证能经受正常调车作业及列车运行中的冲击，以保证货物在运输的全过程中，不致发生移动、滚动、倾覆、倒坍或坠落等情况。平车、敞车装载的货物，必须符合《铁路货物运输规程》中“货车装载加固技术条件”的要求，如货物装载偏重，上重下轻等。货物装车后，其总重心横向偏离车底板纵中心线的水平距离超过 100 mm 时，为横向偏重；其总重心纵向偏移，使一个车辆转向架所承受的货物重量超过标记载重的 1/2，或两转向架承受的重量之差大于 10 t 时，为纵向偏重。横向偏重和纵向偏重统称为偏重。

货物装车后，车底架的工作应力超过其允许应力时，称为集重装载。确定集重货物，必须了解支重面长度和负重面长度两个概念。支重面系指货物的底面，负重面系指车底板的顶面。支重面长度系指货物直接放于平面时，用来支承本身重量那部分底面的长度，称为货物的支重面长度。负重面长度是对车辆而言，系指货车用来负担货物重量直接与货物支重面相接触的那部分车底板的长度。装载集重货物时，要符合《货车装载加固技术条件》的有关规定。

由于原木、粮食、棉花及其他包装物品等不按规定码放，加固的绳索、铁丝、支柱等不合规格或捆绑不牢等情况，在运行中可能经不起紧急制动及通过道岔、曲线、坡道而产生的纵向力和横向力作用，而使货物窜动、倒塌、坠落等，影响正常行车，危及行车安全。要特别注意金属制材的装载加固问题。金属制材材质坚硬、重量大、表面平滑，运输过程中极易移位，造成燃轴、脱线或颠覆，已多次酿成重大事故，为此，一定要把金属制材的防滑、装载、加固工作做好。

(4)由于装载的货物需停止自动制动机作用，而未停止的车辆。

关闭自动制动机是指关闭制动支管的截断塞门，并将副风缸的压缩空气排出，人力制动机置于缓解状态。根据铁路总公司《铁路危险货物运输管理暂行规定》规定，装载某些易燃，易爆货物的车辆，要求关闭自动制动机，是考虑在列车制动时防止闸瓦与车轮踏面摩擦发热，产生高温或发出火星，特别在长大下坡道上，制动时间过长，闸瓦处于高热状态，如不停止自动制动机，对装有爆炸品或怕受高温的货物车辆，有可能引燃或引爆，所以必须停止自动制动机作用。

装运需停止制动作用的货车时，车站应书面通知所在地货车车辆段，由货车车辆段派就近的列检作业场人员到场检查确认后关闭截断塞门并施封，封上应有“停止制动”字样，同时在货票上注明“停止制动”。施封后，所在地货车车辆段应认真做好记录，并将“停止制动”施封车辆的车种、车型、车号及到站情况及时通知到站所在地货车车辆段。到站卸车后，车站应书面通知所在地货车车辆段，由货车车辆段派就近的列检作业场人员到场检查确认后拆封，开启截断塞门，并将该车辆的车种、车型、车号及时通知发站所在地货车车辆段予以销号。

二、货物列车中车辆的编挂

（一）装载危险、易燃货物车辆的编挂

在铁路运输中，凡具有爆炸、易燃、毒害、感染、腐蚀、放射性等特性，在运输、装卸和储存保管过程中，容易造成人身伤亡、财产毁损和环境污染而需要特别防护的货物，均属危险货物。根据《危险货物分类与品名编号》（GB 6944）和《危险货物品名表》（GB 12268），结合铁路运输实际情况，铁路运输危险货物按其主要危险性和运输要求划分类项，包括爆炸品、气体、易燃液体、易燃固体、氧化性物质和有机过氧化物、毒性物质和感染性物质、放射性物质（物品）、腐蚀性物质、杂项危险物质和物品等九类。具体品名在《铁路危险货物品名表》中公布。不属于上述九类危险货物，在铁路运输过程中易引起燃烧、需采取防火措施的货物，属易燃普通货物。《易燃普通货物品名表》如表 2－5 所示。

表 2－5　易燃普通货物品名表

顺号	品　　名
1	《铁路危险货物品名表》规定之外的籽棉，皮棉，黄棉花，废棉，飞花，破籽花
2	《铁路危险货物品名表》规定之外的各种麻类和麻屑
3	麻袋（包括废、破麻袋），各种破布，碎布，线屑，乱线，化学纤维
4	牧草，谷草，油草，蒲草，羊草，芦苇，荻苇，玉米棒（去掉玉米的），玉蜀黍秸，豆秸，秫秸，麦秸，蒲叶，烟秸，甘蔗渣，蒲棒，蒲棒绒，芒杆，亚麻草，烤烟叶，晒烟叶，棕叶以及其他草秸类
5	葵扇（芭蕉扇），蒲扇，草扇，棕扇，草帽辫，草席，草帘，草包，草袋，蒲包，草绳，芦席，芦苇帘子，笤帚以及其他芦苇、草秸的制品
6	干树皮，干树枝，干树条，树枝（经脱叶加工），带叶的竹枝，薪柴（劈柴除外），松明子，腐朽木材（喷涂化学防火涂料的除外）
7	刨花，木屑，锯末
8	纸屑，废纸，纸浆，柏油纸，油毡纸
9	炭黑，煤粉
10	粮谷壳，花生壳，笋壳
11	羊毛，驼毛，马毛，羽毛，猪鬃以及其他禽兽毛绒
12	麻黄，甘草

注：①用敞、平、砂石车装运易燃普通货物时，应用篷布苫盖严密；在调车或编入列车时，应进行隔离。但对干树皮、干树枝、干树条和带叶的竹枝，由于干湿程度、带叶多少不同，应否苫盖篷布由发站根据气温和运输距离在确保运输安全的原则下负责确定。

②腐朽木材喷防火涂料或采取其他防火措施后，可不苫盖篷布。

③本表未列的品名，是否也属于易燃普通货物，由发站报铁路局确定。

④以易燃材料作包装、捆扎、填塞物，以竹席、芦席、棉被等苫盖的非易燃货物，以及用木箱、木桶、铁桶包装的易燃普通货物，均按普通货物运输。以敞车装运时，是否应苫盖篷布，由托运人根据货物的运输安全情况负责确定。并在货物运单托运人记事栏内注明。

装载危险、易燃等货物的车辆编入列车的隔离限制，按表 2－6 铁路车辆编组隔离表执行。

表 2－6 铁路车辆编组隔离表

货物种类（品名编号） \ 隔离标记 \ 最少隔离辆数		隔离对象	距牵引的内燃、电力机车，推进运行或后部补机及使用火炉的车辆	距乘坐旅客的车辆	距装载雷管及导爆索（11001，11002，11007，11008）的车辆 △7	距装载除雷管及导爆索以外爆炸品的车辆 △8	距装载易燃普通货物的敞车、平车	距装载高出车帮易窜动货物的车辆	备注
气体（含空罐车）	易燃气体 非易燃无毒气体 毒性气体	△1	4	4	4	4	2	2	运输气体类危险货物重、空罐车时，每列编挂不得超过 3 组。每组间的隔离车不得少于 10 辆
一级易燃液体 一级易燃固体 一级易于自燃的物质 一级氧化性物质 有机过氧化物 一级毒性物质（剧毒品） 一级酸性腐蚀性物质 一级碱性腐蚀性物质 一级其他腐蚀性物质		△2	2	3	3	4	2		运输原油时，与机车及使用火炉的车辆可不隔离。运输硝酸铵时，与机车及使用火炉的车辆隔离不少于 4 辆
放射性物质（物品）（矿石、矿砂除外）		△3	2	4	×	×	2	1	×标记表示不能编入同一列车
七〇七	一级	△4	4	4	4	4	4	2	一级与二级编入同一列车时，相互隔离 2 辆以上，停放车站时相互隔离 10 m 以上，严禁明火靠近
	二级	△5	4	4	4	4	4	2	
敞车、平车装载的易燃普通货物及敞车装载的散装硫磺		△6	2	2	2	2			装载未涂防火剂的腐朽木材的车辆，运行在规定的区段和季节须与牵引机车隔离 10 辆，如隔离有困难时，各铁路局与邻局协商规定隔离办法
爆炸品	雷管及导爆索（11001，11002，11007，11008）	△7	4	4		4	2	2	
	除雷管及导爆索以外的爆炸品	△8	4	4	4		2	2	

注：①小运转列车及调车隔离规定，由铁路局自行制定。

②有△蜂标记的车辆与装载蜜蜂的车辆运输时按有关规定办理。

③空罐车可不隔离（气体类危险货物除外）。

隔离的作用，一是使易燃、易爆物品与火源隔离；二是万一发生意外时，能尽量减少或避免扩大损失。

（二）超限货物车辆或特种车辆的编挂

1. 超限货物车辆的编挂

由于正常的行车组织方法和货物装载都是按照机车车辆限界确定的。如超出这个限界的范围，运行上应有一定的限制，方能保证安全。所以列车中编挂超限货物车辆时，应按国家及铁路总公司有关规定或临时指示办理。

铁路总公司在《铁路超限超重货物运输规则》中规定：

（1）货物装车后，车辆停留在水平直线上，货物的任何部位超出机车车辆限界基本轮廓者或车辆行经半径为300 m的曲线时，货物的计算宽度超出机车车辆限界基本轮廓者，均为超限货物。根据货物的超限程度，超限货物分为三个等级：一级超限、二级超限和超级超限。

①一级超限：自轨面起高度在1250 mm及其以上超限但未超出一级超限限界者。

②二级超限：超出一级超限限界而未超出二级超限限界者，以及自轨面起高度在150 mm至未满1250 mm间超限但未超出二级超限限界者。

③超级超限：超出二级超限限界者。

（2）车站受理超限、超重货物时，应认真审查托运人提出的有关技术资料，测量货物外形尺寸和重心位置，必要时应组织有关部门共同研究。审查后，以超限超重货物运输请示电报向铁路局请示装运办法。跨及四个及以上铁路局的各级超重货物和超级超限货物由铁路局审查后向铁路总公司请示。

（3）铁路总公司、铁路局接到超限超重货物运输请示电报后，向各有关单位批示装运办法。

（4）铁路局接到批示或抄送的电报后，应结合管内的实际情况及时批转。对需临时改变建筑物、固定设备的，应在电报中详细指明。管内通行确有困难时，应在收到电报之日起三个工作日内以电话和电报通知发局和电报批示单位。

（5）车站接到铁路局批示电报后，应按装载加固方案及时组织装车。装车后测量与批示电报不符时，须重新请示。

（6）装车后，应用颜色醒目的油漆标画易于判定货物是否移动的检查线，并在货物两侧明显处以油漆书写、刷印或粘贴"X级超限、X级超重"，或挂牌标识。

（7）装车后，发站应填写超限超重货物运输记录（格式二），在货物运单、货票、票据封套、编组顺序表上注明"超限货物"或"超重货物"或"超限超重货物"；以连挂车组装运时，应注明"连挂车组不得分摘"；限速运行时，应注明"限速XX公里"。同时按规定在车辆上插放货车表示牌。

（8）发站挂运超限、超重车前，应向铁路局调度所拍发超限超重车辆挂运请示电报（条件不具备时也可电话请示）。

2. 特种车辆的编挂

特种车辆包括非工作机车，轨道起重机，机械冷藏车，大型的凹型和落下孔车，空客车及特种用途车（发电车、无线电车、轨道检查车、钢轨探伤车、电务试验车、通信车），检衡车等。特种车辆种类很多，又不是经常挂运，而挂运时每种车辆的任务不同，所以编挂的要求也不同，事先不宜做出统一的规定。因此，编挂特种车辆时，根据情况，按国家及铁路总公司有关规定或临时指示办理。

（三）客车编入货物列车有关编挂要求

客车与货车车辆构造、车钩强度不同，因此要求客车编入货物列车回送时，客车编挂辆数不得超过20辆，应挂于列车中部或后部。

由于密接式车钩的客车构造等因素，装有密接式车钩的客车原则上应附挂旅客列车回送。需附挂货物列车回送时，不得超过10辆，其后编挂的其他车辆不得超过1辆。允许密接式车钩的客车后编挂1辆其他车辆，主要考虑便于尾部加挂货车列尾装置等因素。

客车与货车有人力制动机的一端连挂时，可能损坏客车风挡或货车闸台（平车、平集共用车的人力制动机处于非工作状态时除外）。因此规定客车与平车、平集共用车以外的货车连挂时，不得与货车有人力制动机端连挂；客车与平车、平集共用车人力制动机端连挂时，平车、平集共用车的人力制动机不得使用，处于非工作状态。

（四）特殊车辆编入货物列车有关编挂要求

机械冷藏车组因有各种机械设备和管道，牢固性差，应尽量挂于货物列车中部或后部。

军用及其他对编挂位置有特殊要求的客车按有关规定办理。

三、旅客列车中车辆的编挂

（一）旅客列车的编组

旅客列车是以客车（包括代用客车）编组的为运送旅客及行李、包裹、邮件的列车，其编组内容主要有软卧车、硬卧车、餐车、软座车、硬座车、行李车、邮政车和发电车等。动车组以外的旅客列车都是根据需要由固定数量和类型的车辆组成，每对列车的编组辆数固定，车辆在列车中的编组顺序固定，车辆结构固定，即旅客列车的编组是固定的，均按铁路总公司或铁路局颁布的《旅客列车编组表》执行。车底组成是根据运送的客流量、列车种类、机车牵引力、列车运行区段线路技术条件、站台和到发线长度等因素综合考虑加以确定的，不同的运行区段、不同的列车种类，旅客列车车底的组成不尽相同。表2－7为旅客列车编组表。

表2－7 旅客列车编组表

北京西—兰州 快速 K629 K630次	车辆 乘务																						计
		顺序 京开	1	2	3	4	5	6	7	8	9	10	11	12	13	14	15	16	17	18	19		
		顺序 兰开	1	2	3	4	5	6	7	8	9	10	11	12	13	14	15	16	17	18	19		
	兰州	车厢编号	1	2	3	4	5	6	7	8	9	10	11	12	13	14	15	16	17	18	19		19
		车种	UZ	KD	YW	YW	YW	YW	YW	YW	YW	YW	RW	CA	YZ	YZ	YZ	YZ	YZ	YZ	XL		
		定员				66	66	66	66	66	66	60	36		112	112	118	118	118	118			1188
		吨数	63	70	59	59	59	59	59	59	59	59	55	51	60	60	60	60	60	60	63		1134
		附注			宿							广				办							
	车辆段 客运段 担任																						

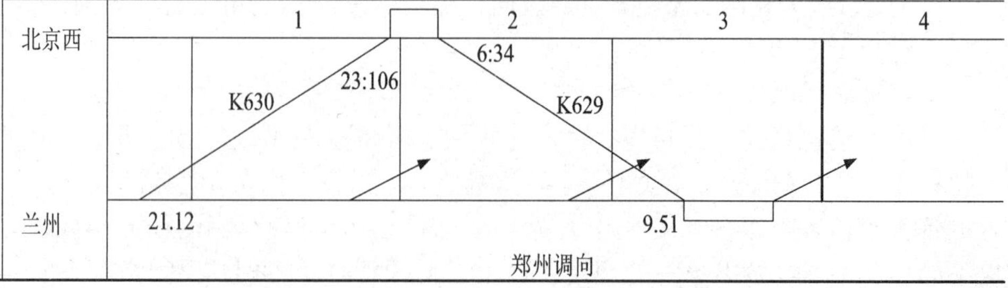

（二）旅客列车中车辆的编挂要求

由于旅客列车安全要求高、牵引重量小、运行速度也越来越高，部分普通旅客列车还要在高速铁路运行，而货车最高速度一般较客车低，速度差也越来越大，若在旅客列车中加挂货车，势必会降低旅客列车的运行速度。另外，机车的功率是一个定值，加挂货车后增加了旅客列车的重量，若不甩客车则会影响列车速度，若甩客车以保证速度却又会影响旅客运输。再者，客车制动力大，构造速度超过 120 km/h 的客车装有电空制动机、盘形制动装置和防滑器以及空气弹簧等；货车制动力小，旅客列车中编入了货车，会使全列车制动力减弱、延长制动距离，并且引起冲撞。因此，旅客列车、回送客车底不准编挂货车。

新中国成立后，我国开始自行设计和制造铁路客车，经历了仿制试制，定型生产，自行设计开发，技术引进，改进自己产品，不断滚动开发，研制具有自主知识产权的铁路客车的发展历程。铁路客车主要经历了 21 型客车、22 型客车、25 型客车、国产动车组和“和谐号”动车组等几个发展阶段。不同的客车最高运行速度不同，例如：22B 型客车构造速度为 120 km/h；25A 型客车构造速度为 140 km/h，最大允许速度是 120 km/h；25Z 型客车构造速度为 160 km/h，最大允许速度是 140 km/h；25T 型客车构造速度为 180 km/h，最大运营速度 160 km/h。综上所述，为保证旅客列车的安全、正点，编入的客车车辆最高运行速度等级必须符合该列车规定的速度要求。

为进一步保证旅客的安全，加大旅客列车安全系数，机车后第一位编挂一辆未搭乘旅客的车辆作为隔离车。行李车、邮政车、发电车等非乘坐旅客的车辆应分别挂于机车后第一位和列车尾部，起隔离作用；在装设集中联锁的区段，并设有列车运行监控装置时，旅客列车可不挂隔离车。如隔离车在途中发生故障摘下时，可无隔离车继续运行。局管内旅客列车经铁路局长批准，可不隔离。

军用列车的编组，按有关规定办理。

旅客列车中，与机车相连接的客车端门及编挂在列车尾部的客车后端门须加锁。动车组列车驾驶室与旅客乘坐席间的门须锁闭。

（三）动车组的编挂要求

动车组是自带动力的，固定编组的，列车两端分别设有司机室进行驾驶操作，配备现代化服务设施的旅客列车的单元。按动力配置动车组分为动力集中式与动力分散式。一般情况下，动车组中的车辆只能与同体系的车辆达成最佳配合，因为动车组多为整体设计，设计上强调以组为单位运营。正常运营状态下的动车组有相对固定的编组方式，编组中的每类甚至每节车辆都有自己的用途与定位。随意与其他型号或系列的车辆混编，甚至仅仅是编组内车辆顺序、方向排列不当，都可能破坏动车组的运营能力。因此，单组动车组运用状态下不得解编，两组短编组同型动车组可重联运行。救援等特殊情况下，两组不同型号的动车组可重联运行。动车组禁止加挂各型机车车辆（无动力调车时的调车机、救援机车、无动力回送时的本务机车及回送过渡车除外）；动车组禁止编入其他列车。

动车组实行以走行公里周期为主、时间周期为辅的计划性预防维修，超过了检修期限的，由于超期运行，其各部技术状态将会发生变化，可能产生不易发现的隐患，直接威胁行车和人身安全，因此，超过检修期限的动车组（经车辆部门鉴定的回送动车组除外）禁止上线运行。

四、单机挂车

单机，是指未挂车辆的机车。由于上下行方向列车数量不同等原因，会产生单机运行。掌握机车运用的调度人员，为了充分利用机车牵引力，加速车辆周转，准许顺路机车连挂车辆，即单机挂车。

单机挂车要考虑单机运转时分，燃料消耗及机车运用情况等因素，在区段内作业不宜过多。在机车牵引区段的线路坡度不超过 12‰时，以 10 辆为限；超过 12‰的区段，由铁路局规定。

为确保单机挂车后的运行安全，应遵守下列规定：

(1)为了保证单机挂车运行时有足够的闸瓦压力，所挂车辆的自动制动机作用必须良好，不准编挂“关门车”，发车前列检(无列检时由车站发车人员)按规定进行制动试验。

(2)为了保证货物在运行途中的完整和行车安全，明确交接责任，连挂前按规定彻底检查货物装载状态，并将编组顺序表和货运单据交与司机。

(3)为保证行车安全，明确职责，规定在区间被迫停车后的防护工作由机车乘务组负责，开车前应确认附挂辆数和制动主管贯通状态是否良好。

(4)对单机挂车要严格控制，不能“因小失大”，为多挂几个车影响机车计划交路耽误接车。因此列车调度员应严格掌握，不得因单机挂车影响机车固定交路和乘务员劳动时间。

(5)鉴于爆炸品危险性较大，运行上要求隔离，超限货物在运行条件上有很多限制，司机在进行乘务工作的同时难以全面照顾，因而单机挂车不准挂装载爆炸品、超限货物的车辆。

单机挂车时因所挂车辆较少，车辆技术条件以及货物装载状态好，运行安全有保障，同时，列尾装置的交接管理等一些具体问题也不容易解决，因此，规定单机挂车时，可不挂列尾装置。在这种情况下，车站接发列车时，应有确认完整到达的办法，并于发车后通知邻站，以确保运行安全。

五、列车中关门车的编挂

“关门车”是指关闭制动支管上的截断塞门，本身失去制动力的车辆。其包括因装载货物要求，须停止制动作用的车辆，以及因自动制动机临时发生故障准许关闭截断塞门的车辆。

为保证列车在施行制动时有足够的闸瓦压力，以确保列车在规定的制动距离内停车，列车中机车和车辆的自动制动机，均应加入全列车的制动系统。

1. 货物列车关门车的编挂

货物列车中因装载的货物规定需停止制动作用的车辆，自动制动机临时发生故障的车辆，准许关闭截断塞门(简称关门车)，但列检作业场所在站编组始发的列车中，不得有制动故障关门车。编入列车的关门车数不超过现车总辆数的 6%(尾数不足一辆按四舍五入计算)时，可不计算每百吨列车重量的换算闸瓦压力，不填发制动效能证明书；超过 6% 时，按技规第 261 条规定计算闸瓦压力，并填发制动效能证明书交与司机。

为确保列车在紧急制动时能及时紧急制动，对关门车编挂位置须严格限制：

(1)关门车不得挂于机车后部三辆车之内；

(2)列车中连续连挂不得超过二辆；

(3)列车最后一辆不得为关门车；

(4)列车最后第二、三辆不得连续关门。

(5)对于不适于连挂在列车中部但走行部良好的车辆，经列车调度员准许，可挂于列车尾部，以一辆为限，如该车辆的自动制动机不起作用时，须由车辆人员采取安全措施，保证不致脱钩。

机后三辆之内编挂关门车，虽然能通风，但进行紧急制动时，由于风管路长，会延迟紧急制动作用，从而延长了制动距离，容易发生危险；当列车制动时，在列车尚未全部停轮前，各车辆间产生瞬间冲动、冲挤现象。关门车本身不制动，冲挤就比较激烈，如关门车连续连挂过多，就很可能因制动冲挤而造成脱轨、断钩、脱钩等事故，故连续连挂以二辆为限。为避免列车尾部纵向冲动过大，造成最后一辆车脱轨，并防止列车最后一辆车分离后溜逸，规定列车最后一辆车不得为关门车，最后第二、三辆车不得连续关门。当车辆发生制动主管故障、通风不良、车钩故障等情况，但转向架技术状态良好时，考虑到对全列车制动作用的不利影响，不适于连挂在列车中部，在必要时可挂于列车尾部，此时对全列车制动作用的影响最小。如车辆的自动制动机不起作用时，必须对该车及相邻车辆连接的车钩采取防止车钩分离的安全措施，保证不发生车钩分离。

2. 旅客列车、特快货物班列关门车的编挂

为保证旅客列车、特快货物班列有足够的制动能力，旅客列车、特快货物班列不准编挂关门车。在运行途中(包括在站折返)如遇自动制动机临时故障，在停车时间内不能修复时，准许关闭一辆，但列车最后一辆不得为关门车，主要是为了防止列车一旦在关门车处发生分离时，该关门车不能自动停车，以致溜走。120 km/h 速度等级及编组小于 8 辆的 140 km/h、160 km/h 速度等级列车关门时，应按《技规》第 261 条规定计算闸瓦压力。

第四节 列车中机车的编挂

一、工作机车的编挂

担任牵引列车的机车为工作机车，包括本务机车及补助机车(简称“补机”)。

工作机车应挂于列车头部，正向运行。因为机车在设计和制造时，其技术性能和作业条件主要是按正向运行考虑的。这便于乘务员瞭望，又能充分发挥机车的最大牵引效能。但无转向设备或担当小运转、路用、救援列车的机车，因客观条件限制及工作性质的需要，允许逆行运行。

为增加全区段牵引重量，提高区段通过能力或适应全线牵引定数，可使用双机或多机牵引列车。双机牵引时，两台机车应重联挂于列车头部，由第一位机车担当本务机车职务，第二位机车按第一位机车要求进行操纵。

为不减少全区段的牵引重量，列车在困难区间，可加挂补机。补机原则上应挂于本务机车的前位或次位，便于联系、配合，防止发生挤坏车辆或拉断车钩。对于在中间站摘下的补机，为便于作业，补机最好挂于本务机车前面，此时由补机执行本务机车的职务。在特殊区段，如受桥梁负重的影响等，或补机需中途返回时，经铁路局批准，补机可挂于列车后部，但需接通软管。若后部补机中途折返时不接软管，为避免区间行车摘管造成列车启动困难或降

低通过能力，由铁路局制定保证安全的办法。

二、回送机车的编挂

因机车配属、局间调拨或入厂、段检修，以及检修完毕后返回本段等原因，产生了机车回送。铁路机车回送方式有：单机、专列、附挂、托运。

为了充分利用牵引动力，铁路局所属的机车跨牵引区段回送时，原则上应有动力附挂货物列车（电力机车经非电气化区段回送时除外），杂小型及状态不良的可随货物列车无动力回送。

当回送机车在所担任区段以外单机运行时，由于乘务员不熟悉该区段线路的坡道、曲线及有关行车设备情况，须由担任该区段机车运用的机务段派出指导人员添乘，以确保列车安全正点。

旅客列车遇特殊情况须附挂跨铁路局的回送机车时，按铁路总公司调度命令办理。

回送机车，应挂于本务机车次位，挂有重联机车时为重联机车次位。因为机车重量大，如挂于列车中部或后部，在列车制动时，容易加剧冲动。遇列车紧急制动时，还可能将其前位的车辆挤坏，所以应挂于本务机车（重联机车）次位。

受机车制动条件限制，20‰及以上坡道的区段，禁止办理机车专列回送。

铁路救援起重机回送前，回送单位应做好技术检查和整备工作。路外单位托运起重机前，应由铁路部门鉴定，无技术鉴定书时不能办理托运。回送的铁路救援起重机应挂于列车中部或后部。考虑到铁路救援起重机本身走行部分的弱点和其重心偏高，以及起重臂的横向摆动大等因素，为了确保铁路救援起重机回送安全，对常见的铁路救援起重机规定了回送的限制速度（表 2－8），表 2－8 以外的按设计文件要求速度回送。

表 2－8 铁路救援起重机回送限制速度表

型号	名称	回送速度/($km \cdot h^{-1}$)
NS2000	200 t 伸缩臂式铁路救援起重机	120
	吊臂平车	120
NS1600	160 t 伸缩臂式铁路救援起重机（1680 t · m）	120
	吊臂平车	120
NS1600	160 t 伸缩臂式铁路救援起重机（1600 t · m）	120
	吊臂平车	120
NS1601	160 t 伸缩臂式铁路救援起重机	120
	吊臂平车	120
NS1602	160 t 伸缩臂式铁路救援起重机	120
	吊臂平车	120
N1601	160 t 固定臂式铁路救援起重机	85
	吊臂平车	85

续表 2-8

型　号	名　称	回送速度/(km·h^{-1})
N1602	160 t 固定臂式铁路救援起重机	85
	吊臂平车	85
NS1601G	160 t 伸缩臂式铁路救援起重机	120
	吊臂平车	120
NS1602G	160 t 伸缩臂式铁路救援起重机	120
	吊臂平车	120
NS1251	125 t 伸缩臂式铁路救援起重机	120
	吊臂平车	120
NS1252	125 t 伸缩臂式铁路救援起重机	120
	吊臂平车	120
NS1001	100 t 伸缩臂式铁路救援起重机	80
	吊臂平车	80
N1002	100 t 固定臂式铁路救援起重机	80
	吊臂平车	80
NS100G	100 t 伸缩臂式铁路救援起重机	80
	吊臂平车	80

第五节　列车中车辆的连挂

列车中车辆的连挂和工作机车的摘挂，是编组列车和列车到发技术作业的重要环节，必须有明确的职责分工和一定的技术要求。

一、车辆连挂和机车摘挂的分工

(1)列车中车辆的连挂，由进行列车编组调车工作的人员负责。调车组内设有连接员，主要负责车辆的连挂、调整钩位和检查车钩连接状态。制动软管的连接，有列检作业的始发列车由列检人员负责，无列检作业的，由调车作业人员负责。

动车组采用机车调车作业时，随车机械师或动车段(所)胜任人员负责过渡车钩和专用风管的安装与拆卸、电气连接线的连接与摘解并打开车门，调车人员负责车钩连接与摘解、软管摘结。

动车组无动力回送或被救援时，过渡车钩、专用风管的安装与拆卸由随车机械师负责，司机配合。

(2)列车机车与第一辆车的连挂，由机车乘务员负责。单班单司机值乘的由列检人员负责；无列检作业的列车，由车辆乘务员负责；无车辆乘务员的列车，由车站人员负责。

(3)列车机车与第一辆车的车钩摘解、软管摘结，由列检人员负责。无列检作业的列车，车钩、软管摘解由机车乘务员(单班单司机值乘的由车辆乘务员)负责，软管连接由车辆乘务员负责；无车辆乘务员的列车，由机车乘务员(单班单司机值乘的由车站人员)负责。

(4)列车机车与第一辆车电气连接线的连接与摘解由客列检作业人员负责，无客列检作业人员时，由车辆乘务员负责。

(5)货物列车本务机车在车站调车作业时，无论单机或挂有车辆，与本列的车辆摘挂和软管摘结，均由调车作业人员负责。

(6)旅客列车在途中摘挂车辆时，车辆的摘挂和软管摘结，由调车作业人员负责，密封风挡和电气连接线的连接与摘解由车辆乘务员负责，其他由列检作业人员负责；无列检作业人员时，由车辆乘务员负责，必要时打开车门，以便于调车作业。装有密接式车钩的客车车辆摘挂时，过渡车钩的安装和拆卸由列检人员负责，无列检人员时由车辆乘务员负责。

(7)列车机车与动车组过渡车钩的连接与摘解、软管摘结、电气连接线的连接与摘解，由随车机械师负责。

(8)两列动车组重联或解编时，由动车组机械师负责引导，司机确认。动车组重联时，被控动车组应退出占用，主控动车组使用调车模式与被控动车组连接。解编操作时，主控动车组转换为调车模式后，必须一次移动 5 m 以上方可停车。

二、车钩连挂的技术要求

动车组以外的列车中相互连挂的车钩中心水平线的高度差，不得超过 75 mm(图 2－5)。

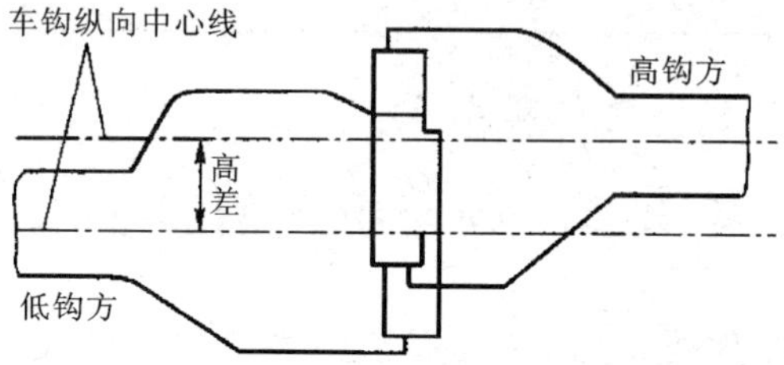

图 2－5　车钩中心水平线的高度差示意图

车钩中心水平线高度表如表 2－9 所示，车钩中心线距轨面最高为 890 mm，最低为 815 mm，车钩高度差的容许标准是由两者之差确定的。

表 2－9　车钩中心水平线高度表

项　目	车　种	高度/mm
最　大	客车、货车	890
最　小	空货车	835
	客车	830
	重货车	815

造成车钩高度差的原因主要有：车辆的空重、弹簧的强弱、车轮踏面的磨耗、心盘垫板的厚薄等。标志车钩中心的白线不在同一水平上，就说明车钩存在高差。如果超过高度差的容许限度，当列车运行在道岔上或路基松软地段时，车辆上下颠动，尤其在陡坡线上，易发生脱钩分离事故。另外，在车钩高度差很大时，由于两车钩钩舌接触面较小，易导致断钩事故。车钩高度差大于75 mm时，应及时调整或处理。

第六节 列车中的车辆检查及修理

一、货车运用维修工作

铁路货车是铁路运输的重要装备。铁路货车运用维修工作是铁路运输的重要组成部分，是确保铁路运输安全和畅通的重要环节。做好货车运用工作，是保证铁路行车安全，完成铁路运输任务的基础保障。

货车运用维修工作由铁路总公司集中统一领导，统一管理，统一技术标准要求，并执行铁路总公司的统一技术政策。

铁路货车原则上实行无固定配属管理，全国运行，安全实行区段负责制，质量实行追溯负责制。

货车运用维修的主要工作是：

(1)负责货物列车技术检查和列车制动机试验，按规定发现铁路货车故障，并按要求彻底处理，消除安全隐患，保证列车技术质量符合规定的技术标准。

(2)负责定检到(过)期车、技术状态不良车(含沿途故障铁路货车)及事故车的扣送工作。

(3)负责货车安全防范系统的日常运用和日常管理。

(4)负责翻车机翻前卸后、散装货物解冻库(以下简称解冻库)解冻后的铁路货车及铁路货车装前卸后的技术检查和故障处理，进出厂矿、港口和地方、合资、专用铁路等企业的铁路货车的技术交接和故障处理。

(5)负责国际联运货物列车的技术交接，企业自备铁路货车、自轮运转特种设备过轨技术检查及运用管理，备用基地的铁路货车备用及解除备用的技术检查和故障处理。

(6)负责固定配属管理的专用铁路货车的整备作业。

(7)负责运用铁路货车技术质量的分析、评价和管理，组织交接口和场际间货物列车技术质量监控；负责新造车、定检车和铁路货车主要配件的质量监督和反馈。

(8)负责爱护铁路货车(以下简称爱车)工作，组织爱车宣传和“爱车周”活动，指导、监督和检查铁路货车的使用，制止损坏铁路货车的行为，负责损坏铁路货车的赔偿和管理。

(9)按规定监督指导地方、合资、专用和工程临管铁路的货车运用工作，负责铁路货车安全监督管理。

(10)参加相关的铁路交通事故的调查和事故救援，负责铁路货车交通事故的处理和管理，负责铁路货车行车设备故障的调查、处理和管理。

(11)按规定负责铁路货车新车型、新技术、新型配件运用考验的相关工作。

(12)按规定负责特种运输列车的技术检查及列车添乘等工作。

(13)铁路总公司规定的其他有关工作。

二、列车技术检查作业

为使车辆保持良好的技术状态，列检作业场应按以下要求对列车中的车辆进行技术检查、列车制动机性能试验、铁路货车故障处置和修理等。

(1)列检作业应根据列检作业场的分类、列车技术作业性质的不同，按规定的检查范围和质量标准进行检查和修理，对到达列车不能在列车中修复的故障应摘车修理，对始发或中转列车的故障尽量组织不摘车修理，减少摘车临修，维护车辆质量，保证行车安全。

(2)列检作业场分为特级、一级、二级列检作业场。列检作业场的设置应保证停车技术作业安全保证距离原则上在500 km左右，TFDS动态检查作业安全保证距离在300 km左右的基础上，按以下要求设置：

①特级列检作业场设置在路网性和区域性编组站的车场。

②一级列检作业场设置在列车编组作业量较大或大量装卸货物的其他编组站、区段站的车场，以及停车技术作业中转列车较多的区段站、中间站。

③二级列检作业场设置在利用TFDS进行通过作业，且列车编组、摘挂作业量较小的区段站、中间站。

④对装卸作业量较大的战略装卸车点(含路企直通)，由铁路局根据运输组织需要，可在路企交接的车站或车场设置相应等级的列检作业场。

(3)列车技术检查作业方式分为：动态检查、人工检查、人机分工检查等。

列检作业场对不停车技术作业的货物列车实行动态检查，负责范围是货车安全防范系统检查检测铁路货车配件时的可探测、可视部位，发现配件丢失及影响行车安全的重点故障，与运输部门联系后利用换乘、换挂时间，组织故障专修组快速处理；对不停车及无站停处理故障时间的，按规定拦停处理，其他故障向列车运行方向的下一个列检作业场进行预报，具体重点故障预报范围、预报办法和预报标准由铁路局制定，跨局运行时由相邻铁路局联合制定，报铁路总公司备案。

人工检查作业方式是现场检车员在作业线路上进行的列车停车技术检查，负责范围是现场检车员按规定的检查范围、质量标准、作业过程和位置检查铁路货车配件的可视部位。对现场进行列检技术作业的货物列车要按规定的检查范围和质量标准进行检查和修理，根据劳动组织要求，按实际配备故障专修组，检查与修理应有分工，现场检查与修理应进行平行作业。

人机分工检查作业方式是以动态检查为主，人工检查为辅的列车技术检查，人工检查是对动态检查范围的补充。列检作业场列车技术检查作业方式的变化和调整须按规定进行管理。

(4)为增加运用车，加速车辆周转，充分利用技检时间和车辆停站时间，要求尽量组织不摘车修，保证列车按运行图规定的时间发车，列检作业应在规定的时间内完成，并保证发出的列车符合相应的技术质量标准。

(5)为确保沿途故障车辆得到及时抢修恢复运用，车辆段根据实际在段或运用车间设置铁路货车运用故障诊断指导组，利用铁路货车安全防范系统及信息化手段，对管辖区域内的车辆故障进行及时的诊断、处置指导及处置结果的确认。

(6)为确保无列检作业场车站始发的货物列车运行安全，列车调度员应在途经第一个列检作业场安排停车进行列检技术作业；在本铁路局未途经列检作业场时，由车站所在铁路局与有关铁路局确定跨局运行列车列检技术作业地点，在相关文件中明确并发布执行。对长期不经列检进行停车技术作业的固定编组、循环使用车组货物列车，各铁路局应制定列车技术作业办法，确保行车安全。

(7)动车组检修作业执行特定的检修规程，因此规定动车组运行(含回送)途中不进行客列检作业。

三、编入列车的车辆主要部件的质量要求

(一)编入列车的车辆主要部件的质量要求

车辆编入列车须达到运用状态。下列主要部件，必须作用良好，并符合质量要求。

(1)转向架。

①轮对、轴承、摇枕、侧架(构架)、弹簧、吊轴、制动盘。

②同一转向架旁承游间左右之和(弹性旁承及旁承承载结构的除外)，客车为 2 ~ 6 mm，货车为 2 ~ 20 mm；常接触式旁承上下无间隙。

③车辆轮对的允许限度应符合表 2 - 10 的要求。

表 2 - 10　车辆轮对允许限度表　　单位：mm

<table>
<tr><th colspan="3">项　目</th><th>客车</th><th>货车</th></tr>
<tr><td rowspan="3">车轮轮辋厚度</td><td colspan="2">客车各型</td><td>≥25</td><td></td></tr>
<tr><td rowspan="2">货车</td><td>无辐板孔</td><td></td><td>≥23</td></tr>
<tr><td>有辐板孔</td><td></td><td>≥24</td></tr>
<tr><td colspan="3">车轮轮缘厚度</td><td>≥23</td><td>≥23</td></tr>
<tr><td colspan="3">车轮轮缘垂直磨耗(接触位置)高度</td><td>≤15</td><td>≤15</td></tr>
<tr><td rowspan="4">车轮踏面擦伤及局部凹下深度</td><td colspan="2" rowspan="3">滚动轴承</td><td>本属客车出库≤0.5</td><td rowspan="3">≤1</td></tr>
<tr><td>外属客车出库≤1</td></tr>
<tr><td>途中运行≤1.5</td></tr>
<tr><td colspan="2">滑动轴承</td><td></td><td>≤2</td></tr>
<tr><td rowspan="4">车轮踏面剥离长度</td><td rowspan="2">滚动轴承</td><td>一处时</td><td>≤30</td><td>≤50</td></tr>
<tr><td>二处时(每一处)</td><td>≤20</td><td>≤40</td></tr>
<tr><td rowspan="2">滑动轴承</td><td>一处时</td><td></td><td>≤70</td></tr>
<tr><td>二处时(每一处)</td><td></td><td>≤60</td></tr>
<tr><td colspan="3">车轮踏面圆周磨耗深度</td><td>≤8</td><td>≤8</td></tr>
</table>

(2)自动制动机、人力制动机和货车的自动制动机空重车调整装置状态良好、位置正确，

制动梁及吊、各拉杆、杠杆无裂损。

制动缸活塞行程按表 2 - 11 规定。

表 2 - 11 制动缸活塞行程表

项目名称			限度/mm	备注	
装有自动间隙调整器的复式闸瓦客车			175 ~ 205		
装有 ST1 - 600 型闸调器的复式闸瓦客车			180 ~ 200		
装有闸调器的单式闸瓦货车	356 × 254 制动缸	空车位	115 ~ 135	未装闸调器/mm	85 ~ 135
		重车位	125 ~ 160		110 ~ 160
	305 × 254 制动缸	空车位	145 ~ 165		
		重车位	145 ~ 195		
	254 × 254 制动缸	空车位	145 ~ 165		
		重车位	145 ~ 195		
	203 × 254 制动缸	空车位	115 ~ 145		
		重车位	125 ~ 160		
装有闸调器的复式闸瓦货车	B21、B22 - 1 型车	空车位	120 ~ 130		
		重车位	150 ~ 160		
	B19、B22 - 2、B23 型车		130 ~ 150	不分空重车位	

(3) 车钩、尾框、从板座、缓冲器无裂损。

车钩中心水平线至钢轨顶面高度按表 2 - 9 规定。

(4) 车底架的中、侧、枕、端梁无裂损，罐体卡带无裂损、无松动，罐体无漏泄。

车体的弯曲下垂、胀出、倾斜允许限度按表 2 - 12 规定。

表 2 - 12 车体异状允许限度表

单位：mm

项目	客车	货车	
		空	重
中、侧梁在枕梁间下垂		40	80
敞车车体胀出		80	150
车体倾斜	50	75	

(二) 动车组试运行的规定

上线运营的动车组须符合出所质量标准。遇下述情况时，须安排动车组试运行：

(1) 新型动车组运营、新线开通前；

(2) 动车组新造出厂、高级检修修竣后；

(3)临修更换转向架、轮对、万向轴、主变压器、牵引电机后；

(4)重要部件、软件加装、升级后。

四、列车自动制动机试验

(一)动车组以外的列车自动制动机试验规定

列车自动制动机是保证列车运行安全的关键设备。在列车制动试验时，要认真确认列车制动主管风压漏泄程度、贯通状态和制动作用是否良好，以便发现故障及时处理。动车组以外的列车制动试验分为全部试验、简略试验和持续一定时间的全部试验三种。

1. 全部试验

(1)列车要求进行全部试验的情况。

①货车列检对解体列车到达后施行一次到达全部试验，对编组列车始发前施行一次始发全部试验，对有调车作业中转列车到达后首先施行到达全部试验，发车前只施行始发全部试验中的漏泄试验；

②货车特级列检和安全保证距离在500 km左右的一级列检对无调车作业中转列车始发前施行一次始发全部试验；

③无列检作业场车站始发的列车，在途经第一个列检作业场进行无调车中转技术检查作业时施行一次始发全部试验；

④列检作业场对运行途中自动制动机发生故障的到达列车；

⑤旅客列车库内检修作业；

⑥在有客列检作业的车站折返的旅客列车。

站内设有试风装置时，应使用列车试验器试验，连挂机车后只做简略试验。对装有空气弹簧等装置的旅客列车应同时检查辅助用风系统的泄漏。

(2)试验项目、方法及技术要求。

准备：在列车尾部安装列检试验风表，确认最后一辆车辆制动管风压达到规定压力，客车尾部车辆压力表与试验风表的压力差不得超过20 kPa，货物列车以尾部达到定压且稳定为判断标准。

漏泄试验(到达列车不做)：将自动制动阀手把置于保压位或关闭机后第一辆车的前端折角塞门，保压1 min，列车管压力下降不得超过20 kPa。

制动缓解感度试验：自动制动阀手把置于常用制动位，减压50 kPa(编组60辆以上的货物列车减压70 kPa)，全列车须起制动作用，并在1 min内不得发生自然缓解。然后将自动制动阀手把移至运转位，确认全列车制动机须在1 min内缓解。

制动安定试验：列车制动主管达到规定压力，自动制动阀手把置于常用制动位，列车制动管压力为500 kPa时，减压140 kPa；列车制动管压力为600 kPa时，减压170 kPa。确认全列车制动机不得发生紧急制动作用，同时，制动缸活塞行程须符合规定，超过标准时应调整。

2. 简略试验

(1)列车要求进行简略试验的情况。

①货车列检对始发列车、中转作业列车连挂机车后；

②客列检作业后和旅客列车始发前；

③更换机车或更换机车乘务组时；

④无列检作业的始发列车发车前；

⑤列车软管有分离情况时；

⑥列车停留超过 20 min 时；

⑦列车摘挂补机，或第一机车的自动制动机损坏交由第二机车操纵时；

⑧机车改变司机室操纵时；

⑨单机附挂车辆时；

⑩列车进行摘、挂作业开车前。

(2)试验项目、方法及技术要求。

简略试验是用于确认列车制动软管连接状态的和基础制动性能的试验。

在站简略试验：有列检作业的由列检人员负责，无列检作业的由车辆乘务员负责，无车辆乘务员的由车站人员负责。挂有列尾装置的列车由司机负责(挂有列尾装置的旅客列车，始发前、摘挂作业开车前及在途中换挂机车站、客列检作业站，有列检作业的由列检人员负责，无列检作业的由车辆乘务员负责)。

有列检参加的简略试验中，在列车尾部安装列检试验风表，确认最后一辆车辆制动管风压达到规定压力，由机车乘务员负责操纵机车自动制动阀，置常用制动位减压 100 kPa，列车后部现场检车员确认最后一辆车发生制动作用，然后向机车乘务员显示缓解信号并确认最后一辆车发生缓解作用。

3. 持续一定时间的全部试验

(1)列车要求进行持续一定时间的全部试验的情况。

有列检作业场的车站发出的货物列车运行前方途经长大下坡道区间的，在始发、中转作业时应进行持续一定时间的全部试验，列检应填发制动效能证明书交给司机；在有列检作业场车站至长大下坡道区间的各站始发或进行摘挂作业的列车，是否进行持续一定时间的全部试验并填发制动效能证明书交给司机，由铁路局规定。具体试验和凉闸的地点、办法，由铁路局规定。

旅客列车出库前应进行持续一定时间的全部试验，在接近长大下坡道区间的车站，是否进行持续一定时间的全部试验，由铁路局规定。

长大下坡道为：线路坡度超过 6‰，长度为 8 km 及以上；线路坡度超过 12‰，长度为 5 km及以上；线路坡度超过 20‰，长度为 2 km 及以上。

(2)试验项目、方法及技术要求。

试验的方法是在全部试验结束，对全列车充风达到规定压力后，将自动制动阀置于常用制动位，减压 100 kPa 后按规定时间保压，制动机不得发生自然缓解。此外，还应对制动部分进行彻底检修，如调整制动缸活塞行程，更换过限闸瓦，并做好防止因制动引起火星造成车辆或货物燃烧的措施。

(二)动车组制动试验规定

动车组制动试验规定：

(1)动车组在出段(所)前或折返地点停留出发前需要进行全部制动试验，一级检修作业后的动车组在出发前不再进行全部制动试验；

(2)动车组列车在始发前需在操纵端进行简略制动试验；

(3)动车组列车更换动车组司机(同向换乘除外)或操纵端后，需进行简略制动试验；

(4)动车组列车在途中重联或解编后，开车前需在操纵端进行简略制动试验；

(5)动车组列车使用紧急制动停车后，开车前需进行简略制动试验；

(6)动车组在采用机车救援、无动力回送联挂机车或回送过渡车时，按动车组无动力回送作业办法进行制动性能确认。

第七节 货物列车在技术站发车前的主要工作

一、货物列车在技术站发车前的主要工作

为确保货物列车的安全，在编组站、区段站出发前有关人员必须做好各项安全工作。

(1)货运检查人员应认真执行区段负责制，按规定检查列车中货物装载、加固、施封及篷布苫盖状态，以及车辆的门窗关闭情况，发现异状时，应及时处理。对无列检作业的车站，还应检查自动制动机的空重位置，不符合时应进行调整。

(2)车号人员应按列车编组顺序表核对现车和货运票据，无误后，按规定与机车乘务员办理交接。

(3)列检人员检查车辆，发现因货物装载超载、偏载、偏重、集重引起技术状态不正常时，应及时通知车站处理；车辆自动制动机的空重位置不符合时，应进行调整。

由于装车源头装载加固不当，或在运输过程中车辆经过多次甩挂、运行震动，可能会使货物发生移动、滚动、坠落、倒塌、窜出或压、撞坏车辆等情况，直接影响安全。所以，为保证运输过程货物完整无损和列车运行的安全，在编组站、区段站应配备货运检查人员，按规定对货物装载、加固、施封及篷布苫盖状态，以及车辆门窗的关闭情况等进行复查，发现异状及时处理。对无列检作业的车站，还应检查自动制动机的空重位置，不符合时应进行调整。货车施封的目的，是根据货物性质，为了贯彻负责制而采取的一种手段，把它作为铁路与托运人、收货人及铁路内部互相交接的依据。如果发现铅封失效、丢失时，应按有关规章规定处理。

用篷布苫盖的货物，一般都是怕湿、易燃的货物。苫盖的篷布，起防水、防火和加固的作用，一旦篷布苫盖不严、脱落或捆绳不牢，易使货物湿损，甚至造成意外铁路交通事故。所以，发现异状应及时处理。

货车车辆门窗若不关闭，列车在运行中由于震动，容易引起车门掀动，如超出机车车辆限界，则会刮坏设备和建筑物、危及人身安全；如其坠落，则可能带来列车脱轨等安全隐患。所以，编组站、区段站的货运检查人员发现异状或未按规定关闭时，应及时处理。

货物在装运过程中，货物装载的位置、重量和加固技术条件是否正确，对车辆的技术状态有直接关系。如货物装载超载、偏载、偏重、集重时，容易将车辆压坏，甚至造成切轴，中、侧梁裂损，弹簧折损，旁承无间隙，车体倾斜和引起热轴等问题。因此，检车人员检查车辆时，若发现因属货物装载所引起的技术状态不正常超过规定限度，应通知车站处理。

偏载是指装车后货物总重心横向偏离量超过100 mm。

偏重是指装车后，任一车辆转向架所承受的货物重量超过货车容许载重量的1/2，或两转向架承受重量之差大于10 t。

集重是指货物装车后车体主要部件(中梁、侧梁、横梁、枕梁等)的工作应力(或工作弯

曲力矩）超过其许用应力（或最大容许弯曲力矩）。集重货物是指重量大于所装车辆负重面长度的最大容许载重量的货物。各类敞车、平车、长大平车车底板负重面最大容许载重量按铁路总公司相关规定办理。

二、动车组以外的旅客列车编组顺序表的交接

动车组为固定编组，动车组不办理编组顺序表交接。动车组以外的旅客列车编组顺序表按以下规定办理交接：

（1）在始发站由车站人员按列车编组顺序表核对现车，无误后，与司机办理交接。

（2）中途换挂机车时，到达司机与车站间、车站与出发司机间办理交接。仅更换机车乘务组时，机车乘务组之间办理交接。

（3）途中摘挂车辆时，车站负责修改列车编组顺序表。

（4）列车到达终到站后，司机与车站办理交接。

车站与司机的交接地点均为机车停留位置。

第八节　列尾装置的使用

列车尾部安全防护装置（简称列尾装置）是为提高铁路运输的安全性而研制的专用运输安全装置。设备应用计算机编码、无线遥控、语音合成、计算机处理技术，是保证列车运行安全而设计生产的安全防护设备，也是重要的铁路行车设备。

一、列尾装置的系统构成

列尾装置由固定在机车司机室的司机控制盒和安装在列车尾部的列尾主机组成。

（1）列尾装置司机控制盒：列尾控制盒的附属设备包括列尾装置输号器、列尾装置司机控制盒检测仪、列尾装置司机控制盒数据转存仪、列尾装置车载电台。

（2）列尾装置尾部主机（简称列尾主机）：列尾主机附属设备包括中继器、检测台、确认仪、主机电池、电池充电器、列尾数据读取仪、简易场强仪、屏蔽室。

（3）列尾装置数据处理系统：主要由计算机和数据下载、处理软件构成，可以对列尾装置有关数据进行下载分析。

列尾主机使用前由列尾检测人员、司机控制盒在机车出库前由电务部门按列车无线调度通信设备的有关规定进行检测，合格后方可投入使用。

二、列尾装置的功能

（1）列车尾部风压查询：使机车乘务员准确掌握列车尾部风压，确认列车完整。

（2）列车尾部低风压告警：当列车主管因泄漏等原因风压不足时，可直接向司机报警。

（3）列车尾部排风制动：当车辆折角塞门被意外关闭时，司机可直接操纵列尾装置，使其强行排风，使列车制动停车。

（4）列尾主机电池电量不足告警：在装置使用过程中，当电池电压下降预设电压报警位时，装置自动向机车发射电池电压低的报警信息。

（5）列车尾部标识：起到列车标志的作用（白天用红白相间斜彩条标识，夜间用红色发光

管组闪光标识），为接发列车人员确认列车完整提供依据。

（6）列尾装置运用数据记录功能：将当前发生的事件如管压异常报警、电磁阀故障、接收查询风压、回查询风压、排风控制等事件发生的日期、时间同时记录下来。

三、货物列车列尾装置的使用

半自动闭塞区段货物列车尾部须挂列尾装置，其他区段货物列车尾部宜挂列尾装置。货物列车尾部未挂列尾装置时应以吊起尾部车辆软管代替尾部标志。尾部车辆软管的吊起，有列检作业的列车由列检人员负责，无列检作业的列车由车务人员负责。

货物列车列尾装置的使用：

（1）列尾主机使用前由列尾检测人员，司机控制设备在机车出库前由电务人员按有关规定进行检测，合格后方准投入使用。

（2）列尾主机的安装与摘解、电池充（放）电由车务人员负责。软管连接，有列检作业的列车，由列检人员负责；无列检作业的列车，由车务人员负责。特殊情况，由铁路局规定。

机车乘务员负责货车列尾装置的使用、回送等工作。

（3）列车在编组站、区段站始发前，机车调度员应及时向车站值班员提供担当始发列车牵引任务的机型及号码，并由车站值班员在规定的时间内将出发本务机车号码通知列尾作业人员。列尾作业人员应将机车号码及相关信息进行记录，并将置入机车号码的列尾主机安装锁闭在待发列车尾部。确认无误后，将列尾主机号码通知机车乘务员。

在无列尾作业人员的车站，机车乘务员根据车站值班员通知的列尾主机号码对其进行确认。

（4）本务机车连挂车列后，机车乘务员应通过司机控制设备查询本机车号是否已正确输入列尾主机。如发现错误，由有关人员重新检查处理。

（5）列车出发前，机车乘务员应通过货车列尾装置确认列车制动主管贯通和风压是否达到规定标准，符合规定后方准开车。发现异常，应立即通知有关人员处理。

（6）列车在运行途中仅进行加减补机作业时，货车列尾装置“一对一”关系的建立和确认由机车乘务员负责。

对不更换本务机车的中转列车，继乘的机车乘务员应对列尾主机进行确认。

（7）机车乘务员在列车运行中，应按规定查询列车尾部风压。发现列尾装置故障时，要立即报告列车调度员，按照有关规定处理。

（8）挂有货车列尾装置的列车简略试验由司机负责。货车列尾装置停用后，列车在中间站停车时，须按规定进行简略试验。

（9）在中间站保留、终到的列车，车站要指派人员及时从列车尾部摘下列尾主机，断开电源，妥善保管，并做好继续使用的准备工作，或按规定回送指定车站。

（10）列尾主机的调整、回送按照列车调度员发布的调度命令执行。

四、旅客列车列尾装置的使用

动车组以外的旅客列车应安装列尾装置。特殊情况下，无法安装或使用列尾装置时，按有关规定执行。

旅客列车列尾装置的使用：

(1)旅客列车列尾装置尾部主机的安装与摘解、风管及电源的连接与摘解，由车辆部门负责。

(2)旅客列车由司机负责指挥。在车站时，所有乘务人员应按车站值班员(列车调度员)的指挥进行工作。旅客列车在区间的有关行车作业，车辆乘务员、列车乘务员应按司机的指挥进行。在车站停车后应施行列车制动保压。

(3)列车始发前、更换机车时，车辆乘务员应及时向司机提供客列尾ID信息联络卡，客列尾ID信息联络卡应填写车站名、车辆乘务员姓名、联系方式及客车列尾装置主机的ID号码，须书写规范；司机应与车辆乘务员核对时钟，并在车辆乘务员提供的客列尾ID信息联络卡上写明司机姓名、联系方式。更换机车乘务组时，机车乘务组双方应交接客列尾ID信息联络卡相关信息。

(4)列车始发前、终到后及途中更换机车时，司机、车辆乘务员应按规定建立、解除机车综合无线通信设备(下称CIR设备)与客车列尾装置的通信连接关系。

①旅客列车始发前或更换机车时，司机应根据客列尾ID信息联络卡，在CIR设备上键入客车列尾装置主机的ID号码，建立CIR设备与客车列尾装置主机的通信连接关系。连接成功后，客车列尾装置主机显示与其连接的机车号。

连接成功后，司机按下风压查询键查询列车尾部风压，确认CIR设备显示的列尾风压值正常后，列尾连接作业完毕。司机查询列车尾部风压不正常时，要主动呼叫车辆乘务员确认。联系用语如下。

司机(呼叫)：××××次车辆乘务员，××××××号列尾连接完毕，确认机车号；

车辆乘务员(应答)：××××××号列尾，机车号××××；

司机(应答)：××××次司机明白。

遇车辆乘务员报告客车列尾装置主机显示的机车号与实际担当本务的机车号不一致时，司机应在CIR设备上进行解除连接操作，并与车辆乘务员重新核对客车列尾装置主机的ID号码，重新建立与客车列尾装置主机的通信连接。

②旅客列车终到或中途换挂机车摘车时，司机应在列车停妥后立即解除与客车列尾装置主机的通信连接。

解除与客车列尾装置主机连接后，司机应主动联系车辆乘务员进行确认。联系用语如下。

司机(呼叫)：××××次车辆乘务员，列尾已经解除，请确认；

车辆乘务员在检查确认客车列尾装置主机不再显示机车号时，应答：××××次司机，列尾已经解除。

(5)安装客车列尾装置的旅客列车需进行制动机简略试验时由司机负责(始发前、摘挂作业开车前及在途中换挂机车站、客列检作业站，有列检作业的由列检人员负责，无列检作业的由车辆乘务员负责)。客车列尾装置故障、未安装客车列尾装置及安装客车列尾装置的旅客列车尾部加挂有客车时，在车站有列检作业的由列检人员负责，在无列检作业的以及在区间由车辆乘务员负责。

(6)旅客列车需进行制动机贯通试验时由司机负责。列车出发前、进站前、进入长大下坡道前和停车站出站后，司机要及时通过客车列尾装置确认列车尾部风压；客车列尾装置故障时，车辆乘务员应按下列规定与司机核对列车尾部风压。

①旅客列车在始发站出发前，必须按规定对列车制动机进行机能试验，客车列尾装置故障时，司机应呼叫车辆乘务员核对风压。联控用语如下。

列车司机：××(次)车辆乘务员，核对尾部风压；

车辆乘务员：××(次)尾部风压××千帕；

列车司机：××(次)尾部风压××千帕，司机明白。

②客车列尾装置故障时，旅客列车在停车站进站前，司机应呼叫车辆乘务员核对风压。联控用语同上。

③旅客列车在停车站出站后，司机要选择合理时机减压 50 kP 施行列车制动主管的贯通试验，并通过客车列尾装置确认列车尾部风压。客车列尾装置故障时，贯通试验由司机与车辆乘务员共同负责，联控用语如下。

列车司机：××(次)车辆乘务员，贯通试验；

车辆乘务员：××(次)车辆乘务员明白；

在司机减压制动后，车辆乘务员：××(次)尾部风压××千帕；

列车司机：××(次)尾部风压××千帕，司机明白。

(7)遇紧急情况需列尾装置辅助排风制动时，司机应按压列尾排风按键控制客车列尾装置主机排风制动；客车列尾装置无法进行辅助排风时，司机应立即通知车辆乘务员，车辆乘务员到列车后部使用紧急制动阀停车。

(8)在不得已情况下，列车必须退行时，车辆乘务员应站在列车尾部注视运行前方，发现危及行车或人身安全时，应立即使用紧急制动阀或使用列车无线调度通信手持终端通知司机，使列车停车。

第三章

调车工作

调车是指除列车在车站到达、出发、通过及在区间内运行外，机车车辆进行的一切有目的的移动，包括解体调车、编组调车、取送调车、摘挂调车和其他调车。

第一节　调车工作的一般要求

一、调车工作的作用和要求

调车是铁路行车工作中技术性较强而又较复杂的工作，对于技术站，调车工作是其主要的生产活动。不断改进和搞好调车工作对于保证铁路行车安全，加速机车车辆周转，提高运输效率和能力，降低运输成本起着重要作用。

车站的调车工作应按车站技术作业过程及调车作业计划进行，并实现以下基本要求。

(1)及时编组、解体列车，保证按列车运行图规定的时刻发车，不影响接车。

首先明确了接发车与调车的关系，即编组要保证发车、解体不影响接车。及时编组列车，就是按规定的时间标准完成编组任务，从而保证列车按运行图规定的时刻正点发车。因此，车站的编组列车顺序及每列车编完时间，应按列车运行图规定的各次列车发车时间去安排。在不妨碍正常接车和解体的条件下，正确安排编组列车计划，不要过早地将编组完了的列车转入到发线，以免待发时间过长，影响到发线的合理运用。及时解体列车，就是到达列车完成技术作业后，即应进行解体作业。这样既可减少占用到发线时间，又可保证正常接发其他列车，并为中转车流接续和作业车的送车创造条件。调车作业除从编组解体方面保证列车接发以外，从行车组织的角度，还应严格执行在正线、到发线上作业的有关规定，保证调车作业不影响接发列车。

(2)及时取送客货作业和检修车辆。

有助于快速取送旅客列车车体，保证车辆技术检查和客运整备作业所需时间，及时出入库，保证旅客列车安全正点始发；有助于货物装卸及检修作业，能缩短车辆停留时间和非生产时间，加速车辆周转。旅客列车始发量较大的车站，应从保证旅客列车正点始发的原则出发，加强与车辆及客运部门的联系，做到编组车体与出入库兼顾；货物作业量较大、取送地点较多的车站，应从节省车辆时间和加速货物送达的原则出发，合理安排取送车计划，兼顾取送作业与列车编解作业。检修车辆按需要应实行定点、定量、定时取送，以利于检修作业的正常进行。车站与专用线、段管线所属部门应签订取送车协议，明确各自的管理职责，加强专用线、段管线的管理，在《站细》中应明确规定专用线、段管线取送车办法。

(3)充分运用调车机车及一切技术设备，采用先进工作方法，用最少的时间完成调车任务。

一方面要发挥调车人员的积极性，各工种间密切配合、协同动作，不断提高劳动生产率；另一方面要经济合理地运用调车机车及一切技术设备，采用先进工作方法，周密计划，合理安排，做到快编、快解、快取、快送，尽可能组织平行作业，充分挖掘设备潜力，压缩各种非生产时间，提高调车效率，最大限度地发挥调车机车和技术设备的效能。这是对调车工作的一项基本要求，也是衡量车站行车组织工作水平的一个重要标志。

(4)认真执行作业标准，保证调车有关人员的人身安全及行车安全。

调车工作条件艰苦，作业复杂，是铁路行车安全的薄弱环节。所有参加调车作业的人员，必须认真执行《铁路调车作业标准》，严格履行岗位责任制，确保人身和作业安全。

二、调车工作的安全提效措施

(一)调车工作"九固定"

调车工作"九固定"是指固定作业区域、线路使用、调车机车、人员、班次、交接班时间、交接班地点、工具数量及其存放地点。

调车工作的"九固定"是安全、迅速地进行调车作业的行之有效的制度，有助于提高调车工作效率，保证调车安全。固定作业区域、线路使用、调车机车、人员和班次，能够充分合理运用调车设备和调车机车，组织平行作业，提高劳动生产率。由于调车工作的多变性、环境的复杂性，除必须加强计划指挥管理外，还必须从固定调车设备、工具，固定人员制度上加以保证，这特别对于调车工作繁忙，有数台调车机、数个调车组同时作业的车站尤为重要。

(1)固定调车作业区域，就是在技术站或者调车作业繁忙、配线较多、调车作业种类多的中间站，大多配有两台或多台调车机车，为避免同时作业相互间的干扰，提高调车效率和保证调车作业的安全，把每台调车机的作业范围固定在一定区域之内，按分工进行相对固定的作业，便于调车作业人员掌握设备情况，熟悉本区作业性质，也有利于提高调车工作效率和保证调车作业的安全。

(2)固定线路使用，主要是指对调车线按列车编组计划车流组号、车流性质和车流量，以及特殊用途等，结合线路的配置情况，合理安排线路的使用方案，从而有效地使用线路，减少重复作业，缩短调车行程，并有利于提高调车计划质量和保证安全生产。

(3)固定调车机车。为便于调车领导人、调车指挥人和其他调车人员熟悉调车机车性能、特点如换长、功率、制动性能等，科学、合理地编制或执行调车作业计划，调车机车应相对固定。

(4)固定人员和班次，调车作业是由多工种配合进行的，包括调车组人员、机车乘务组人员和扳道人员等，由于单位不同、工种不同，他们长期固定在一起工作(俗称"对班")，有利于各工种间的互相了解，密切配合，协调作业，有利于提高工作效率和保证作业安全。

(5)固定交接班时间和地点，可以避免互相等待，有利于压缩非生产时间，便于管理。

(6)固定工具数量及存放地点。调车工具如铁鞋、叉子等，要按需固定数量、固定地点存放，保证能够交接清楚，不仅有利于日常使用和保管，当发生损坏或短少时，也便于及时发现和补充，消除安全隐患，保证正常作业需要。

（二）调车机车要求

调车机车是专门用于编组站或调车场进行列车编组、解体作业的机车。作固定替换用的调车机车及小运转机车，应符合调车机车的条件（有前后头灯、扶手把、防滑踏板等）。

因为调车机车与本务机车担当的任务不同，机车装备要求也不同，对调车机车的要求是，有较大的启动加速度，最大运行速度要求较低，便于通过道岔及半径较小的曲线，司机室的设置须便于反复换向。调车除配备列车运行监控装置、列车无线调度通信设备及防溜、救援、消防等设备外，还应配备无线调车灯显车载设备、具备前后瞭望的条件，有条件的还应装备无线调车机车信号和监控系统，为便于调车组人员上下和站立，前后均应有扶手把和防滑踏板。固定替换的调车机车和小运转机车其装备也应符合调车机车的要求，以利于调车作业。

（三）调车区的划分和联系办法

（1）调车工作繁忙、配线较多的车站，可划分为几个调车区。

在调车作业繁忙、配线较多的车站，配有两台及以上调车机车时，应根据车站（车场）布局特点、调车作业性质、车流特点和车站配线等情况，划分每台调车机车相对固定的作业区域，简称调车区。每个调车区一般情况下只有一台机车按固定范围作业（驼峰有预推进路者除外），可避免调车作业的互相干扰、抵触，便于机车乘务人员和调车人员熟悉作业区域设备特点和工作条件，有利调车安全。但对于车流量大、作业繁忙的车站，设有驼峰调车场，为提高调车效率，及时完成调车任务，在同一驼峰或峰尾调车区配备二台或以上调车机，这样在驼峰调车场，驼峰头部设有双推设备、峰尾设有两条及以上牵出线（平行进路），能满足调车机车间平行作业，减少交叉干扰，提高效率，保证安全。

划分调车区的基本原则是：各调车机车在作业上互不干扰和抵触，调车机车、驼峰、牵出线及调车线负担的任务相对均衡合理；加速编解作业，减少重复作业，充分挖掘潜力；保证调车作业和接发列车的安全。

划分调车区的方法，应根据车站的调车任务、车流和调车设备配置等情况而定，并在《站细》中规定。一般采用两种方法：

①对于调车作业互不干扰，设有牵出线和一定数量调车线的独立车场，可单独划区管理。在调车作业量较大的货场、交接场和专用线，配有专用的取送调车机车时，也可以划为单独的调车区。

②对于两端均设有牵出线和驼峰，或一端设有牵出线、一端设有驼峰的车场，可实行横向划区或纵向划区。

横向划区的办法是在调车场中部特设分界标或利用固定建筑物作为调车区的分界线，两端各为一个调车区，两调车区之间应设立安全区。为了保证重点和适应不同作业的需要，通常把分界线画在靠近担负编组或辅助工作的一端，尽量使担负解体或主体调车一端保证有较长的线路。有的车站由于线路短，不宜用固定分界线方法划分调车区，而是规定当线路上有停留车时，就以该线内停留车为分界标，两端调车作业均不准触动该分界车。只有当线路空闲时，才以固定的分界标为界。在横向划区的调车场任何一端调车时，越过分界线或触动分界车均为越区作业。

纵向划区是调车（编发）场的任何一端都有两条及以上的牵出线或驼峰溜放线，且分别配有固定的调车机车，共同担负车场一端的调车工作，或调车（编发）场两端各有一台机车因设备、车流等原因分线束划区作业。一般是按照每条牵出线或驼峰溜放线直接接通的线束来划分，每个调车区分配几条线路，规定一定的工作任务，固定一台调车机车，这样便于各台调车机车平行作业。遇有交叉作业时，按越区作业办理。

在集中联锁的车站，一般以独立的集中操纵楼(信号楼)来划分调车区，固定一台或多台调车机车共同作业。调车(编发)场为共同作业区域，在横列式车站到发场亦为共同作业的区域，在共同区域作业时，应相互做好联系。

(2)没有做好联系和防护，不准越区或转场作业。调车机车越区作业的联系和防护办法，应在《站细》内规定。

越区和转场调车，是车站调车作业中一项比较复杂的工作。越区作业，是指调车机车或带有车辆越出本调车机固定的作业区域，进入其他调车区作业；转场作业，是指调车机车或带有车辆由一个车场去另一个车场的作业。越区既可能在同一车场也可能在不同车场间进行，转场既可能在同一调车区内也可能在不同调车区内进行。越区或转场调车，不仅关系到调车区和车场之间作业的安排，而且有时还要经过许多线路和道岔，跨越正线和其他车场，如果没有做好联系和防护，不但要影响调车效率，而且会危及行车安全。因此，要求在越区或转场作业时，两区(场)调车领导人或车场值班员之间必须事先做好联系，停止相抵触的作业，确认线路，准备好进路，并做好防护。没有做好联系和防护，不准越区或转场作业。

划区(场)的车站，均应根据车站的技术设备、作业特点等情况，制定越区(转场)的联系、防护办法，纳入《站细》，作业时必须按照《站细》中的有关规定办理。

三、调车工作的领导和指挥

(一)调车工作的统一领导

调车工作是由调车组人员、扳道(信号集中操纵)人员、机车乘务人员等共同完成的，多工种在不同的条件和环境下联合作业，为了安全、迅速、准确、协调地完成调车作业任务，必须有统一领导。

车站的调车工作，由车站调度员(未设车站调度员的由调车区长，未设调车区长的由车站值班员)统一领导。分场(区)时，各场(区)的调车工作，由负责该场(区)的车站调度员或该场(区)的调车区长领导。

动车段(所)调车工作的领导及指挥在《动车段(所)行车工作细则》中规定。

车站内的正线和到发线主要供列车到发、通过时用，由车站值班员统一掌握使用。在调车工作中遇有占用、妨碍正线、到发线、机车走行线，以及影响接发列车进路的调车工作，必须经车站值班员准许方可进行。

(二)调车工作的单一指挥

为了保证调车作业有关人员行动一致、密切配合，在保证安全的基础上提高效率，更好地完成调车任务，调车作业实行单一指挥的制度。

单一指挥就是对每台担当调车作业的机车在同一时间内只准由调车指挥人一人指挥。所有调车有关人员(调车组、扳道组、机车乘务组)都必须按调车指挥人的指挥进行作业。调车指挥人的确定，按人员配备与作业要求的不同，有以下几种情况：

(1)调车组均配有调车长，配有调车组的车站，调车作业应由调车长单一指挥。

(2)未设调车组的车站或调车组正在进行其他调车作业，如需利用本务机车进行调车作业时，可由车站值班员或助理值班员担任指挥工作。

(3)如因特殊情况，上述指定人员不能指挥调车作业时，只准许由经鉴定、考试合格取得调车长资格的胜任人员担当调车指挥工作。

(三)调车长在调车作业中的要求

在调车作业中，调车长既是组织者又是指挥者，对组织调车人员执行规章制度、落实作业标准，严格按《站细》的规定和调车作业计划进行工作，保证安全，提高效率，全面完成任务，负有重要责任。因此，调车长不仅要做好本身的工作，还要组织、督促并指挥调车人员共同完成调车任务。

调车作业的准备工作，是保证顺利完成调车任务的前提。调车作业准备工作主要包括以下几个方面：

(1)在计划安排方面，要传达核对计划，制定作业方法，进行作业分工，并针对重点工作进行安全预想；

(2)在工具准备方面，要对调车组的每台无线调车灯显设备进行检查试验，特别是须与司机确认无线调车灯显设备作用良好，要准备好铁鞋、叉子、安全带、灯具及防溜器具等；

(3)在了解情况方面，要掌握是否空线、各线车辆停留位置、停留车组间隔、检修及装卸作业是否完成和防护用具是否撤除等；

(4)在需要提前行动方面，摘管，排风，选择人力制动机，对专用线、段管线的线路、道岔、大门、停留车辆、堆放货物距离、有无障碍物等进行检查。

做好准备是调车作业的关键环节之一，也是保证调车作业安全的关键，上述准备工作，有的需调车长亲自进行，有的是督促有关人员去做；有的需接班开始后进行准备，有的则在连续作业中进行准备。有关人员必须认真做好，有关责任必须落实到人。

为保证调车作业安全，在调车作业中调车长应做到：

(1)组织调车人员正确及时地完成调车任务。

“正确”是指按“调车作业通知单”的要求进行作业，做到溜放调车时不混线、不堵门，尽量缩小车组间隔距离；取送客车、作业车和检修车时，要对好位置；编组列车时，要连挂正确，对好列车试风器位置，并要注意重点检查“关门车”、车下不压铁鞋等等。“及时”是指按“调车作业通知单”要求的时刻，及时完成列车编组、解体及车辆取送、转线等作业。

(2)正确及时地显示信号(发出指令)，指挥调车机车的行动。

调车长显示的调车手信号或使用无线调车灯显设备发出的指令，是对调车作业行动发出的命令，有关人员必须认真执行，所以信号显示或发出的指令必须正确、及时。“正确”是指信号显示方式或发出的指令意义必须符合有关规定，并做到规范化。如手信号显示要横平、竖直、灯正、圈圆等。“及时”是指根据不同作业要求及距离、速度、作业方法等，及时显示信号或发出指令。

(3)负责调车人员的人身安全和行车安全。

保证调车作业中的人身安全和行车安全，是调车长最重要的责任之一。要求调车长认真学习规章制度，掌握调车作业标准，在作业中认真落实作业标准化，严格要求，并随时地掌握参加作业人员的动态，了解他们执行作业标准情况，确认其所在位置及信号显示，发现情况不明、信号不清及其他特殊情况危及作业安全时，应立即采取停车措施，以确保人身安全和调车作业安全。

（四）调车司机在调车作业中的要求

司机负责调车机车的操纵，是保证调车安全和完成调车任务的关键环节。因而司机应做到：

（1）接收作业计划，确认调车作业方法与注意事项，并及时传达给本组人员，组织本组人员正确及时地完成调车任务。

（2）接班后，组织本组人员按规定做好机车整备，确保机车质量良好，确认列车运行监控装置良好。使用无线调车灯显设备调车作业时，还应与调车长共同确认无线调车灯显设备作用良好。调车作业中负责操纵机车。

（3）调车手信号和无线调车灯显设备发出的指令是对调车作业发出的命令，作业中要认真确认、执行信号显示（作业指令）和调车速度的要求。没有信号或指令不准动车，遇有固定信号、手信号显示不明或不正确和无线调车灯显设备故障、指令不清、错误显示、无信号显示或接到紧急停车指令等情怀时，要立即停车，确认信号或指令后再行作业，严禁臆测作业。

（4）确认信号显示（作业指令），不间断地瞭望，督促本组人员注意瞭望、互控，认真执行呼唤应答制度，发现危及人身或作业安全时，要立即采取措施。

第二节　调车作业计划与作业制度

一、调车作业计划的编制和执行

（一）调车作业计划的编制

调车作业计划是调车人员的行动依据，调车领导人是通过调车作业计划来实现对调车工作的领导，完成调车工作任务。调车领导人必须根据车站技术作业过程所规定的各项技术作业时间标准和班计划、阶段计划的任务要求，结合站内或有关区域内现在车分布情况和列车到达确报，按始发列车的编组要求，到达列车的编组内容，旅客列车车底、货物作业车和检修车取送安排，接发列车与调车作业的进展情况等，正确及时地编制、布置调车作业计划。

编制调车作业计划，应根据列车到发计划、列车编组计划、车流接续要求和货物作业情况，确定合理的作业顺序；最大可能地实现解体照顾编组，编解与取送、取送与货物作业和检修作业结合，使各项作业均衡衔接；及时取送旅客列车车底，并进行必要的倒调作业，有足够的时间使车辆部门进行检修作业和客运部门进行整备作业，保证旅客列车的正点始发。在保证安全的前提下，调车作业要充分利用线路，合理运用调车机车，做到计划周密、安排详细，正确无误。

编制调车作业计划时，在充分考虑各方面因素的基础上，要努力提高作业效率，用最少的作业钩数、最短的调车行程，占用最少的线路，消耗最少的时间，完成阶段计划所规定的各项调车工作任务。

调车作业计划的编制和布置，要做到及时、正确、完整。这就是在编制计划前要根据列车确报等资料，全面了解列车到达和始发情况，提前做好计划，使调车作业连续衔接，前一批作业为后一批作业打好基础；计划内容要正确，注意事项齐全，避免错漏，要有充分的预见性，减少变更；根据有关规定及实际作业需要，用易懂易记的符号或标记对禁止溜放的情况和限速连挂、禁止过峰、禁止使用铁鞋制动的车辆、空车及易碎易窜货物的车辆等加以注明，以便作业中执行和引起调车作业人员的注意。

布置调车作业计划是一项十分严肃认真的工作。调车领导人编制的调车作业计划，应采用调车作业通知单布置计划。调车作业通知单如表 3－1 所示。

表 3－1 调车作业通知单

第 号 年 月 日

第＿＿＿＿次车编组、摘挂 ＿＿＿＿号机车 解体、站整					
顺序	股道	作业方法	辆数	代号	记事
1					
2					
3					
4					
5					
6					
7					

计划由 时 分至 时 分完成作业 编制人

在“调车作业通知单”上，应明确调车作业的调车组(只有一个调车组时除外)、编解列车的车次、作业的计划开始与终了时间、使用的线路、摘挂的辆数、应注意的事项及经由的车场线路等。

调车作业通知单的填记必须准确、清楚。“注意事项”包括的内容、符号、填记方法，由各站自行规定，填记在记事栏内。编制调车计划的调车领导人应签名(打印姓名或代号)。

由于本务机车通常担当的是列车牵引任务，有时在区段内不固定的车站进行调车作业，考虑到司机对车站线路、站场设备不够熟悉，所以规定中间站利用本务机车进行调车时，不论作业计划或变更计划钩数多少，均使用附有车站示意图的调车作业通知单(表 3－2)，使司机熟悉和掌握设备情况，为作业提供方便条件。

考虑到近年来大量采用计算机系统编制、传输调车作业计划，示意图难以植入系统，还有一些中间站站场较大、线路复杂，调车作业通知单上的示意图受页面大小限制看不清，因此示意图可在调车作业通知单外另附。

如何使用无线调车灯显设备布置计划，由铁路局根据设备情况和作业特点统一规定。

列车在到达线路内拉道口、对货位、直接后部摘车、本务机车(包括重联机车、补机)摘挂及转线、企业自备机车进入站内交接线整列取送作业时，作业简单，可不使用调车作业通知单。

自轮运转特种设备主要担当施工、维修及相关配合作业，一般不进行车辆摘挂作业，是否需要使用调车作业通知单由铁路局规定。

表 3-2　附有车站示意图的调车作业通知单

________站调车作业示意图

年　月　日　　编制人________

停留车位置示意图

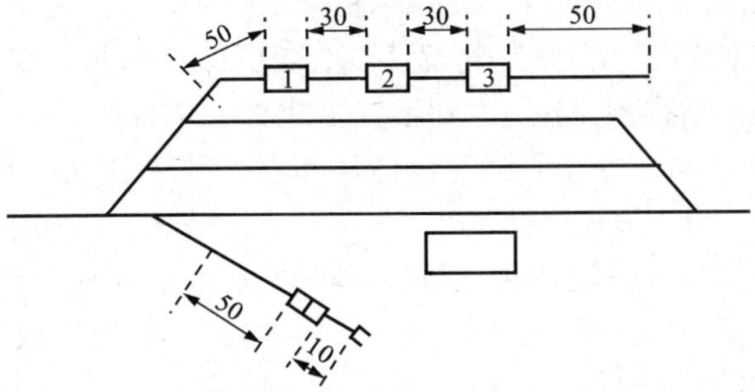

第　次车进　道计划由　时　分至　时　分完成

顺序	股道	作业方法	辆数	记事	顺序	股道	作业方法	辆数	记事
1					11				
2					12				
3					13				
⋮					⋮				

（二）调车作业计划的交接

调车领导人和调车指挥人必须亲自交接计划，这样不仅能够防止误传计划，而且能交换更多的情况，全面了解作业任务及意图，及时准确地掌握各种注意事项，有利于保证安全，提高效率。如确因连续作业，调车指挥人不能离开机车时，调车领导人应将计划亲自送到作业场所，当面交与调车指挥人。如因设备和劳动组织的原因，调车领导人与调车指挥人不能亲自交接计划时，交接办法在《站细》内规定。但无论用人工传递、固定设备传递或电话抄收等，都必须保证调车计划能够交接清楚。随着现代化传输设备的应用，调车计划的传达方式越来越先进，自动化驼峰设备可将计划直接传输至自动控制系统，有的还采用调车通知单传输系统（传统机械、有线或无线设备等）、计算机网络传输、电话传真等，但计划接收人均应与计划编制人进行认真的核对，以免计划接收不正确影响作业，具体核对方法应在《站细》内规定。

为正确及时地完成调车作业计划，调车指挥人每次接受调车作业计划后，应根据计划内容和要求，结合设备、车辆停留、人员配备等情况，制定具体的调车作业方法，连同注意事项亲自向司机交递和传达；对其他人员也应亲自传达，使参加调车作业的人员明确作业方法和注意事项，按照计划统一协调行动。线路比较分散、业务量比较大的车站，调车指挥人亲自传达计划有困难时，可指派连接员进行传达，具体传达办法在《站细》内规定。比如由调车领导人将调车作业计划向信号员传达；驼峰作业时，调车领导人向峰顶提钩人员及峰下铁鞋制动长传达；未设调车组的中间站利用本务机车作业时，由车站值班员向扳道员传达等等。

调车作业计划的传达，有一个最根本的要求，那就是无论采取何种传达和联系方法，最后都必须由调车指挥人确认有关人员均已正确了解调车作业计划、掌握作业要求及注意事项后，方可开始作业。

动车段(所)设备及管理模式不尽相同，调车内容和调车工作计划的编制及下达办法也与车站有所区别，具体由铁路局规定。

(三)调车作业计划的变更

由于调车作业涉及的环节多且现场情况多变，变更调车作业计划在所难免，但是及时了解和准确掌握实际情况，增强预见性，做到不变更或少变更计划，是对调车领导人的一项重要要求。变更调车作业计划，会打乱调车长已经布置的作业方案，而且常常因为传达不彻底，造成调车人员预想不够，失去协调，以至发生错漏，破坏工作秩序，引发混乱，甚至酿成事故。因此，遇变更计划，必须把住传达彻底这一关。考虑到变更计划多在作业过程中发生，重新填写书面计划影响作业效率，但又考虑到人的记忆能力有限，所以规定一批作业不超过三钩(指一张调车作业通知单)或变更计划不超过三钩时可用口头方式布置(中间站利用本务机车调车除外)。为了确保作业人员协调一致，传达必须清楚彻底，重点工作和注意事项要布置清楚，接受计划人员必须复诵，对重点工作和注意事项做好预想，做到心中有数。

调车作业线路的有效长、停留车、作业要求各不相同，为此变更股道，牵涉面较广，是调车计划主要内容的变更，因而对调车安全的危害也最大。在执行调车作业计划中，因某种原因，不得不改变原来计划的股道时，为安全起见，调车指挥人必须停止作业，重新传达给有关人员。

仅变更作业方法或辆数时，主要是指溜放与推送方法的变更、摘挂车数的变化，因而不受口头传达三钩的限制，但调车指挥人必须向有关人员传达清楚，有关人员必须复诵，推送变更溜放时，有关人员要提前做好车辆制动的准备工作。

驼峰作业，由于司机按信号显示要求推峰，如驼峰解散作业只变更钩数、辆数、股道时，对司机操纵影响不大，可不通知司机。但变更为调车机车下峰作业或向禁溜线送车时，涉及调车作业方法的改变，下峰作业或向禁溜线送车时如果速度掌握不好，容易发生问题，对安全危害较大，因此必须向司机传达清楚。

二、调车作业的准备工作

做好调车作业前的准备，是安全、顺利、快速地进行调车工作的前提，其内容主要有；

(1)提前排风、摘管，核对计划，确认进路，检查线路、道岔(集中联锁区除外)、停留车及车辆防溜等情况。

①作业开始前要事先做好排风、摘管工作。在车列进行调车作业前，打开折角塞门，放出车列制动主管内压缩空气的作业过程，称为排风。在车列进行调车作业前，拉动车辆的拉风杆，排出副风缸内的余风，使自动制动机缓解的作业过程，称为拉风。通过排风和拉风，防止车辆作业中抱闸，危及溜放车辆的安全。摘管，是指按调车作业计划的要求，将摘开车组处的车辆软管摘开，方便提钩作业，以免在解散或溜放过程中停车摘管，延长解体时间。

②在调车作业开始前，为了使调车人员进一步清楚作业计划和分工，有关人员应进一步核实确认计划，明确各自的作业分工，并做好安全预想。特别是对调车指挥人不能亲自传达布置的人员，更要认真核对计划防止错漏。在填写或抄收、传收调车作业通知单的过程中，也要认真核对，防止传错、抄错。

③确认进路、检查线路、道岔(集中联锁区除外)和停留车位置等工作，都是确保调车作业安全的重要环节。在集中区调车时，要确认进路上所有调车信号机都处于开放状态；在非集中区调车时，要确认扳道人员的开通信号，无扳道人员时调车组人员要确认道岔开通位置。确认进路，调车人员必须做到钩钩确认。

在轨道电路分路不良区段进行调车作业时，调车组人员(司机)还应在确认调车车列(机车)到达指定地点后通知准备进路人员，准备进路人员方可排列进路，防止因轨道电路分路不良造成道岔中途转换，危及调车安全。

要提前检查线路、道岔(集中联锁区除外)、停留车位置，尤其是去货物线、专用线、段管线取送车辆时，应事先派人检查线路、道岔(集中联锁区除外)、车辆、大门、货物堆放距离及安全防护用具使用情况，因路途较远或受人员、设备的限制，可在进入上述线路前检查，具体办法应在《站细》内规定。货物线、专用线、段管线由于作业特点、人员和管理方面的问题，不确定的因素多，作业条件变化大，因此要认真检查确认，不得简化作业过程、臆测作业和盲目图快，同时要有联控制度，以防疏漏，确保安全。

在货物装卸线取送调车时，尤应重视检查线路两旁堆放的货物。线路两旁堆放货物，距钢轨头部外侧不得小于1.5 m(图3-1)。站台上堆放货物，距站台边缘不得小于1 m。货物应堆放稳固，防止倒塌。不足上述规定距离时，不得进行调车作业，以保证调车作业人员安全通行。

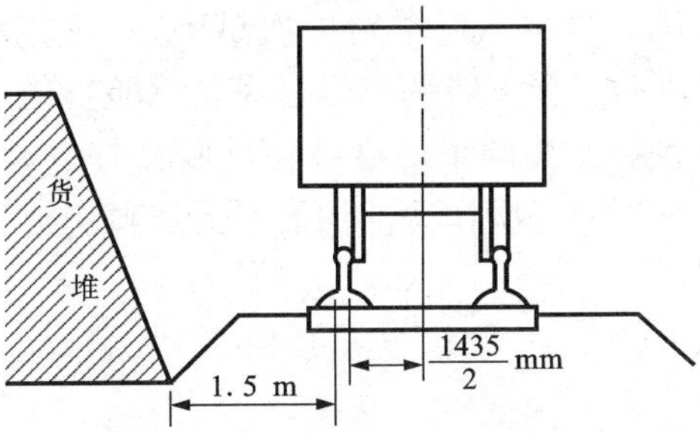

图3-1 线路两旁堆放货物距离示意图

说明：车辆限界与货堆间的距离 = 1500 + 70 + 1435/2 - 3400/2 = 587.5(mm)

式中：1500——货物距钢轨头部最小距离(mm，下同)；

70——50 kg钢轨头部宽度；

1435/2——钢轨头部内侧距线路中心线距离；

3400/2——车辆限界距线路中心线距离。

一般情况下，人体身宽约500 mm，考虑到机车车辆运行摆动量，587.5 mm足以保证作业人员安全通行。

④检查停留车辆的防溜措施，主要是指去货物线、专用线、段管线及其他停有采取防溜措施车辆的线路上摘挂车辆时，应先检查停留车是否采取了防溜措施。牵出或推进车列时，要检查车下有无铁鞋、止轮器，人力制动机是否松开，防止因拉鞋、轧止轮器或抱闸造成事故。对摘下需要采取防溜措施的车辆，要检查是否按规定采取了防溜措施。

(2)人力制动机制动的选闸、试闸，系好安全带。

在选闸和试闸中，一般要做到“四选四不选”，即选前不选后，选重不选空，选大不选小，选高不选低和“一闸两试”(停车试和走行试)等方法。这样，才能保证溜放的车组有足够的制动力，防止选闸不当、制动力不够或未试闸等，致使人力制动机制动力不强或不制动造成事故。

为了保证调车作业人员的人身安全，使用人力制动机制动的人员，必须按规定挂好安全带。

(3)准备足够的良好制动铁鞋和防溜器具。

为满足调车作业过程中溜放车组制动和机车车辆停留后防溜需要，作业前应准备足够、良好的制动铁鞋和防溜器具。铁鞋制动时，包线制动员要根据溜放车组的空重及辆数的多少，提前在上鞋地点备好足够的制动铁鞋。

铁鞋无论用于制动还是防溜，都应该良好，必须认真检查，不合格的铁鞋禁止使用，并应及时更换。

(4)无线调车灯显设备试验良好。

无线调车灯显设备作为指挥调车作业的关键设备，调车作业过程中必须时刻保持良好的状态，因此作业开始前必须进行试验，主要包括调车组人员间的试验和调车长与司机间的试验，以防作业过程中发生故障，影响调车作业的正常进行。

对于固定调车组和调车机车的车站，无线调车灯显设备也是固定使用，一一对应，一般要求调车组人员和机车乘务组人员接班后进行一次试验，确保无线调车灯显设备状态良好，在本班时间内，无须每批作业前进行无线调车灯显设备试验。但遇班中更换无线调车灯显设备或更换机车时，应在更换后对无线调车灯显设备试验良好。对于不固定作业机车的车站，如利用本务机车进行调车作业时，每次作业前均需对无线调车灯显设备试验良好。

三、调车作业制度

1. 信号显示制度

调车作业时，调车人员必须正确及时地显示信号。所谓“正确”，是信号显示方式要规范化、标准化，做到横平竖直，灯正圈圆，防止误认。所谓“及时”，是指根据不同的速度、距离和作业要求，不失时机地显示信号，过早或过迟显示信号都会危及安全或影响效率。机车乘务人员须不间断地确认地面固定信号和调车人员显示的手信号(无线调车灯显设备发出指令)，并须及时回示，表示确已了解。

推进连挂车辆时，调车指挥人应根据停留车位置的距离，显示“十、五、三车”距离信号或发出相应的指令。在调车车列前端距离被连挂车辆十车(约110 m)时，显示十车信号或发出“十车”指令；距离五车(约55 m)时，显示五车信号或发出“五车”指令；距离三车(约33 m)时，显示三车信号或发出“三车”指令。如距离不足十车时，仅显示“五、三车”信号或发出“五、三车”指令；不足五车时，仅显示“三车”信号或发出“三车”指令；不足三车时，仅显示接近连挂信号或发出相应指令。接近连挂信号比照向显示人稍行移动信号显示。

推进连挂车辆时，司机须时刻注意确认“十、五、三车”距离信号或无线调车灯显设备的指令，并回示。同时，应按信号或指令的要求正确控制速度。为避免司机误认，调车指挥人在距停留车十车以内，不要再显示减速手信号。调车指挥人显示“十、五、三车”距离信号或发出指令后，如发现司机未回示或没有按规定减速时，应立即显示停车信号或发出紧急停车指令。

遇有天气不良、照明不足或受地形地物影响，调车指挥人看不清停留车位置时，应派人在停留车的连接一端显示停留车位置信号。

调车作业是一项复杂的工作，涉及进路、信号的确认，停留车及线路的检查，防溜措施的采取与撤除及机车车辆的移动等，一个人很难完成上述工作，同时为保证调车作业安全和人身安全，更好地完成调车任务，参加作业的调车组人员必须达到两人及以上时，方准进行调车作业。

在调车作业中，单机运行或牵引车辆运行时，前方进路的确认由司机负责。推进车辆运行时，前方进路的确认由调车指挥人负责，如调车指挥人所在位置确认前方进路有困难时，可指派调车组其他人员确认。没有看到调车指挥人的起动信号，不准动车(但在单机返岔子或机车出入段时，可根据扳道员显示的道岔开通信号或调车信号机显示的进行信号动车)。无扳道员和调车信号机时，调车指挥人确认道岔开通正确(如为集中操纵的道岔，还须与操纵人员联系)后，向司机显示启动信号。

2. 要道还道制度

为保证调车进路的正确，防止调车作业中挤岔子或进入异线等事故的发生，非集中区调车作业时，调车有关人员要认真执行“要道还道”制度。

要道的方法有两种：一是单机或牵引运行时，由司机要道；二是推进车辆运行时，由车列前端的调车人员要道。还道时扳道员必须在确认进路准备正确、道岔尖轨密贴后，方可显示道岔开通信号。为避免误认，扳道员应先显示开通的股道号码，再显示道岔开通信号。当同一个进路由多名扳道员准备时，扳道员间在准备好进路后，先行对道，然后一般由来车方向的第一个扳道员向调车组人员或司机还道。由于设备的不同，扳道员间的要道还道办法应在《站细》内规定。

由集中区到非集中区或由非集中区到集中区的调车作业，应制定要道还道或作业联系办法，由于集中区作业繁忙，涉及接发列车等多项作业，由非集中区到集中区，必须提前做好联系，合理安排，减少作业等待及其他不安全因素。根据各站设备的不同，具体的要道还道办法和非集中区与集中区间的联系办法应在《站细》内规定。随着无线调车设备的广泛采用，为保护环境，减少噪声干扰，要道还道可以通过无线调车设备进行，具体办法和用语应在《站细》内规定。

要道还道时，应统一为“出×道要×道”“进×道要×道”。考虑到连续溜放和驼峰解散车辆作业的特点，规定连续溜放和驼峰解散车辆时，第一钩应实行要道还道制度，从第二钩起，按调车作业通知单的要求扳动道岔。集中联锁的调车区，装设了调车信号机，调车作业按信号机显示的要求进行，因此第一钩可不执行要道还道制度。

3. 推送车辆制度

推进车辆时，要先试拉，以检查车钩连挂状态，防止车钩没有挂好，导致推进中车辆溜走。

推进车辆运行或连挂其他车辆，调车指挥人确认前方进路和“十、五、三车”距离有困难时，可指派制动员、连接员在推进车辆的前部进行瞭望确认，有关人员须及时显示信号或发出指令，推进车辆较多时应派中转人员按规定中转信号，调车长应掌握显示信号或发出指令情况，发现盲目推进等情况时，要及时采取减速或停车措施。

第三节　调车信号

铁路信号是用特定的物体（包括灯）的颜色、形状、位置，或用仪表和音响设备等向铁路行车人员传达有关机车车辆运行条件、行车设备状态以及行车的指示和命令等信息。

铁路信号按其作用可分为指挥列车运行的行车信号和指挥调车作业的调车信号。

调车作业有关人员必须熟记调车信号的显示规定，并能熟练显示调车手信号和使用无线调车灯显设备，严格执行其要求。

一、调车固定信号机显示

调车固定信号机有调车色灯信号机、驼峰色灯信号机及其复示信号机、驼峰色灯辅助信号机等。

（一）调车色灯信号机

为满足调车作业的需要，应设调车色灯信号机。调车色灯信号机是准许或禁止调车的信号机，指示调车车列或机车是否可以越过该信号机进行调车作业。

调车色灯信号机分高柱型和矮柱型两种。为便于调车人员作业安全，该信号机一般采用矮型信号机。在岔线入口处及牵出线的调车起始信号机，为了能有一定的显示距离，可采用高柱调车信号机。

调车色灯信号机的显示：

（1）一个月白色灯光——准许越过该信号机调车；

（2）一个月白色闪光灯光——装有平面溜放调车区集中联锁设备时，准许溜放调车；

（3）一个蓝色灯光——不准越过该信号机调车。

不办理闭塞的站内岔线，在岔线入口处设置的调车信号机，可用红色灯光代替蓝色灯光。

起阻挡列车运行作用的调车信号机，应采用矮型三显示机构，增加红色灯光或用红色灯光代替蓝色灯光。当该信号机的红色灯光熄灭、显示不明或显示不正确时，应视为列车的停车信号。

（二）驼峰色灯信号机及其复示信号机

驼峰色灯信号机设置在驼峰调车场峰顶的相应处，是禁止或允许机车车辆向驼峰推进的信号机，并指示调机和车列在驼峰调车的速度和方向。

驼峰色灯信号机的显示：

（1）一个绿色灯光——准许机车车辆按规定速度向驼峰推进；

（2）一个绿色闪光灯光——指示机车车辆加速向驼峰推进；

（3）一个黄色闪光灯光——指示机车车辆减速向驼峰推进；

（4）一个红色灯光——不准机车车辆越过该信号机或指示机车车辆停止作业；

（5）一个红色闪光灯光——指示机车车辆自驼峰退回；

（6）一个月白色灯光——指示机车到峰下；

（7）一个月白色闪光灯光——指示机车车辆去禁溜线或迂回线。

驼峰色灯信号机的复示信号机平时无显示；当办理驼峰推送进路后，其显示方式与驼峰色灯信号机相同。

（三）驼峰色灯辅助信号机及其复示信号机

驼峰色灯辅助信号机及其复示信号机显示一个黄色灯光——指示机车车辆向驼峰预先推送；当办理驼峰推送进路后，其灯光显示均与驼峰色灯信号机显示相同。

驼峰色灯辅助信号机平时显示红色灯光，对列车启停车信号作用。

驼峰色灯辅助信号机的复示信号机平时无显示；当办理驼峰推送进路或驼峰预先推送进路后，其显示方式与驼峰色灯辅助信号机相同。

二、调车手信号

手信号是铁路行车有关人员在作业中，进行指挥、联系等工作广泛采用的视觉信号。根据行车工作的需要，可以机动地指挥列车运行和调车作业，也可联系和传达有关行车事项。

（一）显示手信号的要求

1. 显示要求

为确保手信号的显示正确和防止误认，行车有关人员显示手信号时，必须严肃认真，要位置适当、正确及时、横平竖直、灯正圈圆、角度准确、段落清晰。

2. 持旗要求

(1)在显示手信号时，凡昼间持有手信号旗的人员，应将信号旗拢起，左手持红旗，右手持绿旗(扳道员右手持黄旗)。不持信号旗的行车有关人员需要显示手信号时，应徒手按规定方式显示信号。

(2)调车指挥人登乘机车车辆，一手攀扶把手，一手显示展开的绿色信号旗时，手持的信号旗左、右可灵活掌握，但必须将拢起的红色信号旗置于绿色信号旗对向(司机方向的前面)，以便能随时展开红色信号旗。

（二）调车手信号的显示

(1)停车信号：要求列车停车。昼间——展开的红色信号旗；夜间——红色灯光。昼间无红色信号旗时，两臂高举头上向两侧急剧摇动；夜间无红色灯光时，用白色灯光上下急剧摇动。

(2)减速信号：要求降低到要求的速度。昼间——展开的绿色信号旗下压数次；夜间——绿色灯光下压数次。

(3)指挥机车向显示人方向来的信号：昼间——展开的绿色信号旗在下部左右摇动；夜间——绿色灯光在下部左右摇动。

(4)指挥机车向显示人方向稍行移动的信号：昼间——拢起的红色信号旗直立平举，再用展开的绿色信号旗左右小动；夜间——绿色灯光下压数次后，再左右小动。

(5)指挥机车向显示人反方向去的信号：昼间——展开的绿色信号旗上下摇动；夜间——绿色灯光上下摇动。

(6)指挥机车向显示人反方向稍行移动的信号：昼间——拢起的红色信号旗直立平举，再用展开的绿色旗上下小动；夜间——绿色灯光上下小动。

（三）联系用的手信号

1. 道岔开通信号：表示进路道岔准备妥当

昼间——拢起的黄色信号旗高举头上左右摇动；夜间——白色灯光高举头上。

机车出入段进路道岔准备妥当后，显示如下道岔开通信号：

昼间——展开的黄色信号旗高举头上左右摇动；夜间——黄色灯光高举头上左右摇动。

2. 股道号码信号：是在调车作业或准备接发列车进路时，要道或回示股道开通号码

一道：昼间——两臂左右平伸；夜间——白色灯光左右摇动。

二道：昼间——右臂向上直伸，左臂下垂；夜间——白色灯光左右摇动后，从左下方向右上方高举。

三道：昼间——两臂向上直伸；夜间——白色灯光上下摇动。

四道：昼间——右臂向右上方，左臂向左下方各斜45°；夜间——白色灯光高举头上左右小动。

五道：昼间——两臂交叉于头上；夜间——白色灯光作圆形转动。

六道：昼间——左臂向左下方，右臂向右下方各斜伸45°；夜间——白色灯光作圆形转动后，再左右摇动。

七道：昼间——右臂向上直伸，左臂向左平伸；夜间——白色灯光作圆形转动后，左右摇动，然后再从左下方向右上方高举。

八道：昼间——右臂向右平伸，左臂下垂；夜间——白色灯光作圆形转动后，再上下摇动。

九道：昼间——右臂向右平伸，左臂向右下斜45°；夜间——白色灯光作圆形转动后，再高举头上左右小动。

十道：昼间——左臂向左上方，右臂向右上方各斜伸45°；夜间——白色灯光左右摇动后，再上下摇动作成十字形。

十一至十九道：须先显示十道股道号码，再显示所要股道号码的个位数信号。二十道及其以上的股道号码，各站根据需要自行规定，并纳入《站细》。

3. 连接信号：表示连挂作业

昼间——两臂高举头上，使拢起的手信号旗杆成水平末端相接；夜间——红、绿色灯光（无绿色灯光的人员，用白色灯光）交互显示数次。

4. 溜放信号：表示溜放作业

昼间——拢起的手信号旗两臂高举头上交叉后，急向左右摇动数次；夜间——红色灯光作圆形转动。

5. 停留车位置信号：表示车辆停留地点

夜间——白色灯光左右小摇动。

6. 十、五、三车距离信号：表示推进车辆的前端距被连挂车辆的距离

昼间展开的绿色信号旗单臂平伸，夜间绿色灯光，在距离停留车十车（约110 m）时连续下压三次，五车（约55 m）时连续下压两次，三车（约33 m）时下压一次。

7. 取消信号：通知将前发信号取消

昼间——拢起的手信号旗，两臂于前下方交叉后，急向左右摇动数次；夜间——红色灯光作圆形转动后，上下摇动。

8. 要求再度显示信号：表示前发信号不明，要求重新显示

昼间——拢起的手信号旗右臂向右方上下摇动；夜间——红色灯光上下摇动。

9. 告知显示错误的信号：告知对方信号显示错误

昼间——拢起的手信号旗两臂左右平伸同时上下摇动数次；夜间——红色灯光左右摇动。

（四）调车表示器的显示

调车场因地形、地物影响，调车机车司机瞭望调车指挥人的手信号有困难时，需设置调车表示器。调车表示器由调车指挥人使用，代替调车指挥人的手信号。调车表示器的显示方式如下：

（1）向调车区方向显示一个白色灯光——准许机车车辆自调车区向牵出线运行；

（2）向牵出线方向显示一个白色灯光——准许机车车辆自牵出线向调车区运行；

（3）向牵出线方向显示两个白色灯光——准许机车车辆自牵出线向调车区溜放。

三、无线调车灯显设备的使用

20 世纪 90 年代初期推广使用的无线调车灯显设备，具有调车作业指令无线传输功能，即将调车指挥人通过专用电台发出的调车指令以不同颜色的灯光显示在机车控制器上，指挥机车乘务员、调车组作业（通过语音合成技术，在将调车指令显示于机车控制器的同时，辅以语音提示）；还具有调车组、机车乘务组及调车领导人之间通话功能。为防止信号的串扰，每套无线调车灯显设备都有自己固定的频点，同一调车组人员所使用的每部电台均有相应的编码，当某一制动员发出紧急停车指令后，只有该制动员发出解锁指令才能解锁，其他任何人的指令均不可能使其解锁。另外，当调车长按压电台指令键后，发生调车长电台故障或电力不足等情况，造成不能发出指令时，机车控制器可测出上述故障，同时自动发出“故障停车”的指令。

（一）设备组成

无线调车灯显设备主要由机车设备、固定设备、便携设备三大部分组成。

1. 调车区长电台

可用固定电台和车载电台，也可用与流动电台相同的袖珍电台附加一些控制、电源等辅助设备取代。调车区长电台除了可以跟调车组的所有成员通话并监听作业过程外，还可以处于“等待”状态，即关闭电台接收机的音频输出免受调车作业噪声的干扰，使调车区长能安静地处理自己的工作。但当调车长在作业中认为必要时，可以发出呼叫信号通过调车区长电台的选呼电路呼出调车区长。

2. 调车长电台

调车长电台为袖珍电台，可以跟调车组的所有成员实现双向通话，可以向调车司机发出红、绿、黄三种音频调制的色灯信号和呼叫调车区长的音频信号，并且同时监听自己所发音频信号。

3. 调车机车电台

调车机车电台由车载电台或由袖珍电台外接机车控制器、司机操纵盒、天线和灯光显示装置组成。其特点为：采用多波道电台（也可使用单波道）；可以接收和显示各种调车信号和实现双向通话；可装设号筒式外接扬声器；机车电台在它可以显示的四种色灯信号中，在收到制动员紧急停车红灯信号后，可自动发出音响信号；机车电台在收到调车长和制动员这两种红灯停车信号后，均能保持显示并同时中断显示调车长的黄、绿灯信号；对于制动员发出的紧急停车红灯信号，只有制动员自己才能够解除。

4. 制动员电台

制动员电台为袖珍电台，可以与调车组内的所有成员实现双向通话；可以向调车司机发出紧急停车红灯及拆除该红灯这样两种音频调制的信号；也具有同时监听自己所发上述音频信号的功能。

(二)使用无线调车灯显设备一般规定

(1)使用机车进行调车作业时，应采用无线调车灯显设备(机车摘挂、转线等不进行车辆摘挂的作业，列车在到达线路内拉道口、直接后部摘车除外)，并使用规定频率，其显示方式须符合有关要求。

对于以机车为动力的调车作业，应采用无线调车灯显设备进行调车作业指令无线传输和通话联系，不使用灯旗指挥，提高调车效率，消除确认信号困难、联系不彻底等安全隐患。

机车摘挂、转线等不进行车辆摘挂的作业，列车在到达线路内拉道口、直接后部摘车，这几类具体调车作业的性质和实际，作业过程简单，没有调车指挥人和调车人员参与，若使用无线调车灯显设备反而需增加设备和作业环节。对于此类不使用无线调车灯显设备即可安全、高效地完成调车任务的情形，不要求采用无线调车灯显设备。

(2)无线调车灯显设备应与列车运行监控装置配合使用。

列车运行监控装置实现了对列车运行的监控与记录，无线调车灯显设备与列车运行监控装置配合使用，可以监控和记录调车作业过程，将无线调车灯显设备的指令纳入列车运行监控装置进行控制，充分体现了科技保安全、设备保安全的理念。

在无线调车灯显设备未与列车运行监控装置配合使用的情况下，在调车作业过程中，由于调车组人员或机车乘务组人员不执行作业标准或无线调车灯显设备发生故障，列车运行监控装置不能发挥控制调车车列的作用，难以有效防止调车作业事故或问题的发生。为充分发挥设备安全控制作用，规定无线调车灯显设备应与列车运行监控装置配合使用，就是将无线调车灯显设备的机控器与列车运行监控装置相联，使列车运行监控装置接收无线调车灯显设备发出的指令，并按指令的要求限制调车速度，对调车作业情况进行监控，必要时停车，在调车作业中能够有效地防止调车超速连挂、调车冲突等事故。

无线调车灯显设备的机控器与列车运行监控装置的连接：担任固定调车作业的机车，无线调车灯显设备的机控器应与列车运行监控装置固定连接；由本务机车、小运转机车(含调度机车)担当调车作业时可使用便携式无线调车灯显设备机控器，作业开始前无线调车灯显设备的机控器临时与运行监控装置连接，作业完了由调车人员取回。

(3)无线调车灯显设备正常使用时停用手信号，对灯显以外的作业指令采用通话方式；无线调车灯显设备发生故障时，改用手信号作业。

为了避免灯显和手信号同时使用，增加调车作业环节和作业人员负担，形成“双指令”，也给司机带来识别困难，明确规定无线调车灯显设备正常时，调车作业人员应停用手信号，使用该设备指挥调车作业。考虑到目前灯显设备存在部分作业指令和作业联系等无法显示的情况，对灯显以外的作业指令采用通话方式。无线调车灯显设备发生故障时，应暂时停止作业，更换备用灯显设备后再继续作业。考虑一批或一钩作业过程中，难以中途更换备用灯显设备，以及没有良好的备用灯显设备等情形，应恢复手信号作业，完成作业任务。如调车组人员间电台通话功能良好，作业中仍可使用电台相互联系，但调车长须改用手信号方式指挥司机。

(三)无线调车灯显设备显示规定

用无线调车灯显设备指挥调车作业时，由调车长发送红、绿、黄色的无线电信号，同时在机车无线电台的信号显示器上反映相同的色灯信号，并发出语音提示，在值班室监听台及制动员操纵盒上也发出相应的语音提示。遇特殊情况，制动员可发送红色信号(红色信号冲掉调车长的黄、绿信号)，司机接收到信号反应立即停车。

无线调车灯显设备的信号显示方式及执行要求规定如下：

一个红色灯光——停车信号；

一个绿色灯光——推进信号；

绿色灯光闪数次后熄灭——启动信号；

绿、红色灯光交替后绿色灯光长亮——连接信号；

绿、黄色灯光交替后绿色灯光长亮——溜放信号；

黄色灯光闪后绿色灯光长亮——减速信号；

黄色灯光长亮——十、五、三车距离信号(分别加辅助语音提示)；

两个红色灯光——紧急停车信号；

两个红色灯光后熄灭一个红色灯光——解锁信号。

其他调车信号及联系均通过通话对讲联系。通话标准用语由各企业自定。

四、无线调车机车信号和监控系统

当前，正线运行的内燃及电力机车上已全部安装了机车信号及监控装置，有效解决了正线列车运行的安全防护问题，使列车行车事故大幅度下降。但是，在调车作业中，因受到轨道电路条件的制约，无法将地面调车信号传送到机车上，监控装置无法实行有效的安全控制。在进行调车作业时，主要是依靠调车员和司机确认地面信号，因此，在调车过程中，由于人为失误，容易造成“冲、挤、脱”等事故的发生，造成行车事故或重大事故。调车机车监控系统的研制及应用就是为了有效解决上述问题，保证站内调车作业的安全。

无线调车机车信号和监控系统能将站场对调车机车的调车进路的开放、调车限制条件等信息通过无线方式传送到调车机车上，实现调车信号、调车进路等在机车上的实时显示，使监控记录装置实现对调车作业的有效安全防护和作业数据记录。该系统不仅能有效地防止调车作业中的冒进信号和超速造成的事故，还可以通过系统记录的历史数据，分析事故原因，给安全管理提供依据。

(一)设备组成及术语

1. 无线调车机车信号

无线调车机车信号指在电气集中或计算机联锁车站采用无线通信方式将车站的调车联锁信号传送到调车机车并显示。

2. 调车监控

调车监控指利用对无线调车机车信号和车站基本信息的加工处理，通过调车机车既有的列车运行监控记录装置实现对调车作业安全防护的监控。

3. 地面主机

地面主机指系统中完成对车站联锁信息的采集、加工、处理，并向调车机车传送无线调车机车信号和有关信息的地面设备。

4. 车务终端

车务终端指系统中为车务人员设置的用于监视调车作业进程和录入、编辑、打印调车作业通知单的终端设备。

5. 车载主机

车载主机指系统中为实现对调车机车作业安全控制，用来接收地面主机传送的无线调车机车信号、调车作业通知单及有关信息，并进行相应的加工处理后，与既有的列车运行监控记录装置交换显示和控制信息的车载设备。

(二)基本功能

1. 安全防护功能

(1)防止调车作业时车列冒进阻挡信号机。

(2)防止调车作业时车列越过站场规定的停车点(一度停车位，分区点，站界等)。

(3)控制车列在尽头线安全距离前方停车。

(4)防止调车作业时运行速度超过允许的最高限速。

(5)防止连挂作业时超过连挂作业允许的最高限速。

(6)本系统故障或相关系统故障时的处理符合故障—安全原则。

2. 显示及报警功能

(1)在车务终端和车载显示器上实时显示站场调车信号、调车进路、轨道区段占用状况和列车信号及列车进路。

(2)在车务终端和车载显示器上实时显示调车作业通知单和作业进度。

(3)在车载显示器上实时显示前方调车信号机、调车限速、实际速度、防护距离等工作状态。

(4)实时跟踪并显示调车车列在联锁区内所在位置。

(5)通过列车运行监控记录装置进行语音提示报警。

(6)车务终端具备调车作业通知单录入、编辑和打印功能。

3. 记录处理功能

(1)实时记录并保存调车作业过程中的重要信息。

(2)对地面操作人员权限的安全管理。

第四节　调车作业的限制和规定

一、调车速度的控制

调车作业中要做到安全、迅速、准确，掌握调车速度是关键。进行调车作业的司机，必须严格按照《技规》《铁路调车作业标准》等有关规章规定的限制速度和调车指挥人的信号操纵机车，在任何情况下，不准超速作业。调车指挥人除了注意观速、观距，及时准确地显示信号外，发现司机超速危及安全时，必须立即显示停车信号。

调车速度的限制是根据调车作业的特点，调车时所经过线路、道岔，调动特殊构造的车辆或装载特殊货物车辆的要求，保证调动车列运行中的安全所作的规定。作业中还应根据带车多少、制动力大小以及距离远近等，由司机和调车指挥人员共同掌握。

(1)在空线上牵引运行时，速度不准超过40 km/h；推进运行时，不准超过速度30 km/h。调车作业时，车辆的自动制动机多数情况下不加入机车操纵的制动系统，车列的减速和停车都要靠机车本身的制动力，又因调车机车在作业中经常牵出和推进作业交替进行；再有调车作业所经线路的标准、等级及道岔的辙叉型号等可能比正线、到发线低，因此规定在空线上牵引运行时，不得超过速度40 km/h。在空线上推进运行时，除同样受到上述限制外，又因车列在前，司机不便于瞭望前方的进路和信号，只依靠车列前端负责瞭望的调车人员向调车指挥人显示信号或发出指令，再由调车指挥人显示减速或停车信号(指令)，由于中转信号需要时间，一旦发生险情，司机制动的时机将要推迟，容易造成事故，所以从调车速度上加以限制，规定为速度不得超过30 km/h。

(2)为了保证旅客的安全和舒适，防止装载爆炸品、气体类危险货物(压缩气体、液化气体等)及超限货物等物品的车辆因制动或制动不及产生冲撞等情况而发生意外，所以规定调动乘坐旅客或装载爆炸品、气体类危险货物及超限货物的车辆时，速度不准超过15 km/h。

(3)连挂车辆时，为了避免损坏机车车辆和所装载的货物不至于发生窜动、倒塌和损坏，必须严格控制速度。因此规定接近被连挂车辆时，速度不准超过5 km/h。

(4)我国驼峰设备的峰高、道岔区长短、制动方法等各不相同，同时在调车场(编发场)的线路上还装设有加速顶、减速顶等设备，由于上述设备的构造不同，限制了机车车辆经过的速度。因此规定推上驼峰解散车辆时的速度和装有加、减速顶的线路上的调车速度，在《站细》内规定。

为了检测车辆是否超载，部分车站在牵出线、走行线、交接线等处所装设了轨道衡等测重设备，为保证测重的准确性，机车车辆接近轨道衡等测重设备时，应限制运行速度，具体限速由车站根据设备的限制在《站细》内规定。

由于调车作业主要在调车场、货物线、段管线和专用线进行，进路上的道岔型号复杂，各种道岔的结构、尺寸标准、性能等有所不同，因此规定经过道岔侧向运行的速度，由工务部门根据道岔具体条件规定，并纳入《站细》。

(5)尽头线的终端不是车挡就是尽头站台，一旦掌握速度不当，可能造成前端车辆冲上车挡或与尽头站台发生冲突，所以规定在尽头线上调车时，距线路终端应有10 m的安全距离；遇特殊情况，必须近于10 m时，要严格控制速度。

(6)在电气化铁路的部分线路上，根据技术条件和作业需要并未完全挂网，为了区分有电区与无电区，接触网的终点均挂有终点标。为了防止担当调车作业的电力机车或动车组越过终点标进入无电区，造成刮弓、塌网或将高压电带入无电区造成损害等事故，规定电力机车、动车组在有接触网终点的线路上调车时，应控制速度，距接触网终点标应有10 m的安全距离；遇特殊情况，必须近于10 m时，要严格控制速度。

(7)为防止调车作业中连挂冲撞、超速连挂等影响旅客上下车平稳、安全，提高服务质量，确保安全，规定旅客未上下车完毕，除本务机车、补机摘挂作业外，不得进行旅客列车(车底)的连挂作业。

(8)天气不良是不利于调车作业的客观因素，对调车的影响程度很难预先确定，因此调车领导人、调车指挥人和司机可根据气候情况适当降低速度。调车作业中还会遇到很多不正常情况，例如邻线施工或发生事故，人员和机具随时可能侵入本线限界等，此时，亦可依情况适当降低速度。

二、溜放调车的限制

溜放调车时，溜出车组凭惰力运行，需制动调速和停车，难度大，要求高。人工或机械操作稍有不慎、失误，便会危及调车安全，甚至造成事故。因此，对禁止溜放的车辆，线路等应作下列限制。

（一）禁止溜放的车辆

（1）装有禁止溜放货物的车辆。

这类车辆由于所装货物的性质特殊，如在溜放过程中，对车辆施加制动，一经摩擦、撞击，极易造成严重后果。装有禁止溜放货物的车辆，按铁路总公司《铁路危险货物运输管理暂行规定》中“铁路车辆禁止溜放和限速连挂表”（表3－3）的规定执行。由于作业中使用人力制动机、铁鞋或减速器制动时，会产生火星、高温和冲撞，而装载爆炸品、压缩气体、液化气体及特种货物（按组级代号办理的军用弹药、炸药及毒剂，七〇七货物）的车辆经撞击、摩擦受热后有可能引燃、引爆，故禁止溜放。装载禁止溜放货物的车辆应采用推送调车法作业。

表3－3 铁路车辆禁止溜放和限速连挂表

顺号	种　类	禁止溜放（调动这些车辆时禁止溜放和由驼峰上解体）	限速连挂（溜放或由驼峰上解体调车，车辆连挂速度不得超过2 km/h）
1	爆炸品	有整体爆炸危险的物质和物品；有迸射危险，但无整体爆炸危险的物质和物品；有燃烧危险并有局部爆炸危险或局部迸射危险或这两种危险都有，但无整体爆炸危险的物质和物品	不呈现重大危险的物质和物品；有整体爆炸危险的非常不敏感物质；无整体爆炸危险的极端不敏感物品
2	气体	罐车（含空罐车）和钢质气瓶装载的易燃气体、毒性气体	①非易燃无毒气体 ②钢质气瓶以外其他包装装载的气体类危险货物
3	易燃液体	乙醚，二硫化碳，石油醚，苯，丙酮，甲醇，乙醇，甲苯	①除禁止溜放栏内规定以外的装入玻璃或陶瓷容器的易燃液体 ②汽油
4	易燃固体、易于自燃的物质、遇水放出易燃气体的物质	硝化纤维素，黄磷，硝化纤维胶片	三硝基苯酚（含水≥30%），六硝基二苯胺（含水＞75%），三乙基铝，浸没在煤油或密封于石蜡中的金属钠、钾、铯、锂、铷、硼氢化物
5	氧化性物质和有机过氧化物	过氧化氢，过氧化钠，过氧化钾，氯酸钠，氯酸钾，氯酸铵，高氯酸钠，高氯酸钾，高氯酸铵，硝酸胍，漂粉精和有机过氧化物	除禁止溜放栏内规定以外的装入玻璃容器的氧化性物质和有机过氧化物

续表 3 – 3

顺号	种　类	禁止溜放（调动这些车辆时禁止溜放和由驼峰上解体）	限速连挂（溜放或由驼峰上解体调车，车辆连挂速度不得超过2 km/h）
6	毒性物质和感染性物质	玻璃瓶装的氯化苦、硫酸二甲酯、四乙基铅（包括溶液）、一级（剧毒）有机磷液态农药、一级（剧毒）有机锡类、磷酸三甲苯酯、硫代膦酰氯	①禁止溜放栏内的货物装入铁桶包装时 ②除禁止溜放栏内规定以外的装入玻璃或陶瓷容器的毒害性物质
7	放射性物质（物品）	二、三级运输包装或气体的放射性货物	
8	腐蚀性物质	罐车装载以及玻璃或陶瓷容器盛装的发烟硝酸、硝酸、发烟硫酸、硫酸、三氧化硫、氯磺酸、氯化亚砜、三氯化磷、五氯化磷、氧氯化磷、氢氟酸、氯化硫酰、高氯酸、氢溴酸、溴	除禁止溜放栏内规定以外的装入玻璃或陶瓷容器的腐蚀性物质
9	特种车辆	非工作机车，轨道起重机，机械冷藏车，大型的凹型和落下孔车，空客车及特种用途车（发电车、无线电车、轨道检查车、钢轨探伤车、电务试验车、通信车），检衡车	
10	特种货物	按规定“禁止溜放”的军用危险货物和军用特种货物	
11	其他车辆	搭乘旅客的车辆，总公司临时指定的货物车辆	乘有押运人员的货车
12	贵重、精密货物	由发站和托运人共同确定的贵重的以及高级的精密机械、仪器仪表	电子管、收音机、电视机以及装有电子管的机械
13	易碎货物	易碎的历史文物，易碎的展览品，外贸出口的易碎工艺美术品，易碎的涉外物质（指各国驻华使、领馆公用或个人用物品，外交用品，国际礼品，展品，外侨及归国华侨的搬家货物）	鲜蛋类，生铁制品，陶瓷制品，缸砂制品，玻璃制品以及用玻璃、陶瓷、缸砂容器盛装的液体货物

注：除顺号 1、2、9、10、11“禁止溜放”外，其他“禁止溜放”的货物车辆可向空线溜放。

（2）非工作机车、铁路救援起重机、大型养路机械、机械冷藏车、凹型车、落下孔车、客车、动车组和特种用途车。

对于特种车辆，如非工作机车、铁路救援起重机、大型养路机械、机械冷藏车、凹型车、落下孔车、客车、动车组和特种用途车（发电车、无线电车、轨道检查车、钢轨探伤车、试验车、通信车等）等，有的因车体构造特殊，不宜通过驼峰或不能使用铁鞋、人力制动机进行制动，或装有精密仪器，需要匀速、平稳作业，所以对这些车辆禁止溜放。

对上述禁止溜放的车辆，发站应在车辆两侧“票插”内揭挂“禁止溜放”或“限速连挂”表示牌。调车领导人应在“调车作业通知单”上注明“禁止溜放”或“限速连挂”符号，以便作业中掌握。

（3）乘坐旅客的车辆。

为了保证旅客舒适和人身安全，对乘坐有旅客的车辆一律不得溜放调车。

（二）禁止溜放的线路

（1）超过2.5‰坡度的线路（为溜放调车而设的驼峰、牵出线除外）。

2.5‰坡度是指线路有效长范围内的平均坡度（非实际坡度）。由于溜放车组在上述坡度的线路上受到重力加速度的作用，使得车组逐渐加速，易失去控制，导致车辆溜逸，或造成制动不及时，可能造成冲突、脱轨、挤岔子等事故。

（2）停有正在进行技术检查、修理、装卸作业车辆的线路，停有动车组、乘坐旅客车辆的线路及无人看守道口的线路。

此条的设定是为了保证"人"的安全。因为正在检修的车辆，车下常有检修作业的人员和工具，正在装卸的车辆，车内外有工人和起重、搬运机具工作，一旦溜放车组制动控制不当，溜进作业区就有可能造成事故和人身伤亡；对于停有乘坐旅客车辆的线路上禁止溜放，主要是为了确保旅客生命财产的安全；无人看守的道口，在车组溜出后，不易控制，行人、车辆横越线路，遇意外情况，会造成伤亡事故。

（3）停有装卸爆炸品、气体类危险货物车辆的线路。

此条规定的核心是保证"货物"的安全。调车作业中若遇调速不当与停留上述车辆发生冲撞，可能发生爆炸或毒气泄漏，造成危害，后果严重。所以无论固定与非固定线路，均禁止向该线路溜放。上述车辆在调车场一般均在固定线路停留，两端道岔定位开通邻线，并加锁。

（4）停留车辆距警冲标的长度，容纳不下溜放车组（应附加安全制动距离）的线路。

车辆在线路停留时，车辆尾部必须停于警冲标内方。停留车距警冲标距离过短，若向该线溜放车辆，会发生撞车，造成事故，或造成压标或压岔子，影响邻线作业。此时不但影响作业效率，还会危及人身及行车安全。

（5）中间站正线、到发线及与其衔接而未设隔开设备的线路。

这主要是为了确保车站接发列车安全。中间站股道少，咽喉区短。在这样的线路上溜放调车，一旦制动不当，车辆溜至警冲标外方，极易与列车发生冲突，造成严重后果。

（三）禁止溜放调车的其他规定

（1）调车组不足3人时，禁止溜放作业。

在进行溜放作业时，至少要有一人指挥，一人提钩，一人制动，这样才能保证溜放调车安全，所以规定调车组不足3人时禁止溜放作业。

（2）不准采用牵引溜放法调车。

牵引溜放调车，是调车机车牵引调车车列快速运行，在途中摘钩后机车加速，机车与车列离开一定距离，扳动道岔，使机车与调车车列进入不同股道的调车方法（见图3－2）。这种调车方法对司机、调车人员、扳道员相互间的配合要求较高，必须严格掌握减速、提钩、加速和扳道的时机，如果稍有不当，就可能造成前堵后追、侧面冲撞或进入"四股"的后果，因此明确规定不准采用牵引溜放法调车。

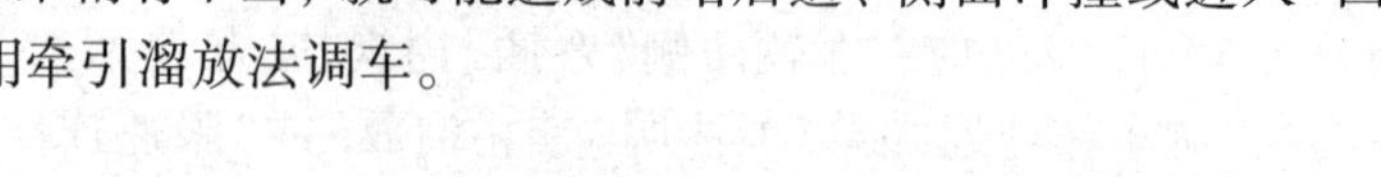

图3－2　牵引溜放调车示意图

(3)溜放时限速连挂的车辆。

在表3-3中列出的装有货物性质特殊的一部分车辆，虽然可以溜放调车，但是限制连挂时的速度不得超过2 km/h。这是因为货物及其包装能够承受因制动产生的涌动和高温，但不宜冲撞而作出的溜放限制。限速连挂的车辆应揭挂“限速连挂”表示牌，并在调车作业通知单上注明，以便识别。

三、对驼峰解散车辆的限制

(一)车辆通过驼峰的限制

(1)机车(调车机车除外)、铁路救援起重机、客车、动车组、大型养路机械、凹型车、落下孔车、钳夹车，由于自身构造和工作原理，通过驼峰可能会对自身或驼峰设备造成危害，危及安全，所以禁止通过驼峰。

例如D_{17}型落下孔车，其结构如图3-3所示。

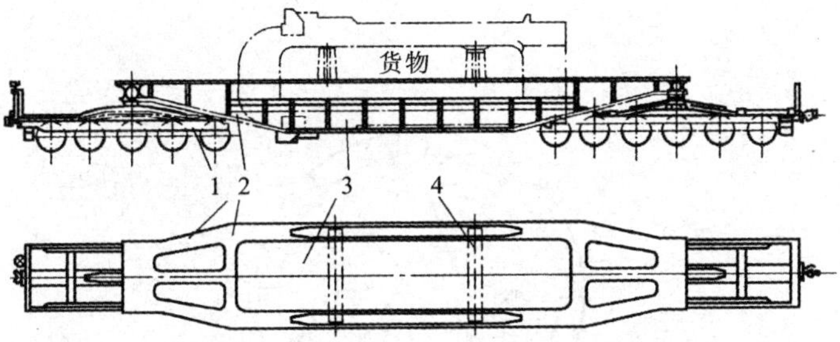

图3-3　D_{17}型长大货车示意图

1—转向架；2—车底架；3—落下孔；4—支承梁

D_{17}型落下孔车车体全长25.942 m，转向架为五轴构架，转向架中心距离为17.5 m，比一般货车长75%左右(普通货车的转向架中心距离大部分为10 m左右)。当它经过驼峰时，其车钩与相邻车钩钩舌高差和夹角偏大，可能损坏钩托板螺栓、钩舌销等配件，甚至造成断钩或自动脱钩。同时峰顶平台一般为10 m左右(图3-4)。D_{17}型落下孔车转向架中心距离大于峰顶平台，车底构件距轨面距离仅有200 mm，过峰时必然“爬峰”，刮坏设备和车辆，因此严禁通过驼峰。

(2)由于特殊货物运输需要，我国针对性地生产一些特殊、专用车辆，这些车辆在构造如车辆走行部、轴距、车底高和机械原理等方面存在特殊尺寸和要求，一般在定型、生产前就明确不能通过驼峰，在出厂时涂打禁止上峰的标记，如图3-5所示。

涂打禁止上峰标记的车辆，属于自身构造禁止通过驼峰的车辆，因其特殊的轴距、车底高等因素限制，若强行过峰，易发生车体摩擦、碰撞地面设备甚至脱轨等问题，所以禁止通过驼峰。

(3)装载活鱼(包括鱼苗)、跨装货物的车辆(跨及两平车的汽车除外)等，是否可以通过驼峰，不宜作统一规定，由车站会同车辆段等有关单位做出具体规定，并纳入《站细》。

①装载活鱼(包括鱼苗)的车辆，在通过驼峰时，如果坡度很大、很陡，活鱼和水将会大量从容器中溢出，造成活鱼死亡，所以也必须根据实际情况确定。其过峰情况如图3-6所示。

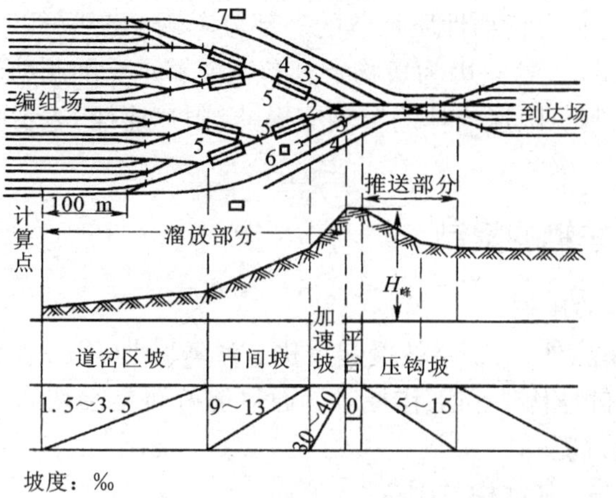

图 3-4　机械化（半自动、自动化）驼峰平纵断面图

图 3-5　车辆禁止上峰标记

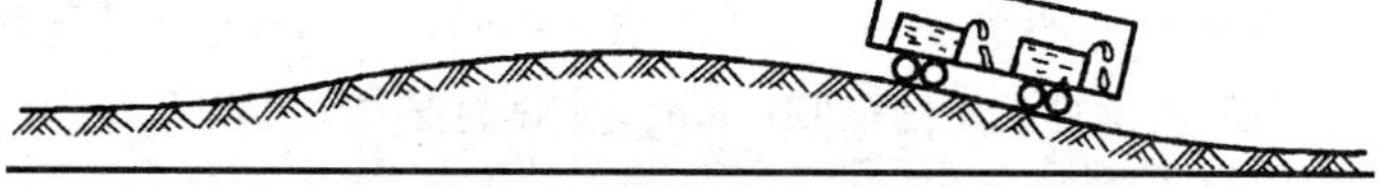

图 3-6　装载活鱼车过峰示意图

②跨装货物的车辆（指重量或长度不能由一车装载的跨装货物的车辆），是否能通过驼峰，应考虑竖曲线状态的影响。对两辆及其以上的车辆连成一体的跨装货物，车辆通过坡度较大的竖曲线驼峰时，应经过计算或试验，确定是否可以通过驼峰，以防产生货物窜动、车辆脱轨或车钩损坏等严重后果。跨装货物车辆越峰，如图 3-7 所示。

对以上车辆经过计算或试验后，将不准通过驼峰的车辆纳入《站细》，以便贯彻执行。

（4）机械冷藏车内各种机械、仪表设备和各种管道，牢固性差，尽可能避免通过设有车辆减速器（顶）的驼峰，应经迂回线送至峰下。如因迂回线故障等原因，必须通过设有车辆减速器（顶）的驼峰时，应由机车推送下峰，速度不得超过 7 km/h。除推峰外，不得附挂机械冷

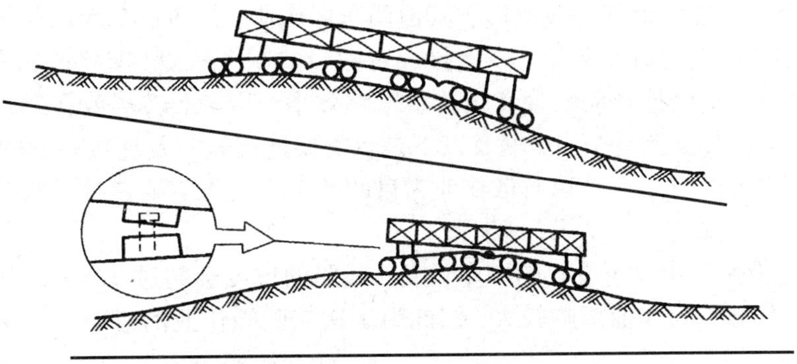

图3-7　跨装货物过峰示意图

藏车溜放其他车辆，主要是避免溜放作业中车列急起急停造成的车辆冲动，以保证车内精密仪器、机械不受损伤和车辆连接管路的完好。

(二)使用铁鞋制动的限制

1. 限制使用铁鞋的线路

(1)曲线外轨严禁使用铁鞋。因车辆轮对在曲线上行驶时，由于离心力的作用和车辆改变运行方向的需要，外侧车轮挤压外侧钢轨，着力点不平衡，外轨“上鞋”，容易被车轮撞掉；同时当轮对运行于曲线时，外侧车轮较内侧车轮走行距离长，以保持轮对的平衡移动，如外轨“上鞋”阻止外轨车轮走行，就破坏了平衡，容易造成车辆脱轨。

(2)调车场以外的线路严禁使用铁鞋。主要因钢轨型号不一，所以严禁使用铁鞋制动。

2. 限制使用铁鞋的车辆

(1)外闸瓦车严禁使用铁鞋。外闸瓦车的闸瓦钎子距轨面最低为25 mm，铁鞋高度为110～125 mm。因此，铁鞋放在轨面上时，容易被闸瓦钎子撞掉或被推着滑行，起不到制动作用。

(2)车轮直径在950 mm及其以上的大轮车严禁使用铁鞋。这是因为铁鞋托座弧面是根据普通车轮直径840 mm制作的，而950 mm及其以上直径的大轮车使用普通铁鞋时，车轮踏面与托座弧面不密贴，既影响制动效能，又可能撞掉铁鞋。

其他不准使用铁鞋制动的情况，由各站自行规定，纳入《站细》。

四、调车防溜和转场调车的规定

1. 调车防溜的规定

停留在线路上的车辆，在重力及风力、震动和冲撞等其他外力作用下，静止的车辆有可能溜走，运行中的车辆，在势能和运动惯性的作用下，将加快走行速度，失去控制的车辆将造成可怕后果，因此必须对停留车按不同车站、不同线路的具体防溜规定采取防溜措施。调车作业摘车时，必须停妥，采取好防溜措施，方可摘开车钩，防止因坡道或震动等造成车辆溜逸；连挂车辆时，要先检查防溜措施后再连挂，没有连挂妥当，不得撤除防溜措施，防止因先撤除防溜措施或防溜措施不起作用，在机车连挂过程中因坡道或机车车辆的冲撞等造成车辆溜逸。

2. 转场调车的规定

由于转场调车往往要跨越正线或影响其他调车区作业，在超过2.5‰坡度的线路上调车调速制动较困难。在上述情况下调车，连接一定数量的制动软管(即接风调车)能增加制动力，保证作业安全，但摘挂制动软管又较费事影响效率。因此，转场或在超过2.5‰坡度的线路上调车时(驼峰作业除外)，10辆及以下是否需要连接软管及连接软管的数量，11辆及以上必须连接软管的数量，以及以解散作业为目的的牵出是否需要连接软管，由车站和机务段根据具体情况共同确定，并纳入《站细》。

驼峰主要是为溜放作业所设置的调车设备，线路的坡度会超过2.5‰，作业中需要频繁地摘开车钩，连接软管对作业影响较大，因此为了适应驼峰作业的需要，驼峰作业时可不连接软管。

五、手推调车的规定

手推调车是以人力借助器械(如撬棍等)推移车辆，是调车作业的一种辅助方法。安全性较差，通常供短距离对车位时采用。

手推调车，须取得调车领导人的同意，人力制动机作用必须良好，有胜任人员负责制动。手推调车速度不得超过3 km/h。下列情况，禁止手推调车：

(1)在正线、到发线及超过2.5‰坡度的线路上(确需手推调车时，须经铁路局批准)。

这主要考虑正线、到发线主要办理接发列车作业，安全要求高，禁止手推调车；在超过2.5‰坡度的线路上手推调车时，若制动不及时或制动不当，容易造成车辆溜逸。但由于线路条件限制或特殊作业需要，必须在正线、到发线及超过2.5‰坡度的线路上进行手推调车时，车站应制定安全措施，经铁路局批准，纳入《站细》。

(2)在停有动车组的线路上。

由于动车组是独立固定编组，正常情况下不具备与其他机车、车辆连挂的条件，若手推调车制动不及时或制动不当，容易造成车辆接触或碰撞动车组，损坏动车组，所以在停有动车组的线路上不得手推调车。

(3)遇暴风雨雪或夜间无照明时。

作业条件不好，外界环境因素影响大，车辆有可能在外力的作用下溜逸，因此不得手推调车。夜间无照明，无法确认进路、作业人员动作难以协调，同时又难以照顾推车人员安全，因此也不得手推调车。

(4)接发列车时，与接发列车进路没有隔开设备或脱轨器的线路，向能进入接发列车进路的方向。

接发列车时，为防止手推调车制动不当越过警冲标进入接发车进路，影响列车运行安全，与接发列车进路没有隔开设备或脱轨器的线路，向能进入接发列车进路的方向不准进行手推调车。

隔开设备系指为防止列车或机车车辆进入接发列车进路，而在接车线末端设置或可兼用的安全设置，如安全线、隔开道岔、避难线及接车线末端无动力占用的牵出线、货物线、岔线等。

(5)装有爆炸品、气体类危险货物的车辆。

上述车辆手推调车如制动不当溜逸时，将造成严重后果，所以为防止意外，不准进行手推调车。

(6)电气化区段，接触网未停电的线路上，对棚车、敞车类的车辆。

因为棚车、敞车类的车辆大都是高闸台，接触网的限制制动人员不能使用人力制动机实施制动，不能确保手推调车的有效制动，容易造成车辆溜逸。

六、动车组调车规定

动车组自带动力，基于安全、构造特点、作业方式等原因，一般情况下动车组进行调车作业应采用自走行方式(在故障救援、非电化区段调车等必要情况下才采用动车组无动力调车方式)，司机根据调车作业计划和凭地面信号机的显示进行作业。

动车组自走行调车作业时，司机应在动车组运行方向的前端操作，前方进路的确认由动车组司机负责。在不得已情况下必须在后端操作时，应指派随车机械师或其他胜任人员站在动车组运行方向的前端指挥，发现危及行车或人身安全时，应立即使用紧急停车按钮(紧急制动装置)或通知司机停车。后端操作时，速度不得超过 15 km/h。

动车组是固定编组、单独运用，从其自身构造和安全要求出发，动车组禁止连挂其他机车车辆调车。但是动车组故障时连挂救援机车，动车组连挂附挂回送过渡车以及动车组无动力调车时的调车机车、公铁两用牵引车，是特殊情况下的必要方式，不在此禁止之列。

第五节　在正线和到发线上的调车

一、在正线和到发线上调车的要求

车站正线和到发线主要供接发和通过列车使用，必须占用正线、到发线调车时，要正确处理好接发列车和调车作业的关系。为了保证安全正点和不间断地接发列车，调车应服从接发列车，并遵守以下要求：

(1)在正线、到发线上调车时，要经过车站值班员的准许。

车站值班员负责掌握正线和到发线的运用，对接发列车作业安全负有直接责任。因此在正线、到发线上调车时，要经过车站值班员的准许，以保证列车接发安全和正常有序。

(2)在接发列车时，应按《站细》规定的时间，停止影响列车进路的调车作业。

占用或穿越列车进路直接影响接发列车的调车活动，以及在接发超限货物列车进路的邻线，线间距离不足 5000 mm 的线路上调车，或接发非超限列车而在线间距离不足 5000 mm 的邻线调动有超限货物的车辆等情况，均称为影响列车进路的调车作业。

影响接发列车进路的调车作业，必须在开放进站或出站信号机之前停止，严禁抢钩作业。此项时间标准应根据车站设备条件、作业过程及列车进站速度等计算查定，在《站细》内明确规定。在接发列车时，车站值班员应掌握调车作业的实际情况，并应按《站细》规定的时间，确认影响列车进路的调车作业已停止，再排列接发车进路，开放信号。

二、接发旅客列车时进行调车的限制

在接发旅客列车时，除遵守正线、到发线调车作业及影响接发列车进路的调车作业等相关规定外，为防止其他调车作业中的机车车辆因溜逸、冒进信号等进入接发列车进路，与正

在进出站的旅客列车发生冲突，规定在接发旅客列车时，与接发列车进路没有隔开设备或脱轨器的线路，不准向能进入接发列车进路的方向调车。

为了尽可能地压缩非生产等待时间，并考虑本务机车在停留线路内摘挂、列车拉道口等作业机车车辆移动范围小、目的明确，允许接发旅客列车时，在与接发列车进路没有隔开设备或脱轨器的线路，进行本务机车摘挂、列车拉道口作业，但须严格控制速度，只能在本线路内进行。

有特殊困难的车站，确需调车时，应根据作业特点和设备实际制定相应的安全措施，由铁路局批准。

三、越出站界调车和跟踪出站调车

(一)越出站界调车

越出站界调车是受车站调车设备限制，在区间空闲(自动闭塞为第一个闭塞分区空闲)的情况下，越过进站信号机或站界标进入区间调车的一种方法。由于是进入区间，不同一般的站内调车作业，为了保证列车运行和调车作业的安全，应遵守下列要求：

(1)双线区间正方向越出站界调车。

①当区间为自动闭塞时，必须从监督器上确认第一个闭塞分区空闲，车站值班员口头准许并通知司机，即可出站调车。

②当区间为半自动闭塞时，必须区间空闲，车站值班员口头准许并通知司机，即可出站调车。

上述双线①、②情况，因发车权属于正方向办理越出站界调车的车站，对方站不能发车，所以可不与对方站办理占用区间闭塞手续，只要区间(自动闭塞为第一个闭塞分区)空闲，车站值班员口头准许并通知司机即可。

(2)双线区间反方向越出站界调车。

双线区间反方向越出站界调车时，因正常情况下占用区间的权限不属于本站，同时列车运行情况由列车调度员掌握，必须取得占用区间的权限，即停止基本闭塞法改用电话闭塞法(得到列车调度员发布的停止基本闭塞法改用电话闭塞法的调度命令)，确认区间空闲后，由车站值班员与邻站办理电话闭塞手续，发给司机出站调车通知书，方可出站调车。

(3)单线区间越出站界调车。

①当区间为自动闭塞时，闭塞系统必须在发车位置，由办理越出站界调车的车站控制发车权，只要第一个闭塞分区空闲，经车站值班员口头准许并通知司机，即可出站调车。

②当区间为半自动闭塞时，区间必须空闲，得到停止基本闭塞法改用电话闭塞法的调度命令，与邻站办理电话闭塞手续取得占用区间的权限，并发给司机出站调车通知书，方可出站调车。

(4)无论单线或双线，在区间已改为电话闭塞法行车的情况下，越出站界调车时须经列车调度员口头准许，在确认区间空闲，与邻站办理闭塞手续取得占用区间的权限，发给司机出站调车通知书后，方可出站调车。

出站调车通知书由车站值班员填写，当调车机车距行车室较远时，可由扳道员、助理值班员等按车站值班员的指示填写，其格式如表3－4(《技规》附件5)所示。

表 3－4　出站/跟踪调车通知书

出站/跟踪调车通知书

对方站承认的号码第________号，

准许自/至　时　分起/止______机车由车站向______区间出站/跟踪调车。

站(站名印)车站值班(扳道)员(签名)

年　　月　　日填发

注：不用的字句抹消。　　　　(规格90 mm×13 mm)

(5)越出站界调车作业完毕，应将出站调车通知书收回注销，具体收回注销办法由铁路局规定。当出站调车车列回站待避列车后，如需继续出站调车时，应重新办理手续。

越出站界调车时，为了防止错办，车站值班员应在控制台上揭挂“出站调车”表示牌(安全帽)。

(二)跟踪出站调车

跟踪出站调车是指在列车由车站发出后，尚未到达前方站(线路所)，间隔一定的距离或时间，即跟随前行列车，越出站界在规定距离内进行的调车作业。

跟踪出站调车，因调车与列车运行是平行作业，能够缩短调车等待时间，充分利用通过能力。但由于调车与列车运行先后进入同一区间或闭塞分区，因而存在不安全因素，必须对跟踪出站调车进行严格的限制。

1. 对跟踪出站调车的限制

(1)跟踪出站调车只准在单线区间及双线正方向办理，双线反方向线路上不准办理。因为双线反方向行车已是特殊情况行车，再跟踪反方向运行的列车出站调车，会增加不安全因素。

(2)为保证跟踪出站调车的车列与前行列车保持一定距离，只有前发列车尾部越过预告、接近信号机或靠近车站的第一个预告标后，方可跟踪出站调车。如受地形地物影响，看不见预告信号机或站界标，确认前发列车位置有困难时，应按《站细》规定的间隔时间进行。跟踪出站调车与前行列车距离，如图 3－8 所示。

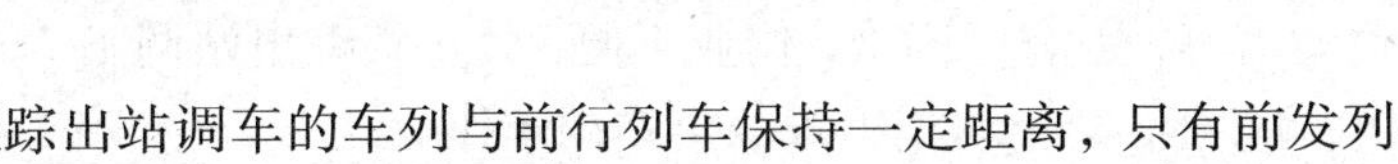

图 3－8　跟踪出站调车示意图

(3)跟踪出站调车的机车、车辆最远不得越出站界500 m，这是考虑前发列车有途中退行的可能。按《技规》规定，退行列车在未得到后方站车站值班员准许时，不得退行到车站的最外方预告标或预告信号机的内方，也就是不能退到距进站信号机800～1100 m以内，这样退行的列车与跟踪调车的机车车辆尚有300～600 m的安全间隔距离。

2. 跟踪出站调车应办理的手续

(1)为使跟踪出站调车不影响列车运行，在办理时须经列车调度员口头准许。

(2)为了更好地掌握区间占用情况，防止跟踪出站调车的机车车辆返回车站前，两站错误办理闭塞，办理跟踪出站调车时，须在取得邻站车站值班员的承认的电话记录号码后，方可填写跟踪调车通知书，组织跟踪出站调车。

(3)发给调车司机"跟踪调车通知书"。填写时，应将"出站"字样抹掉。跟踪调车通知书允许由扳道员、助理值班员根据值班员的命令填发。

(4)办理跟踪出站调车时，为了防止错办，车站值班员应在控制台上揭挂"跟踪调车"表示牌(安全帽)。

(5)跟踪调车作业完毕，车站值班员确认跟踪调车通知书收回后，向邻站发出电话记录号码。列车虽已到达邻站，但跟踪调车通知书尚未收回时，禁止办理区间开通手续。

(6)承认跟踪出站调车及跟踪出站调车完毕发出电话记录号码及发出的时间填写在《行车日志》相应栏内。

3. 禁止跟踪出站调车的情况

(1)出站方向区间内有瞭望不利的地形或有长大上坡道时，禁止跟踪出站调车。因为出站方向区间内有瞭望不利的地形时，调车作业或由区间退回的列车瞭望困难，一旦出现问题，不能及时停车，容易发生冲突等事故；因为区间有长大上坡道时，一旦前发列车制动失效，即有溜回的可能时，如再跟踪出站调车，就可能发生冲突。

区间有长大上坡道禁止跟踪出站调车的站名由铁路局公布。

(2)前发列车需由区间返回或挂有区间返回的后部补机时，禁止跟踪调车，以防止返回的列车或补机与正在跟踪出站调车的机车车辆发生冲突。

(3)一切电话中断，禁止跟踪调车。这是因为电话中断后行车联络办法比较复杂，不易保证安全。

(4)降雾、暴风雨雪等，因瞭望困难，作业不便，禁止跟踪出站调车。

(5)为确保动车组安全，禁止动车组跟踪出站调车作业。

四、机车出入段走行

设有机务段(折返点)的车站，机车出入段是一项频繁的调车作业。它不仅关系到加速出入段机车的放行，保证机车按停留时间标准进行作业，而且对到发线、咽喉道岔能力的运用，有着直接的影响。因此，车站值班员必须认真掌握机车出入段的时机和经路。

有固定走行线时，出入段机车必须走固定走行线。因为设计、确定机车走行线时，对机车走行线的配置已经综合考虑车站技术作业并进行了科学划分，使机车出入段的走行更便利、更合理，最大限度地减少机车出入段与接发列车的相互干扰，因此必须按固定走行线走行。

为了保证固定走行线的正常运用，禁止在固定走行线上停留机车车辆。因为一旦停留机车车辆，将引起出入段变更走行线，打乱机车出入段顺序，而且因变更走行线司机对线路不熟，有可能延长出入段时间。

当车站没有机车出入段固定走行线或临时变更走行线时，为保证安全和加速机车出入段工作，应事先通知司机走行经路，司机按固定信号或扳道员显示的允许运行的信号行车。集中联锁的车站，机车出入段时，司机按地面调车信号机的显示运行，故不必通知司机，司机按信号显示运行即可。

第六节　机车车辆的停留与防溜

一、机车车辆停留的线路及地点

警冲标是指示机车车辆停留时，满足机车车辆限界、不准向道岔方向或线路交叉点方向越过的限制点。如果越过警冲标，则可能侵限妨碍邻线机车车辆的运行，有可能发生侧面冲突，所以规定列车及机车车辆必须停在警冲标内方。

(1)遇下列特殊情况，在不影响接发列车和调车作业的条件下，准许临时停在警冲标外方。

①因溜放车组速度不当或借线停留等情况，车组未进入警冲标内方，在确认不妨碍其他作业进路时，准许临时停在警冲标外方。这样，可以在保证安全的前提下，提高调车效率。但最迟在该项作业，即一批作业完了后，必须立即将该车组送入警冲标内方，以免遗忘，造成不应有的损失。

②特殊情况，确需在警冲标外方装卸作业时，由于与邻线作业相互影响，必须经车站值班员、调车区长确认不影响列车到发及调车作业，或者停止相关调车作业后，方可准许。装卸作业完了后，应立即取走或送入警冲标内方，并报告车站值班员、调车区长。

(2)安全线及避难线是特殊用途的线路，禁止停留机车车辆；在超过6‰坡度的线路上，极易发生机车车辆溜逸，安全风险大，因此禁止无动力停留机车车辆。

(3)爆炸品、气体类危险货物等危险品，对冲击、火焰敏感，万一发生意外，其后果严重。为此，对装载这些物品的车辆，必须停放在固定线路上，两端道岔应扳向不能进入该线的位置并加锁，以防其他车辆进入。集中操纵的道岔，应在控制台上将道岔开通邻线，并将道岔单独锁闭。

(4)救援列车担负着事故救援的紧急任务，为保证在需要时能及时出动，亦必须停放在固定的线路上，两端道岔应扳向不能进入该线的位置并加锁，以防其他车辆进入。集中操纵的道岔，应在控制台上将道岔开通邻线，并将道岔单独锁闭。

(5)对临时停留公务车的线路，应将线路两端的道岔扳向不能进入该线路的位置并加锁。集中操纵的道岔，应在控制台上将道岔开通邻线，并将道岔单独锁闭。为保证公务车上人员的正常工作和休息，对停留公务车的线路，一般不准利用该线进行与其无关的调车作业。

二、机车车辆停留的防溜措施

(一)防止车辆溜逸的意义

车辆溜逸指车辆或车列未采取防溜或防溜不当，由车站溜入区间或由区间溜入站内，由岔线、专用线溜入区间或站内的现象，现场俗称为“放飏”。

由于我国滚动轴承车辆占绝大多数，车辆基本阻力较小，加上受停留线路坡度、自然条件的影响等，车辆溜逸事故时有发生，有的车辆溜入区间，与正在运行的列车发生正面冲突。这类事故的性质和后果往往都十分严重，对行车安全危害极大。因此，防止车辆溜逸，对于减少事故发生，确保行车安全具有重要意义。

（二）机车车辆停留的防溜措施

停留机车车辆不进行调车作业时，应按以下规定采取防溜措施：

（1）编组站、区段站的到发线、调车线以外的线路上，在一般情况下车辆停留时间较长，如遇大风天气或邻线行车震动等，容易造成车辆溜逸，所以不进行调车作业时，应连挂在一起，并须拧紧两端车辆的人力制动机，或以铁鞋、止轮器、防溜枕木等牢靠固定。即此防溜措施为一道防溜措施。这样，既能保证停留车辆安全，缩短占用线路长度，又便于以后取送作业。因装卸车对货位等情况，不能连挂在一起时，应分组做好防溜措施。

（2）在中间站由于配线较少，基本上所有线路都与正线、到发线相衔接，一旦发生车辆溜逸，将造成站内正线、到发线等设备的损坏，或侵入列车进路危及接发列车安全，严重时可能溜入区间与列车发生冲突等。为此在中间站停留车辆，无论停留的线路是否有坡道，均应连挂在一起，拧紧两端车辆的人力制动机，并以铁鞋（止轮器、防溜枕木等）牢靠固定。即此防溜措施为两道防溜措施。因装卸车对货位等情况，不能连挂在一起时，应分组做好防溜措施。

考虑到中间站线路较少，为提高中间站调车作业效率，同时也为了保证调车作业的安全，对一批调车作业中临时停留的车辆，可拧紧两端车辆的人力制动机或以铁鞋（止轮器）止轮，采取一道有效的防溜措施。

（3）编组站、区段站的到发线、调车线，由于日常接发列车、调车作业繁忙，车辆无动力停留时间较短，同时大部分的编组站、区段站一般设置在平直或锅底形线路上，满足日常调车作业和停留机车车辆的要求，其设备条件和作业量不同，因此编组站、区段站的到发线、调车线是否需要采取防溜措施、什么时候采取什么防溜措施，由铁路局规定。

作业量较大的中间站执行“双防溜”措施有困难时，也可由铁路局根据实际情况，制定防溜措施。

（4）电气化区段，部分车辆不能采用人力制动机防溜时，应使用人力制动机紧固器防溜。

人力制动机故障的车辆或车组不能按规定采取防溜措施时，应与人力制动机作用良好的车辆连挂在一起，禁止单独停留。执行“双防溜”措施时，遇该最外方车辆人力制动机故障时，可顺延使用下一车辆人力制动机，两端车组外侧仍须采取铁鞋防溜。

（5）车辆的防溜措施，均须确认止轮牢固可靠。使用人力制动机或人力制动机紧固器防溜时，须拧紧制动机；使用铁鞋、止轮器防溜时，鞋尖（止轮器）应紧贴车轮踏面，牢靠固定；使用防溜枕木防溜时，应在距停留车辆不大于5 m处放置。对于近些年开始使用的新型防溜设备，由铁路局根据技术条件和车站特点制定使用办法。

（6）因车辆进行技术检查或故障处理，列检（维修）人员在撤除车站采取的防溜措施时，技术检查或故障处理完毕，应及时恢复原防溜措施。

（三）动车组的防溜措施

动车组固定编组，调车作业大多是自走行作业，除使用机车调车作业外不需要车站人员参与，而且动车组大多带有停放制动装置，可保证动车组无动力停留安全。为减少作业环节、消除结合部隐患、统一动车组防溜办法，动车组无动力停留时，有停放制动装置的动车组，由司机负责将动车组处于停放制动状态；动车组无停放制动装置或在坡度为20‰以上的区间无动力停留时，由司机通知随车机械师进行防溜，防溜时使用止轮器牢靠固定。动车段(所)内动车组防溜办法由铁路局规定。

第四章

行车闭塞法

第一节 行车闭塞法概述

为保证列车运行的安全，使同方向列车不致发生追尾冲突，对向列车不致发生迎面相撞，列车运行必须有间隔；同时，在满足列车长度、速度、密度、制动力和信号显示距离等条件下，划分列车运行间隔有利于提高铁路通过能力。

通过相邻车站、线路所、闭塞分区的设备或人为控制，使列车与列车互相保持一定间隔，以保证列车安全运行的行车方法，称为行车闭塞法。

目前，保持列车运行之间有一定的间隔距离的办法有两类：

(1)空间间隔法——以车站、线路所所划分的区间，自动闭塞区间的通过信号机所划分的闭塞分区，作为两列车间隔的行车方法。即在正常情况下，每个区间(或闭塞分区)，在同一时间内，只准有一列列车占用。

(2)时间间隔法(又称隔时续行法)——按一定的时间间隔开行续行列车。即一列车发车后，经过一定的时间，再发出下一列列车。

一、区间及闭塞分区的划分

区间、车站及闭塞分区的界限划分，是行车组织工作的一项重要内容，是划定责任范围的依据。列车进入不同地段必须取得相应的凭证或准许。

区间与闭塞分区的界限，按下列规定划分：

1. 站间区间——车站与车站间的线段

(1)单线站间区间，以进站信号机柱中心线为车站与区间的分界线，如图4－1所示。

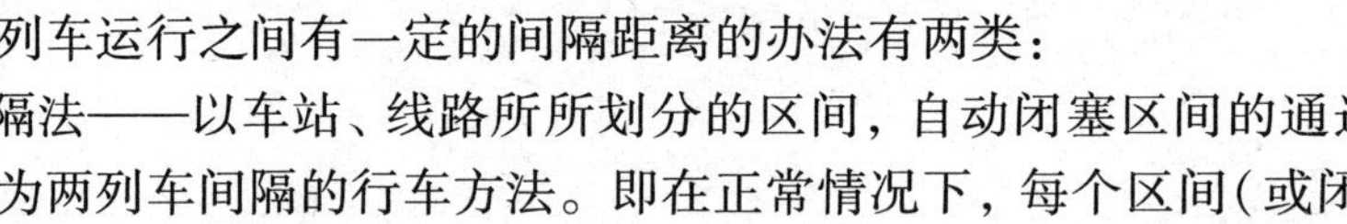

图4－1 单线区段站间区间界限示意图

(2)双线或多线站间区间，分别以各该线的进站信号机柱或站界标的中心线为车站与区间的分界线，如图4－2所示。

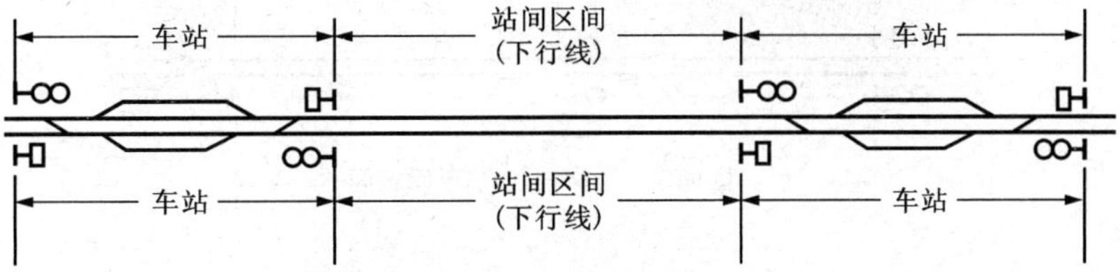

图 4－2　双线区段站间区间界限示意图

2. 所间区间——两线路所间或线路所与车站间的线段

(1)单线所间区间，以该线上的线路所通过信号机柱的中心线为所间区间的分界线。设有进站信号机的线路所，所间区间的分界方法与站间区间相同。

线路所只设有通过信号机，无管辖地段的，如图 4－3 所示。

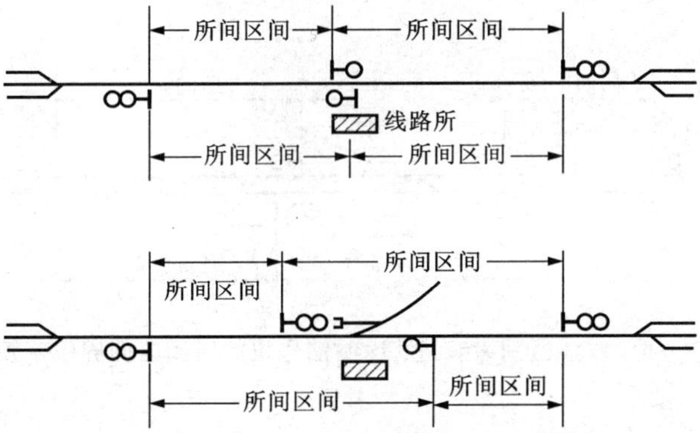

图 4－3　单线区间只设有通过信号机的所间区间界限示意图

线路所设有进、出站信号机，并有管辖地段的，如图 4－4 所示。

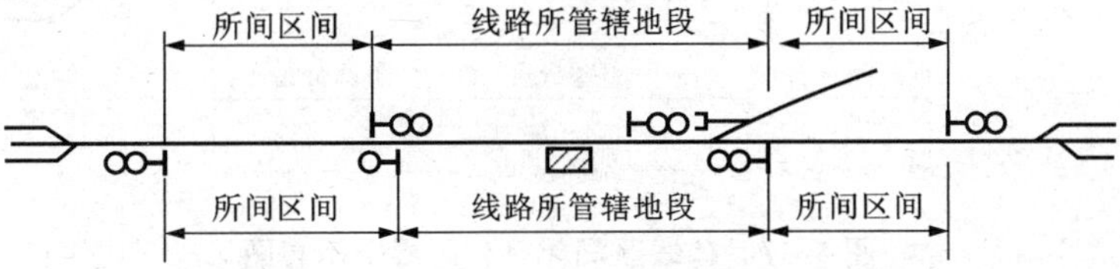

图 4－4　单线区间设有进、出站信号机的所间区间界限示意图

(2)双线所间区间，划分方法与单线所间区间相同。

线路所只设有通过信号机，无管辖地段的，如图 4－5 所示。

线路所设有进、出站信号机，并有管辖地段的，如图 4－6 所示。

3. 闭塞分区——自动闭塞区间同方向相邻的两架通过色灯信号机间或进站信号机与通过色灯信号机间的线段

自动闭塞区间的闭塞分区，以该线上同方向相邻的两架通过色灯信号机柱的中心线为分界线。

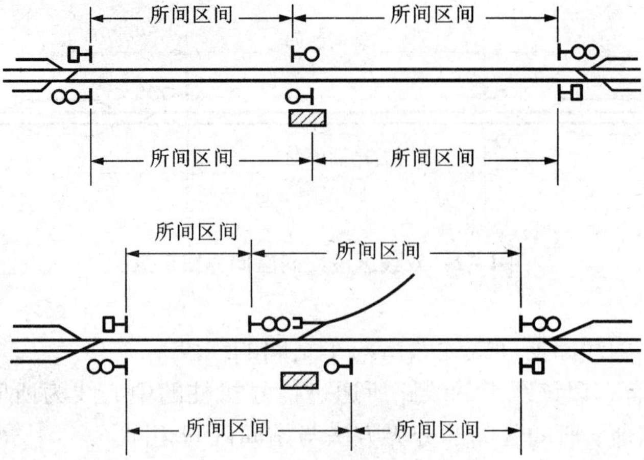

图 4－5　双线区间只设有通过信号机的所间区间界限示意图

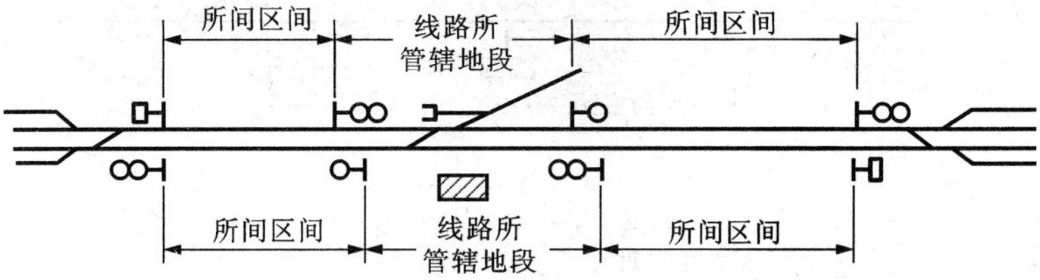

图 4－6　双线区间设有进、出站信号机的所间区间界限示意图

单线区间闭塞分区分界线，如图 4－7 所示。

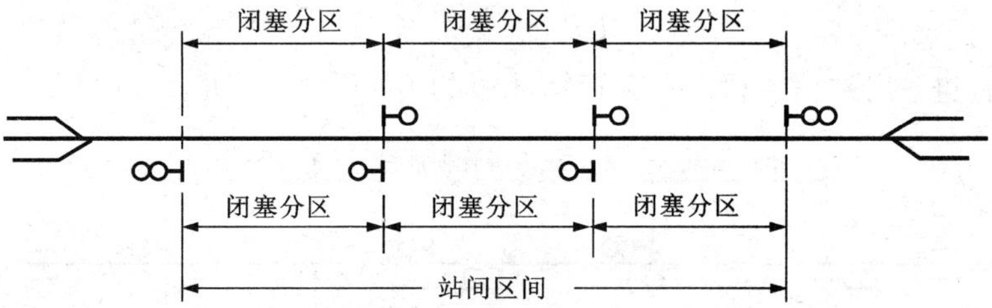

图 4－7　单线区间闭塞分区界限示意图

双线区间闭塞分区分界线，如图 4－8 所示。

二、行车闭塞法分类

我国铁路的行车闭塞法，分为基本闭塞法和代用闭塞法。

（一）基本闭塞法

铁路车站均须装设基本闭塞设备。行车基本闭塞法包括自动闭塞、自动站间闭塞和半自动闭塞。

双线区段正方向应采用自动闭塞。较繁忙的双线区段，为减少人工操作，便于列车运行

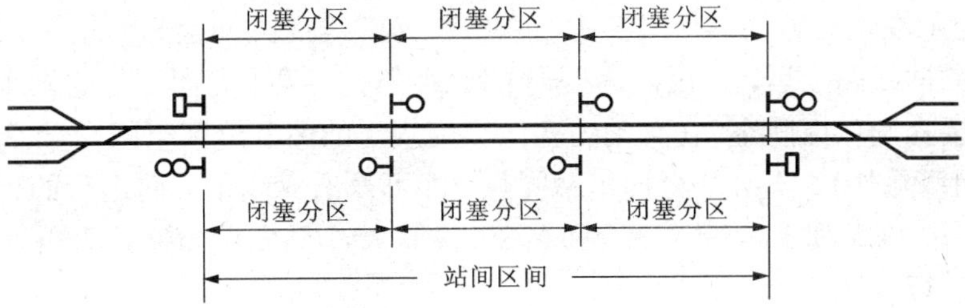

图4－8　双线区间闭塞分区界限示意图

调整，确保反向列车运行安全，反方向上应装设自动站间闭塞设备。运量小且增长速度较慢或受其他条件限制的双线段，可采用自动站间闭塞或双线半自动闭塞。单线区段宜采用半自动闭塞，运输繁忙时经过经济技术比较，也可采用单线自动闭塞。一个区段内原则上应采用同一类型的闭塞方式。

自动站间闭塞设备故障，半自动闭塞设备良好时，可根据调度命令改按半自动闭塞法行车。

(二)代用闭塞法——电话闭塞法

当基本闭塞设备发生故障或因其他原因不能使用基本闭塞法时，为维持列车运行，应采用代用闭塞法(电话闭塞法)。

原则上不使用隔时续行办法，如必须使用时，由铁路局规定。所谓必须使用时，是指在有特殊情况需要连续放行大量同方向列车时，如军事运输、紧急的救灾运输、双线区间一切电话中断时的行车等。采用这种行车方法，应根据具体情况规定保证安全措施。

三、区间的状态

区间空闲、占用、封锁等统称区间状态。

(1)区间空闲：区间未被列车、机车车辆占用，且相邻两站未办妥闭塞手续及出站调车手续时，称为区间空闲。

(2)区间占用：区间被列车、机车车辆占用，或相邻两站已办妥闭塞手续及出站调车手续时，称为区间占用。

(3)区间封锁：由于施工或区间发生事故等，根据调度命令，除指定列车外，禁止其他列车进入该区间，称为区间封锁。

四、行车制度中的发车权

(一)单线区间

在单线区间，区间两端车站共同使用同一区间正线，必须在确认区间空闲的条件下，才能向区间发出列车。为确保发出列车安全，保证一个区间只有一列列车占用，发车站必须在确认区间空闲的条件下，取得邻站同意接车的通知，并办理规定的闭塞手续，得到发车权后，方可向区间发出列车。

(二)双线区间

1. 正方向运行

双线区间的行车，采用上下行列车分别固定在上下行线路上运行的办法。我国铁路采用左侧行车制。根据左侧行车的规定，出发列车在区间运行方向左侧线路上行驶，称为双线正方向运行；反之，在运行方向右侧线路上行驶，称为双线反方向运行。由于双线区段的列车分别固定在不同的线路上运行，因此《技规》的原则是：双线正方向运行的发车权归发车站所有。发车站只要在确认区间空闲（自动闭塞区段为规定的闭塞分区空闲），收到前次列车到达通知后（自动闭塞除外），不必征得接车站同意，即可发出双线正方向运行的列车。为使接车站做好接车准备，确保列车运行的安全和高速，要向接车站发出"预告"及开车时分。

2. 反方向运行

双线反方向运行时，由于发车权为邻站所有，所以必须确认区间空闲，经列车调度员的命令准许改变该线路的原定运行方向。发车站还须与邻站办理规定的手续后，方可发出反方向运行的列车。

五、行车凭证

行车凭证是指车站发给列车占用区间（闭塞分区）的许可。

（一）行车凭证的分类

行车凭证有多种，按其使用时机可分为两大类：

（1）基本凭证——即按基本闭塞法行车时使用的凭证。自动闭塞基本凭证为开放的出站信号机及通过信号机显示的进行信号。半自动闭塞基本凭证为出站或线路所通过信号机显示的进行信号。

（2）书面凭证——当不能使用基本凭证的情况下所使用的行车凭证。如路票、绿色许可证、红色许可证、调度命令、车站值班员的命令等。

（二）凭证的作用

行车凭证的作用主要有：

（1）占用区间或闭塞分区的许可。这是凭证最主要的作用。

（2）指示列车运行条件。有的凭证指示列车运行方向，如出站信号机及进路表示器的显示，路票上的反方向运行图章（两线或多线区间的线别章）；有的指明运行速度、到达地点、时间，如向封锁区间开行路用列车的调度命令；有的预告前方闭塞分区空闲与否，如自动闭塞区段的出站信号机和通过信号机的显示等。

（3）提醒注意事项。如由绿色许可证上的未设出站信号机的线路上发出列车，提醒司机发车线路是非到发线，应引起注意，适当掌握速度；红色许可证上有提示前发列车是否到达前方站，提醒司机注意区间可能还未空闲，从而加强瞭望，掌握速度；调度命令指明路用列车到达前方站还是返回本站，提示司机注意在站界标处的引导手信号或反向进站信号机的显示。

第二节　自动闭塞

自动闭塞是由运行的列车自动完成闭塞作用的一种行车闭塞方法。在自动闭塞区段，将一个站间区间划分为若干个闭塞分区，由装在每个闭塞分区始端的通过信号机进行防护（第一闭塞分区由出站信号机防护）。由于闭塞分区都设有轨道电路，从而能反映出列车占用或线路发生故障情况。通过色灯信号机在列车占用或出清闭塞分区时，能自动地变换显示，以指示追踪列车的运行条件。

一、自动闭塞设备的使用特点

(1)目前，我国自动闭塞区段大多采用四显示的通过色灯信号机，当其显示一个绿色灯光时，表示列车运行前方至少有三个闭塞分区空闲，准许列车进入闭塞分区后按规定速度运行；当其显示一个绿色和一个黄色灯光时，表示列车运行前方有两个闭塞分区空闲，准许列车进入闭塞分区后按规定速度运行，要求注意准备减速；当其显示一个黄色灯光时，表示列车运行前方只有一个闭塞分区空闲，要求列车注意或减速运行，按规定限速要求越过该信号机；当其显示一个红色灯光时，要求列车应在该信号机前停车。

部分自动闭塞区段采用三显示的通过色灯信号机，当其显示一个绿色灯光时，表示列车运行前方至少有两个闭塞分区空闲，准许列车进入闭塞分区后按规定速度运行；显示一个黄色灯光时，表示前方只有一个闭塞分区空闲，要求列车注意或减速运行，按规定限速要求越过该信号机；当其显示一个红色灯光时，要求列车应在该信号机前停车。

(2)自动闭塞区段，出站或通过信号机的显示，能表示出闭塞分区空闲或占用的情况，不同的信号显示对列车运行速度分别有不同的限制，按信号显示行车可以保证列车的运行安全，所以规定以出站或通过信号机显示的允许运行的信号作为列车占用闭塞分区的行车凭证。

(3)在单线自动闭塞区段，列车是双方向运行的，为保持列车运行秩序或不影响某些重要列车的运行，车站值班员发车之前，应得到列车调度员同意，但列车调度员已下达列车运行调整计划时，可根据列车运行调整计划组织行车，不需再另行征得列车调度员同意。

二、列车进入闭塞分区的行车凭证

(一)正常情况下的行车凭证

使用自动闭塞法行车时，列车进入闭塞分区的行车凭证为出站或通过信号机显示的允许运行的信号。

自动闭塞区段的车站，办理发车前应向接车站预告；单线自动闭塞区段的车站，还须得到列车调度员的同意(列车调度员已下达列车运行调整计划时除外)。已向接车站预告，但列车不能出发时，发车站须通知接车站取消预告。

(二)特殊情况下的行车凭证

自动闭塞区段特殊情况行车凭证表如表4－1所示。

表4－1规定的各项内容，为自动闭塞区段特殊情况下发车的行车凭证、发给行车凭证的根据及附带条件等。自动闭塞与半自动闭塞和自动站间闭塞在部分设备故障或特殊情况下行车的最大不同，就是不需停止基本闭塞法，采用一些特殊的方式发出列车，进入区间后按自动闭塞法行车，提高运输效率。

(1)表中的第1、2、3项，是在出站信号机不能开放或未设出站信号机的情况下发出列车，此时发车进路与信号机间失去了联锁关系或无联锁关系。车站值班员必须在做好下列工作后，方准填写绿色许可证，组织发出列车。

①确认监督器表示第一个闭塞分区空闲，不表示时为接到前次列车到达邻站的通知或前次列车发出后不少于10 min。

表 4－1 自动闭塞区段特殊情况行车凭证表

<table>
<tr><th>列车出发情况</th><th>行车凭证</th><th>发给行车凭证的依据</th><th>附带条件</th></tr>
<tr><td>1. 出站信号机故障时发出列车</td><td rowspan="5">绿色许可证（附件2）</td><td rowspan="3">1. 监督器表示第一个闭塞分区空闲，不表示时为接到前次列车到达邻站的通知或前次列车发出后不少于10 min的时间
2. 确认道岔位置正确及进路空闲
3. 单线须取得对方站确认区间内无迎面列车的电话记录</td><td rowspan="3">从监督器上不能确认第一个闭塞分区空闲时，车站应发给司机《书面通知》（附件8），司机以在瞭望距离内能随时停车的速度，最高20 km/h，运行到第一架通过信号机，按其显示的要求执行</td></tr>
<tr><td>2. 由未设出站信号机的线路上发出列车</td></tr>
<tr><td>3. 超长列车头部越过出站信号机发出列车</td></tr>
<tr><td>4. 发车进路信号机发生故障时发出列车</td><td rowspan="2">确认道岔位置正确及进路空闲</td><td rowspan="2">列车到达次一信号机按其显示的要求执行</td></tr>
<tr><td>5. 超长列车头部越过发车进路信号机发出列车</td></tr>
<tr><td>6. 自动闭塞作用良好，监督器故障时发出列车</td><td rowspan="2">出站信号机显示的允许运行的信号</td><td></td><td>与邻站车站值班员及本站信号员联系</td></tr>
<tr><td>7. 双线双向闭塞设备的车站，反方向发出列车</td><td>1. 区间占用表示灯表示区间空闲
2. 双线反方向行车的调度命令</td><td>反方向发车进路表示器显示一个白色灯光（进路表示器故障时通知司机）</td></tr>
</table>

注：在四显示区段，因设备不同，执行上述条款困难的，可按铁路局规定办理。

②确认道岔位置正确及进路空闲。

③单线区间须取得对方站确认区间内无迎面列车的电话记录号码，并填记在《行车日志》记事栏内。

因为出站信号机不能开放，如果从监督器不能确认第一个闭塞分区空闲，第一闭塞分区情况不明，此时发车人员必须发给司机书面通知（《技规》附件8），要求列车以在瞭望距离内能随时停车的速度运行，最高20 km/h，确保安全。当列车运行到第一架通过信号机时，按其显示的要求执行。

（2）表中的第4、5项，是指在发车进路信号机（同一发车进路上一架或多架进路信号机）因故不能开放的情况下发出列车时，车站值班员确认发车进路空闲、进路道岔位置正确并按规定加锁后，填发绿色许可证发出列车的作业方式。

（3）表中的第6项，是指当自动闭塞作用良好，出站信号机能正常显示允许运行的信号，但监督器对离去闭塞分区的占用与空闲因故不能表示或表示不明时，发出列车。在此种情况下，由于出站信号机能够正常开放，自动闭塞设备可以确认闭塞分区的占用与空闲状态，车站值班员与邻站车站值班员联系确认区间列车运行情况，和本站信号员联系确认自动闭塞及监督器设备状态和发出列车情况后，即可组织按出站信号机的显示发出列车。

（4）表中的第7项，是指在双线自动闭塞区间装设有双向闭塞设备，列车在正方向运行线路上运行时，可自动追踪运行，在线路反方向运行时，按站间间隔运行。由于我国铁路在双线区间实行左侧单方向行车制度，反方向行车时，应发布调度命令，在发车前必须确认无迎面列车运行，区间空闲，在控制台上确认区间占用表示灯表示区间空闲后，办理改变列车运行方向手续，排列反方向发车进路，组织反方向发出列车，列车进入区间的行车凭证为出站信号机显示的允许运行的信号。

为使发车人员和司机明确区别正、反方向发车进路，在出站信号机的正下方设有反方向发车进路表示器，当排列了反方向发车进路后，显示规定的白色灯光，外部发车人员和列车司机在反方向发车前必须确认显示正确。如遇反方向发车进路表示器故障时，发车人员应口头通知司机，使司机明确列车运行方向。

在四显示区段，由于自动闭塞设备不同，执行表4－1中的各项规定有困难时，可由铁路局规定行车办法。

(三)绿色许可证的使用

绿色许可证是按自动闭塞法行车时特有的书面凭证。绿色许可证是按自动闭塞法行车时，在出站信号机不能正常显示的情况下，发给司机允许列车进入第一闭塞分区的许可，起到了替代出站信号机显示规定的进行信号的作用。绿色许可证格式如表4－2(《技规》附件2)所示。

由于绿色许可证只是列车进入第一闭塞分区的许可，因此，列车进入区间后仍必须按照区间的通过信号机的显示要求去运行，凭证也无需要带交给接车站。除了通过列车向司机交付传递时需装入行车凭证携带器外，其他情况无须装入行车凭证携带器交给司机。

表4－2　绿色许可证

许　可　证
第______号
在出站(进路)信号机故障、未设出站信号机、列车头部越过出站(进路)信号机的情况下，准许第_____次列车由______线上发车。
站(站名印)车站值班员(签名)
年　　月　　日填发

注：1. 绿色纸，复写一式两份，司机一份，存根一份；　(规格90 mm×130 mm)
2. 不用的字句抹消。

三、通过信号机显示停车信号(包括显示不明或灯光熄灭)的行车办法

自动闭塞区间内的通过信号机显示停车信号及显示不明或灯光熄灭的原因主要有以下几项：

(1)显示红色灯光时，原因可能是前方闭塞分区内有列车或机车、车辆占用；也可能是线路上有障碍物引起轨道电路短路或钢轨折断；还可能是轨道电路故障；还可能是通过信号机的灯泡断丝而引起的灯光转移等。

(2)信号显示不明，原因可能是因天气关系，如灯光被飘雪、扬沙所遮盖等；也可能是自动闭塞系统发生故障。

(3)灯光熄灭，原因可能是灯泡断丝或灯泡松动，也可能是临时断电。

通过信号机显示停车信号及显示不明或灯光熄灭时均视为停车信号，列车如果贸然进入前方闭塞分区，有危及行车安全的可能性，因而列车必须在该信号机前停车，同时司机应使用列车无线调度通信设备通知车辆乘务员(随车机械师)停车原因。

由于是自动闭塞区间，列车追踪运行，作业十分繁忙，同时由于通过信号机处于区间，修复时间将会延长，如果列车长时间在显示停车信号(包括显示不明或灯光熄灭)的通过色灯信号机前停车，将使后续多列列车在区间停车，打乱运行秩序，造成运输工作的混乱，也不利于列车的运行安全。因此规定，在列车停车等候 2 min 后，该通过信号机仍未显示允许运行的信号时，即以遇到阻碍能随时停车的速度进入该通过信号机防护的闭塞分区继续运行，但最高运行速度为 20 km/h。停车等候 2 min，如有列车在该闭塞分区正常运行，则有一定的时间出清该闭塞分区；如该闭塞分区有前行列车被迫停车不能继续运行时，有关人员有一定的时间按规定设置防护和作业联系；而要求列车以遇到阻碍能随时停车的速度(最高 20 km/h)运行，即使进入闭塞分区后发现有列车或有危及行车安全的情况时，可随时停车，不致发生事故。

在这种情况下，列车限速进入闭塞分区后，必须在整个闭塞分区内限速运行，不能在见到前方通过信号机显示允许运行的信号时，就立即恢复相应速度运行。只有在列车头部越过次一通过信号机(进站信号机)后，才能按其显示的要求运行。

列车在显示停车信号及显示不明或灯光熄灭地通过信号机前停车等候的同时，司机必须使用列车无线调度通信设备与车站值班员或列车调度员进行联系，车站值班员、列车调度员应通过控制台、TDCS 设备等确认该闭塞分区内有无列车，在确认有列车占用后，车站值班员、列车调度员须通知司机不得进入该闭塞分区；同时，司机还应通过目视确认前方闭塞分区内是否有列车占用。司机如通过以上方式确认有列车占用时，不得进入该闭塞分区。如司机使用列车无线调度通信设备与车站值班员、列车调度员联系不上，又无法目视确认前方闭塞分区内是否有列车占用时，在停车等候 2 min 后，如该信号机仍未显示允许运行的信号，即以遇到阻碍能随时停车的速度(最高 20 km/h)进入该闭塞分区，司机应加强瞭望，运行中发现前方有列车占用或有危及行车安全的情况时，立即停车。

装有容许信号的通过色灯信号机显示停车信号时，准许停车后启动困难的货物列车不停车通过该信号机。由于各种货物列车牵引重量不完全相同，因此铁路局必须根据该区段使用的机车类型和线路坡度等情况，经过计算和试验，规定准许按容许信号运行的货物列车重量标准。装设容许信号的目的，主要是避免超过规定牵引重量的货物列车在此停车后启动困难，甚至请求救援打乱运行秩序。因此，当容许信号灯光熄灭时或容许信号和通过信号机灯光都熄灭时，只要司机确认信号机装有容许信号，仍可按上述速度规定，不停车通过该信号机。列车通过该信号机后，必须在整个闭塞分区以遇到阻碍能随时停车的速度运行，但最高运行速度为 20 km/h，到达次一通过色灯信号机后，再按其显示的要求运行。

连续式机车信号的显示和通过信号机的显示，是通过同一个轨道电路传输的，通过信号机灯光熄灭而机车信号显示允许运行的信号时，表示前方闭塞分区处于空闲状态，所以准许列车按机车信号的显示运行。

司机发现通过信号机故障时，应将该信号机的号码通知前方站(列车调度员)，以便由车站(列车调度员)通知设备部门检查修理，并组织后续列车的运行。车站值班员(列车调度员)发现或得到区间通过信号机故障的报告后，在故障修复前，对尚未进入区间的后续列车，改按站间组织行车。此时不改变原基本闭塞法，人工控制按站间间隔放行列车。

第三节　自动站间闭塞

一、自动站间闭塞设备的使用特点

(1)自动站间闭塞是在半自动闭塞基础上发展起来的新型闭塞设备，区间两端站的出站信号机(线路所通过信号机)和轨道检查装置构成联锁关系，自动检查区间空闲，列车以站间(所间)区间间隔运行，通过办理发车进路和检查列车出清区间的方式，自动实现区间闭塞和区间开通。

自动检查区间主要通过计轴设备或区间长轨道电路来实现。

①计轴设备通过设置在区间(所间)两端站的计轴磁头，对进入区间和车站(线路所)的列车轴数进行记录，并经过传输线路将两端站(线路所)记录的轴数进行核对，当两端站(线路所)记录的轴数一致时，即确认列车整列到达，区间空闲，自动开通区间。发出由区间返回的列车时，由发车站自行检查。当计轴设备记录进出区间的列车轴数不一致时，即判定区间占用。当计轴设备发生故障不能正常计轴或判定区间占用时，不能自动解除闭塞。

②区间长轨道电路由三部分组成，包括上、下行接近区段轨道电路(双线时为接近和发车区段轨道电路)和中间部分轨道电路，通过轨道电路对区间是否占用、线路是否良好进行检查。在这三部分轨道电路都空闲时，排列发车进路，开放出站信号，自动完成闭塞；在列车到达前方站(返回发车站)三部分轨道电路都空闲后，自动开通区间。当区间任何一部分轨道电路处于占用状态时，不能开放出站信号机；列车虽已到达前方站(返回发车站)，但不能解除闭塞开通区间。出站信号机开放后，区间轨道电路如果因故障等原因处于占用状态时，便自动关闭。

(2)使用自动站间闭塞法发出列车时，由于列车按站间间隔运行，列车进入区间的行车凭证为出站信号机或线路所通过信号机显示的允许运行的信号。

(3)由于自动站间闭塞发车前不需办理闭塞手续，排列发车进路开放出站信号后，即可发出列车，同时列车需按站间间隔行车，因此发车站在办理发车进路前，须确认区间空闲和接车站未办理同一区间的发车进路。为使接车站做好接车准备工作，发车站应向接车站发出预告。

(4)自动站间闭塞区间，发车站办理预告后，接车站必须做好接车准备。如果列车预告后因特殊情况不能发出时，发车站必须通知接车站取消预告。避免长时间占用区间，方便接车站进行其他作业，也能为其他列车运行提供条件。

二、双向运行设备的使用

我国大多数双线区段，正方向为自动闭塞，反方向为自动站间闭塞。由于线路封锁施工、发生行车事故或自然灾害侵袭、列车调整运行和其他特殊情况，需使用反方向自动站间闭塞或恢复正方向运行。以下是一般操作，具体可见铁路局《行规》规定。

（一）改变运行方向的正常办理

由正方向改为反方向行车时，应由列车调度员发布准许反方向运行的命令，并应得到接车站的同意，具体办理程序如下：

（1）抄收列车调度员发布的准许反方向运行的调度命令，该命令应按规定交付司机。

（2）确认区间空闲（即区间占用表示灯处于灭灯状态），并取得接车站的同意。

（3）破封按下改变运行方向的“允许改方”按钮（有的车站无此设备，可直接排列反方向发车进路，开放出站信号机）。

（4）排列发车进路，开放准许反方向发车的出站信号机。此时，相应的接车方向表示灯黄灯熄灭，相应的发车方向表示灯亮绿灯，同时区间占用表示灯亮红灯，出站信号机表示灯亮绿灯。

（5）确认反方向出站信号开放后，拉出“允许改方”按钮。此时，本咽喉处于不能改方状态。如连续发出反方向列车，待前行的反方向运行列车到达前方站，办理预告手续后，可直接排列发车进路开放反方向发车的出站信号机。

（6）反方向接车站开放反方向进站信号机接入列车。

反方向运行列车到达前方站后，需恢复正方向行车时，只需原正方向发车站按下“允许改方”按钮后（无此设备的车站，可直接排列正方向发车进路），直接操纵进路始、终端按钮开放出站信号机，确认出站信号机开放后，拉出“允许改方”按钮，无须邻站配合操作，但应与邻站加强联系。

使用“允许改方”按钮，应在《行车设备检查登记簿》内登记；使用完毕后，通知信号工区，对“允许改方”按钮重新加封。

（二）改变运行方向的辅助办理

当区间轨道电路故障或办理改变方向过程中方向电路故障（两站出现“双接”）的情况下，使用改方按钮不能正常办理改变闭塞方向，需使用总辅助按钮办理改变闭塞方向。

使用总辅助按钮办理改变闭塞方向前，必须查明区间空闲。由于反向设备是以站间区间作为列车运行间隔，所以反向辅助办理时还须认真确认故障系电路原因、无其他危及列车运行安全的情况。然后，由发车站向列车调度员提出使用总辅助按钮办理改变闭塞方向的请求。列车调度员根据车站的请求，向该区间两端站的车站值班员同时发布准许使用总辅助按钮办理改变闭塞方向的命令。两端站的车站值班员接到调度命令后使用总辅助按钮办理改变闭塞方向。

使用总辅助按钮，应在《行车设备检查登记簿》内登记；使用完毕后，通知信号工区，对总辅助按钮重新加封。

第四节 半自动闭塞

半自动闭塞是以站间区间或所间区间作为列车运行间隔，由人工按规定操作闭塞设备来保证一个区间只有一列列车占用。

一、半自动闭塞特点

(一)使用特点

开放出站信号机或通过信号机前，双线区段必须得到前次列车到达前方站的到达信号；单线区段必须办理规定的闭塞手续，得到接车站的同意闭塞信号。当出发的列车压上出站方面的轨道电路区段时，出站或通过信号机就会自动关闭，闭塞机同时被锁闭；列车全部到达接车站，压上进站方面的轨道电路，并办理复原手续后，闭塞机才能解锁，从而保证了一个区间在同一时间内只有一列列车运行。

(二)设置特点

集中联锁的车站用进站信号机内方(或出站方面)的无岔区段，作为半自动闭塞的轨道电路。通过这段轨道电路，将出站信号机与闭塞机及列车进路之间加以联锁。列车压上轨道电路，车站闭塞机上的有关接、发车表示灯起变化，以此监督列车的出发或到达。

半自动闭塞区间不设轨道电路，接车表示灯与发车表示灯仅表示列车的到达与出发，区间的空闲情况设备上不能完全反映。因此，发车站请求闭塞和接车站承认闭塞前都必须确认区间空闲，接车时接车人员还需确认列车整列到达。

二、列车占用区间的行车凭证

(1)正常情况下使用半自动闭塞法行车时，列车凭出站信号机或线路所通过信号机显示的允许运行的信号进入区间。

(2)遇超长列车头部越过出站信号机而未压上出站方面的轨道电路发车时，行车凭证为出站信号机显示的进行信号，并发给司机调度命令。

超长列车头部越过出站信号机而未压上出站方面轨道电路时，在办理闭塞手续(或收到前次列车到达信号)后，仍能开放出站信号机，但司机无法确认出站信号机的显示状态。为严肃起见，要发给司机准许列车头部越过出站信号机发车的调度命令。

(3)发车进路信号机故障或超长列车头部越过发车进路信号机并压上出发方面轨道电路发车时，列车越过发车进路信号机的行车凭证为半自动闭塞发车进路通知书(表4－3)。

表4－3　半自动闭塞发车进路通知书

半自动闭塞发车进路通知书 第________号 1. 在列车头部越过发车进路信号机的情况下，准许第________次列车由________线发车。 2. 在________发车进路信号机故障的情况下，准许第________次列车越过该发车进路信号机。 站(站名印)车站值班员(签名) 年　　月　　日填发

注：1. 白色纸，复写一式两份，司机一份，存根一份；　　(规格90 mm×130 mm)

2. 不用的字句抹消。

三、单线半自动闭塞办理手续

1. 办理闭塞

办理闭塞简要程序如表4－4所示。

表4－4　单线半自动闭塞简要程序表

发　车　站	接　车　站
1. 车站值班员用闭塞电话向接车站请求发车	
	2. 车站值班员同意接车
3. 按一下闭塞按钮，发车表示灯亮黄灯，电铃鸣响	
	4. 接车表示灯亮黄灯，电铃鸣响
	5. 按一下闭塞按钮，接车表示灯变为亮绿灯
6. 发车表示灯变为亮绿灯，电铃鸣响。车站值班员在发车进路准备妥当后开放出站信号机	
7. 列车出发进入发车轨道电路区段，出站信号机自动关闭，发车表示灯变为亮红灯	
	8. 接车表示灯亮红灯，电铃鸣响。在进路准备妥当后，开放进站信号机
	9. 列车进入接车轨道电路区段，接车表示灯和发车表示灯均亮红灯
	10. 确认列车整列到达后，关闭进站信号机，拉一下闭塞按钮(或按一下复原按钮)，接车表示灯和发车表示灯均熄灭
11. 发车表示灯红灯熄灭，电铃鸣响	
	12. 通知邻站列车到达时刻

注：计算机联锁设备用鼠标或光笔点击相应的按钮。

2. 取消闭塞

发车站已办理闭塞手续后，列车不能出发时，应将事由通知接车站，取消闭塞。具体操作方法如下：

(1)发车站已请求发车，发车表示灯及接车站接车表示灯亮黄灯，如一方需取消闭塞时，经两站车站值班员联系同意后，由发车站拉出闭塞按钮(或按下复原按钮，计算机联锁设备用鼠标或光笔点击复原按钮，以下同)，两站表示灯均熄灭，闭塞机复原。

(2)接车站已按下闭塞按钮，表示灯亮绿灯但发车站未开放出站信号机时，亦由发车站拉出闭塞按钮(或按下复原按钮)，闭塞表示灯熄灭，闭塞机复原。

(3)开放出站信号机后需要取消闭塞时，经两站联系，电气集中联锁车站确认列车没有出发后，发车站关闭出站信号机，拉出闭塞按钮(或按下复原按钮)，双方闭塞表示灯熄灭，闭塞机复原。

3. 人工复原

下列情况，须使用故障按钮，办理人工复原：

(1)列车到达后，因接车站轨道电路故障不能办理到达复原时；

(2)闭塞设备停电后恢复供电时；

(3)列车因故退回原发车站时。

办理人工复原前，必须确认区间空闲，得到列车调度员命令准许，并在《行车设备检查登记簿》内登记。办理完毕后应及时通知电务人员对故障按钮进行加封。

第五节 电话闭塞

一、电话闭塞的特点

电话闭塞是当基本闭塞法不能使用，由两车站(线路所)车站值班员利用站间行车电话，以电话记录的方式办理闭塞的方法，是代用闭塞法。

电话闭塞不论在单线或双线，均按站间区间办理。由于电话闭塞没有机械、电气设备的控制，都靠制度加以约束，出站信号机不能开放，办理闭塞手续时必须严格。出站信号机不能开放除需填写行车凭证外，接发列车进路在一般情况下也失去了联锁，除人工确认发车进路正确外，还要按规定加锁，给车站的行车工作在安全和效率方面带来巨大影响。为保证同一区间、同一线路在同一时间内不误用两种闭塞法，在停用基本闭塞改用电话闭塞或恢复基本闭塞时，均须根据列车调度员的调度命令办理。在列车调度员电话不通，得不到调度命令的情况下，应由该区间两端站的车站值班员确认区间空闲后，以电话记录办理。

确认区间空闲是改变行车闭塞法的最基本的前提，无论列车调度员，还是区间两端站车站值班员，在办理停用基本闭塞改用电话闭塞或恢复基本闭塞时，都要确认区间空闲，以避免一个区间放入两列列车。

二、采用电话闭塞的几种情况

遇下列情况，应停止使用基本闭塞法，改用电话闭塞法行车：

(1)基本闭塞设备发生故障导致基本闭塞法不能使用、自动闭塞区间内两架及以上通过信号机故障或灯光熄灭时。

①自动闭塞设备发生故障导致基本闭塞法不能使用，不能保证列车按自动闭塞方式行车时，应停止使用改按电话闭塞法行车。

自动闭塞区间两架及其以上通过信号机发生故障或灯光熄灭，如按《技规》第316条组织行车，势必造成列车在区间一再停车，不仅会降低列车运行速度，而且危及行车安全。因此，遇两架及其以上通过信号机故障或灯光熄灭时，改按电话闭塞法行车。

②半自动闭塞设备故障，如出站信号机内方轨道电路故障、出站信号机故障或灯光熄灭，由于不能形成半自动闭塞控制条件或不能开放出站信号机作为列车占用区间的行车凭证，应停止使用，改按电话闭塞法行车。

③自动站间闭塞设备故障，导致自动站间闭塞、半自动闭塞法均不能使用时，如不能开放出站信号机作为列车占用区间的行车凭证，应停止使用自动站间闭塞改按电话闭塞法

行车。

（2）无双向闭塞设备的双线区间反方向发车或改按单线行车时。

①无双向闭塞设备的双线区间反方向发车时，由于反方向无闭塞设备，必须改用电话闭塞法行车。

②无双向闭塞设备的双线区间改按单线行车时，虽然正方向闭塞设备可以使用，但反方向行车时无闭塞设备保证安全，办理上容易混淆，极易引发错误，所以也要停止使用基本闭塞法改按电话闭塞法行车。

（3）发出由区间返回的列车，或发出挂有由区间返回后部补机的列车时。

①发出由区间返回的列车时，在其返回前，车站无法从设备上控制不再向该区间放行列车，为防止人为失误造成严重后果，应停止基本闭塞法改按电话闭塞法行车。

②发出挂有由区间返回后部补机的列车，车站无法从设备上控制在列车到达前方站后、补机返回前不再向该区间放行列车，为防止人为失误造成严重后果，因此，应停止基本闭塞法，改按电话闭塞法行车。

（4）自动站间闭塞、半自动闭塞区间，由未设出站信号机的线路上发车，或超长列车头部越过出站信号机并压上出站方面轨道电路发车时。

自动站间闭塞、半自动闭塞列车占用区间的行车凭证，为出站信号机显示的允许运行的信号。由未设出站信号机的线路上发车，或超长列车头部越过出站信号机并压上出站方向轨道电路发车时，因无法取得占用区间的行车凭证，须改按电话闭塞法行车。

（5）在夜间或遇降雾、暴风雨雪，为消除线路故障或执行特殊任务，开行轻型车辆时。

轻型车辆装有绝缘车轴，不能通过轨道电路确定其位置，为确保安全，轻型车辆仅限昼间封锁施工作业时使用，此时不按列车办理；同样为确保安全，在夜间或遇降雾、暴风雨雪等不良天气，瞭望条件不好的情况下，为消除线路故障或执行特殊任务须使用轻型车辆，应按列车办理，此时应停止基本闭塞法，改按电话闭塞法行车。

自动站间闭塞设备故障，半自动闭塞设备良好时，可根据调度命令改按半自动闭塞法行车。

部分自动站间闭塞是在半自动闭塞的基础上，增加了计轴设备自动检查区间空闲，从而实现了自动站间闭塞，此时，仅计轴设备故障停用，半自动闭塞设备仍作用良好时，可使用另一基本闭塞法——半自动闭塞法组织列车运行，但必须得到列车调度员准许并发布调度命令。

三、电话记录

电话记录是采用电话闭塞法行车时，区间两端站办理行车闭塞事项的记录。

办理电话闭塞时，下列各项应发出电话记录号码，并记入《行车日志》：

（1）承认闭塞；

（2）列车到达，补机返回；

（3）取消闭塞；

（4）单线或双线反方向越出站界调车。

电话记录号码自每日0时起至24时止，按日循环编号，编号办法由铁路局规定。

为了便于记录和查看，电话记录号码自每日0时起至24时止，按日循环编号。编号办法一般应采用顺序编号，具体由铁路局规定。

四、占用区间的行车凭证

（一）行车凭证

使用电话闭塞法时，列车占用区间的行车凭证为路票。路票格式如表 4－5 所示。

表 4－5　路票

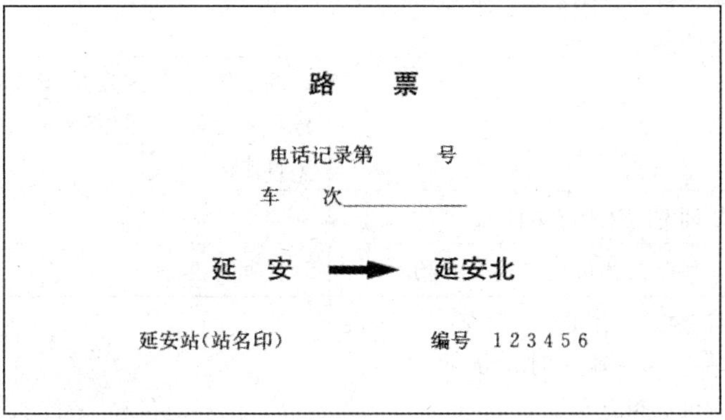
路　票

电话记录第　　号

车　次________

延　安 ➡ 延安北

延安站（站名印）　　编号 123456

注：1. 路票为预先印好区间（即站名）和编号的硬卡片；　（规格 75 mm×88 mm）
　　2. 加盖(副)字戳记者，为路票副页。

一般情况下路票填写每次一张，填写电话记录号码、车次，并加盖车站站名印后送交司机。当发出挂有由区间返回的后部补机的列车时，应填写一式两份（仅编号顺序不同），均加盖站印，一张交本务机车司机，一张加盖“(副)”字戳记后发给后部补机司机，作为由区间返回车站的凭证。双线反方向行车使用路票时，应在路票上加盖“反方向行车”章；两线、多线区间使用路票时，应在路票上加盖“××线行车”章。

（二）路票上填写的电话记录号码

单线及双线反方向发车时，为避免相对方向的两端站同时发出迎面列车，必须查明区间空闲并取得接车站的承认的电话记录号码，所以填写在路票上的电话记录号码为接车站承认闭塞的电话记录号码。双线正方向发车时（首列除外），填写在路票上的电话记录号码为邻站发出的前次列车到达的电话记录号码，但改用电话闭塞发出第一趟列车时，为接车站承认闭塞的电话记录号码。因前次列车到达邻站无电话记录，接车站须发出承认闭塞的电话记录号码。以后的列车，按前次列车到达的电话记录号码填记。

（三）填写路票注意事项

正确填写路票是办理电话闭塞的重要环节。路票应由车站值班员亲自填写，由助理值班员进行核对。当车站值班员业务繁忙，或车站值班员室距助理值班员室较远时，根据《站细》的规定，可由指定的助理值班员填写。填写后的路票应根据《行车日志》的记录，进行认真核对，确认无误，并加盖站名印后，方可送交司机。由助理值班员填写的路票，必须通过电话与车站值班员进行审核。由于路票上占用区间项是事先印制好的，并按方向放入不同的路票盒内，所以要特别注意防止填写时取错路票。

路票不得在未得到电话记录前预先填写，也不能在进路准备妥当之前填写。路票已交给列车司机，因特殊原因停止发车，应及时收回路票。填写路票内容应齐全，字迹应清楚，文字不得涂改。当填写错误时，应在路票上画“×”注销，重新填写。收到的路票也要画“×”注销。

五、电话闭塞的办理手续

(一)单线区间电话闭塞简要程序(表4-6)

表4-6 单线区间电话闭塞简要程序

	发车站	接车站
办理闭塞	1. 确认区间空闲后，请求闭塞：“××次闭塞”	
		2. 确认区间空闲及接车线可以接车，答：“×号，×时×分，同意××次闭塞。”同时记入《行车日志》
	3. 复诵并记入《行车日志》	
发车与接车	4. 填写路票并进行自检及互检	5. 复诵并准备
	6. 将路票交给司机，发车。通知接车站：“××次×时×分开”并向列车调度员报点	
区间开通		7. 列车到达收回路票画“×”注销，向发车站办理区间开通手续“×号，××次×时×分到”并记入《行车日志》，向列车调度员报点
	8. 复诵电话记录，并记入《行车日志》	

(二)双线区间电话闭塞简要程序(表4-7)。

表4-7 双线区间电话闭塞简要程序

	发车站	接车站
预计发车	1. 预告开车：“××次预告”	
		2. 复诵：“××次预告”并准备进路
	3. 根据前次发出列车到达接车站的电话记录号码填写路票，并进行自检及互检	
发车与接车	4. 将路票交司机，发车	
	5. 通知接车站：“××次×点×分开”并报告列车调度员	
		6. 复诵：“××次×点×分开”，准备进路，开放信号
区间开通		7. 列车到达收回路票，画“×”注销，通知发车站：“×号，××次×时×分到”并记入《行车日志》，向列车调度员报点
	8. 复诵：“×号××次×时×分到”并记入《行车日志》	

第六节　电话中断或无人应答时的行车

电话联络是行车工作的重要条件，车站在办理闭塞和接发车时，都要通过电话与邻站及调度所进行联系。

一、一切电话中断时的行车

车站一切电话中断是指车站由于自然灾害和其他原因，造成行车室内的电话（包括行车闭塞电话、列车调度电话及各站电话）全部中断。其不包括行车室外的其他电话（如电务工区、工务工区电话等）。

当车站与邻站的联系中断，又得不到列车调度员的指示时，为不中断行车，须采用特殊的行车办法，单线行车按书面联络法，双线行车按时间间隔法。行车凭证为红色许可证。

（一）红色许可证

红色许可证，既是列车占用区间的凭证，又附有与邻站联络行车的通知书，同时还具有提醒司机注意行车的作用。

红色许可证包括许可证和通知书两部分。司机通过它可了解到本列车前后的列车运行情况和计划，以便本列车在区间被迫停车后能采取相应措施，保证行车安全。红色许可证格式如表 4－8 所示。

表 4－8　红色许可证

许　可　证

第________号

现在一切电话中断，准许第________次列车自________站至________站，本列车前于________时________分发出的第________次列车，邻站到达通知已/未收到。

通　知　书

1. 第________次列车到达你站后，准接你站发出的列车。

2. 于________时________分发出第________次列车，并于________时________分再发出第________次列车。

站（站名印）车站值班员（签名）

年　　月　　日填发

注：1. 红色纸，复写一式两份，司机一份，存根一份；　（规格 90 mm × 130 mm）

2. 不用的字句抹消。

（二）单线行车

由于单线区间是双向行车制，两相邻站都可以向同一区间发车，因此必须通过书面联络来确定列车的开行。列车进入区间的凭证为红色许可证。

1. 优先发车的车站

单线区间两端站都有占用区间的可能。在电话中断后，可能发生两端站同时向区间发出列车或同时等待对方站发出列车的情况，因而造成行车事故或使行车中断时间过长，影响运输。为此，单线区间(包括双线改按单线办理的区间)在电话中断前就规定了优先发车车站，该站在电话中断后可优先发出列车，既保证了行车安全，又减少了相邻车站用于书面联络的时间。为确保列车运行和行车安全，《技规》规定下列车站为优先发车的车站。

(1)已办妥闭塞而尚未发车的车站。车站已取得向区间的发车权，在电话中断后亦可优先发车。

为了防止第一列列车带有两个行车凭证进入区间，所以规定已办妥闭塞而尚未发车的车站发出第一列列车时(第1项情况)，如已有行车凭证，只填写通知书。如未取得行车凭证，应发给列车红色许可证开往邻站。

(2)未办妥闭塞时，单线区间为发出下行列车的车站，双线改为单线行车时，为该线原定发车方向的车站。

(3)同一线路同一方向运行的列车，有上、下行两种车次时，优先发车的车站由铁路局在《行规》内规定。

单线区间电话中断后第一列列车的发车权归优先发车的车站所有，优先发车站无须与邻站联系即可发出列车。当优先发车站无待发列车时，应利用一切交通工具迅速将红色许可证中的通知书送到非优先站，准许其发出列车。优先发车站已确认区间空闲后，可利用车站停留的重型轨道车、单机传递通知书，由于重型轨道车和单机按列车办理，在传递通知书时应持红色许可证。非优先发车的车站如有待发列车，必须在得到优先发车站的通知书后才能发车。第一列列车以后的列车进入区间的顺序，均按通知书上注明的发车权办理。

2. 发车前应查明区间空闲

第一列列车的发车站，发车前必须查明区间是否空闲。因为电话中断前发出的列车是按正常闭塞法行车的，当列车未到达邻站前该列车并不知一切电话中断，在电话中断后不确认区间空闲，即按一切电话中断方法向区间发出列车，可能造成两列列车以不同闭塞法进入同一区间。前行列车被迫停车后根据原闭塞法的要求可能退行，亦可能不进行防护，因而给安全带来威胁。因此，无论单线还是双线，发出第一列列车必须查明区间是否空闲。

(三)双线行车

1. 双线自动闭塞区间闭塞设备作用良好的行车

在双线自动闭塞区间，如闭塞设备作用良好，列车运行仍按自动闭塞法行车，但车站与列车司机应以列车无线调度通信设备直接联系(说明车次及注意事项等)，如列车无线调度通信设备故障时，列车必须在车站停车联系后再开车。此时电话联络虽中断，但车站值班员从监督器上仍能确认列车是否出清第一、第二闭塞分区及是否接近车站，区间通过信号机仍能保证列车运行安全所需间隔，所以，列车运行仍按自动闭塞法行车。当列车无线调度通信设备作用良好时，车站可通过列车无线调度通信设备与列车司机直接联系(说明车次及注意事项等)，列车可不停车通过车站。如列车无线调度通信设备故障，列车必须在车站停车联系后再开车。

2. 其他情况

(1)双线按时间间隔法行车，是指前一列车发出后不论是否到达前方站，准许间隔一定的时间，再向该区间发出次一列车的行车办法。

(2)在一切电话中断后，为了保证行车安全，防止两端站同时向同一区间同一线路放行对向列车，规定双线按时间间隔法行车时，只准发出正方向的列车。

(3)在自动站间闭塞、半自动闭塞区间或自动闭塞设备故障停止使用的情况下，一切电话中断后发出第一列列车时，在发车前必须查明区间是否空闲，以防止出现在一切电话中断前发出的列车在区间被迫停车或退行、邻站越出站界调车未完毕、邻站发出反方向列车未到达本站等尚未腾空区间的情况，即发出第一列列车，以致发生列车事故。

(四)发出同方向运行列车的间隔时间

电话中断后，无论单线或双线区间，均无法收到列车到达邻站的通知。连续发出同一方向运行的列车，只能以一定的间隔时间，来保证使两列车保持一定的距离。这一间隔时间为区间规定运行时间另加 3 min，但不得少于 13 min。3 min 主要是接车站安排后行列车进路的准备或前行列车在区间被迫停车的防护时间。电话中断后列车进出车站的速度降低，站内联系亦可能受到影响，因而接发车作业时间将延长，为此间隔时间不得少于 13 min。这样，在一般情况下，能保证前次列车已到达邻站，区间腾空后再发出后行列车。这是以时间间隔达到空间间隔的方法。

(五)电话中断后禁止发出的列车

站间联系及行车调度指挥中断后，车站作业困难，行车安全缺乏足够保障。以上的临时行车办法，对一些不十分紧要的任务，或发出后有可能引起不安全因素的以下列车，禁止开行。

(1)在区间内停车工作的列车(救援列车除外)。这种列车占用区间时间较长，很可能延误邻站待发的重要列车；若在区间超过规定时间，就有可能发生列车冲突事故。但为了排除区间线路故障或进行其他抢修抢救，准许发出到区间救援的列车。

(2)开往区间岔线的列车。发出开往区间岔线列车时，由于电话中断，不易掌握该列车是否进入岔线。若该列车未进入岔线又发出其他列车，则可能发生追尾冲突。另外，从岔线返回车站时，也很难与车站联系。因此禁止发出开往区间岔线列车。

(3)须由区间内返回的列车。因为这种列车要在区间内停车进行某种作业，占用区间时间长，返回时间不易掌握，将会影响待发的其他列车。

(4)挂有须由区间返回后部补机的列车。当有补机由区间返回时，邻站只能掌握列车的到达，而不了解补机是否返回原发站，即使邻站根据通知书要求发出列车，亦不能保证行车安全，所以禁止发出须由区间返回后部补机的列车。

(5)列车无线调度通信设备故障的列车。在车站一切电话中断隋况下，如果再发出列车无线调度通信设备故障的列车，会明显增加不安全因素。

(六)电话中断时的区间封锁与开通

在电话中断时间内，如遇区间发生事故或线路中断等情况，为避免事故扩大，须立即组织救援和抢修，以尽快恢复通车。接到要求封锁区间，抢修施工，事故救援的车站值班员可不必与邻站商议，立即封锁区间。将封锁区间、障碍地点及是否开行救援列车等事项，以书面形式通知封锁区间的相邻站。书面通知应加盖站印及由车站值班员盖章或签名。若开行救援列车，亦以车站值班员的书面命令(使用调度命令用纸书写)作为进入封锁区间的凭证。

抢修或救援工作完了，应及时开通封锁区间。由接到开通封锁区间请求的车站值班员，以书面形式通知封锁区间的相邻站，然后以电话中断的行车办法行车。在电话联络恢复后，再将封锁区间事项报告列车调度员。

二、单线区间车站电话呼唤 5 min 无人应答的行车

单线区间车站电话良好，经以闭塞电话、列车调度电话或其他电话呼唤 5 min 无人应答时，为了避免发生列车堵塞，由列车调度员查明该站及两相邻区间确无列车（包括单机、大型养路机械、重型轨道车）后，可向不应答站的两端邻站发出封锁相邻区间的调度命令，按封锁区间的办法向不应答车站办理行车，并以调度命令作为进入区间的凭证。

向不应答车站发出的列车，由于事先无法了解该站接车进路是否已准备，是否发生事故、灾害或其他情况等，为确保安全，不论进站信号机是否开放，必须在进站信号机外停车，待判明情况，并确认接车进路已准备妥当后再进入站内。列车进站后，司机或该站的车站值班员，应将经过情况及时报告列车调度员。此时，不应答站的车站值班员如能恢复正常工作，就失去了再继续封锁区间的必要性，列车调度员应以命令开通封锁区间，恢复正常行车。

第五章

接发列车

第一节　接发列车的一般要求

一、接发列车工作的意义和任务

任何铁路车站都要办理接发列车工作，不是接发停站列车，就是放行通过列车，接发列车是列车运行的重要环节。

车站(线路所)根据行车闭塞方法及技术设备条件，按规定程序办理列车接、发、通过的整个过程称为接发列车工作。

车站在办理接发列车过程中所进行的办理闭塞、布置进路、开闭信号、交接凭证、接送列车、发车等一系列作业过程，称为接发列车作业程序。车站接发列车作业时，按规定程序办理，并使用规定用语。

正确地组织车站接发列车工作、保证安全不间断地接发列车、严格按列车运行图行车、是铁路运输安全、正点地完成运输生产任务的重要条件。

二、接发列车工作的职责和要求

车站值班员是车站接发列车工作的统一指挥者。

在接发列车工作中，车站值班员应亲自办理闭塞、布置进路(包括听取进路准备妥当的报告)、开闭信号、交接凭证、接送列车、发车等工作。由于技术设备和业务量的关系，除布置进路(包括听取进路准备妥当的报告)这项最关键的工作外，其他各项工作可指派助理值班员、信号员或扳道员办理。

车站值班员接到邻站列车预告后，按《站细》规定及时通知有关人员到岗接车，对站内平过道应加强监护。

三、接发列车作业标准

标准是为了在一定的范围内获得最佳秩序，经协商一致，制定并由公认机构批准，共同使用的和重复使用的一种规范性文件。标准的制订必须以科技成果和实践经验为基础，经有关各方协商一致，由主管机构批准，并以特定形式发布，作为共同遵守的准则。标准随着科学技术的发展和经验的积累而不断更新。

中国标准分为国家标准、行业标准、地方标准和企业标准四级。

根据《中华人民共和国标准化法》的规定：由我国各主管部、委(局)批准发布，在该部门范围内统一使用的标准，称为行业标准。行业标准分为强制性标准和推荐性标准。中国铁路运输行业标准代号为TB。推荐性行业标准的代号是在强制性行业标准代号后面加“/T”，中国铁路运输行业的推荐性行业标准代号是TB/T。

接发列车作业直接关系着安全正点和运输效率。不间断地接发列车，严格按列车运行图行车，是车站的基本任务之一。原铁道部根据我国铁路不同的行车闭塞方法、人员配备和作业方法等情况，在充分考虑正常情况下的作业方法和非正常情况下的特定措施的前提下，结合不同闭塞法、不同联锁类型和不同的劳动组织形式，制定了《接发列车作业标准》。《接发列车作业标准》是以重复特征的作业程序、作业方法以及有关事项为对象，以科学技术和实践经验的综合为基础，以铁道行业标准的形式发布的统一规定，由作业程序与岗位作业技术要求构成。

1984年8月2日，原铁道部批准的以“(84)铁科技字1104号文件”公布TB1500～1506—84《接发列车作业标准》，统一了全路接发列车作业标准，该标准公布后历时一年，经过较长时间的学习推广，自1985年7月1日正式实施。1992年5月重新颁布了《接发列车作业标准》，以“TB1500～1506—92”替代了“TB1500～1506—84”。2003年5月19日再次颁布了《接发列车作业标准》，以“TB1500～1506—2003”替代了“TB1500～1506—92”。随着第六次大面积提速和第十版《技规》的实行，自动报点系统、列车调度指挥系统(TDCS)、调度集中系统、单线自动站间闭塞等新技术基础设备的应用，以及动车组和直达特快旅客列车的开行，对铁路的接发列车工作提出了更新、更高的要求，2009年2月12日颁布了《接发列车作业标准》，以“TB/T 1500.1～1500.8—2009”替代了“TB/T 1500～1506—2003”，该标准2009年3月1日起实施。

2009年3月1日实施的《接发列车作业标准》，《接发列车作业》分为八个部分。

第1部分：双线自动闭塞集中联锁(设信号员)；

第2部分：双线自动闭塞集中联锁(未设信号员)；

第3部分：单双线半自动闭塞集中联锁(设信号员)；

第4部分：单双线半自动闭塞集中联锁(未设信号员)；

第5部分：单双线半自动闭塞色灯电锁器联锁；

第6部分：单双线电话闭塞无联锁；

第7部分：单线自动站间闭塞集中联锁(设信号员)；

第8部分：单线自动站间闭塞集中联锁(未设信号员)。

《接发列车作业标准》(TB/T 1500.1～1500.8—2009)的实施，不仅完善了接发列车作业组织，提高了接发列车作业安全和作业效率，而且促进了接发列车作业管理的现代化。车站接发列车作业程序如表5-1所示。

为确保接发列车作业的安全稳定性，车站接发列车作业必须按照《接发列车作业标准》的规定办理，并使用规定用语。而随意简化，甚至颠倒或遗漏的作业程序及用语，势必危及行车安全。

表 5－1　接发列车程序表

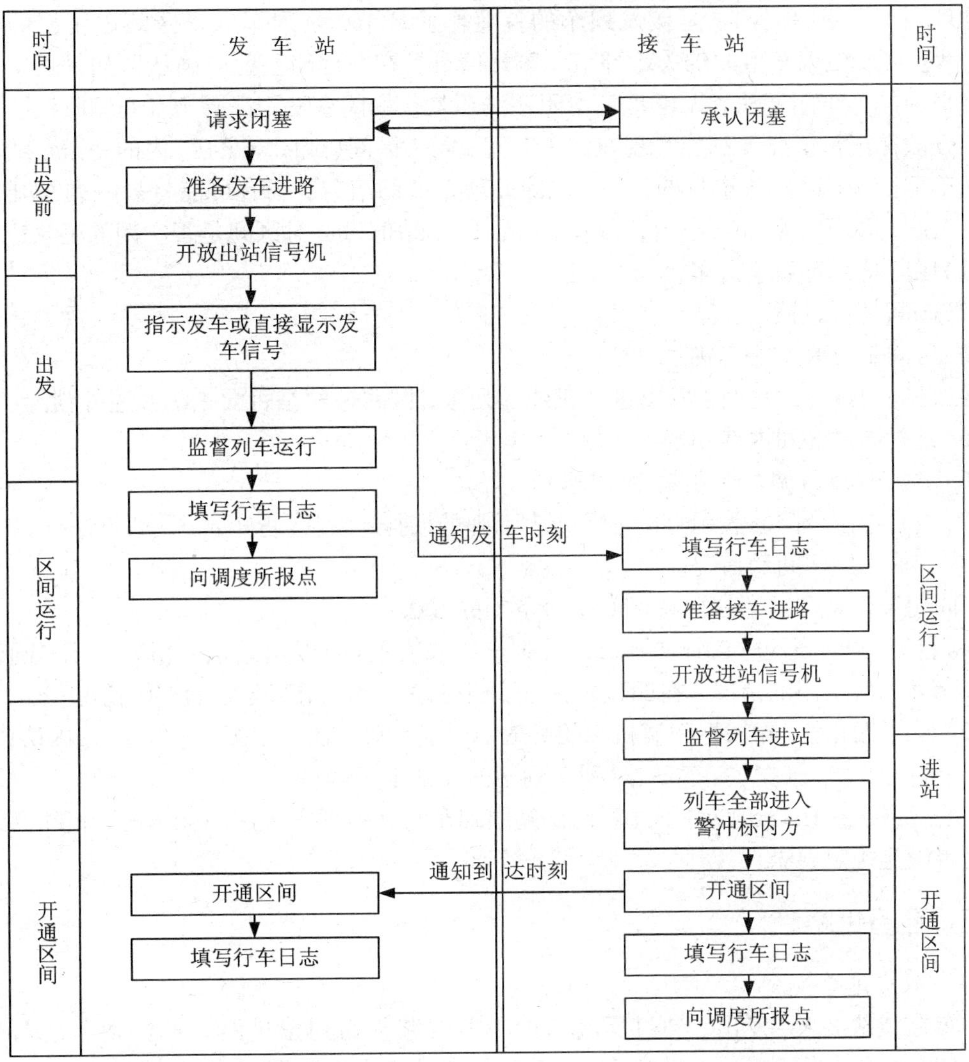

第二节　接发列车作业项目及方法

不间断地接发列车，严格按运行图行车，是车站的基本任务之一。于2009年3月1日开始实施的《接发列车作业标准》提高了接发列车作业的安全程度与作业效率，完善了接发列车作业组织，促进了作业合理化，推动了接发列车工作管理的现代化。车站接发列车人员必须严格按标准作业，不得简化。

一、办理闭塞

为了确保列车在区间的运行安全，列车由车站向区间发车时，必须确认区间（分区）内没有列车，并需遵循一定的规律组织行车，以免发生列车正面冲突或追尾等事故。这种按照一定规律组织列车在区间内运行的方法，一般叫作行车闭塞法，或简称闭塞，办理闭塞所用的设备叫作闭塞设备。

办理列车闭塞(预告),是接发列车的首要作业环节,是列车取得区间占用权的重要环节,也是较易发生列车事故的关键环节。车站值班员在办理闭塞前应确认区间是否空闲。我国铁路采用的行车闭塞法,无论是基本闭塞法还是代用闭塞法,都属于空间间隔法。虽然这些闭塞方法在正常情况下都能实现在同一时间、同一区间(或闭塞分区)内的一条正线上只有一列列车运行,但因设备本身的欠缺,或因办理人员的疏忽,仍有可能将另一列车开入占用区间。因此,办理闭塞(预告)前,两邻站(所)的车站值班员对区间是否空闲的确认应注意:

(1)区间是否有列车占用;

(2)区间是否封锁;

(3)区间是否有遗留车辆;

(4)区间内设有道岔时,发出进入正线的列车,区间道岔是否向正线开通并锁闭;

(5)是否同意区间内使用轻型车辆;

(6)出站(跟踪)调车作业是否完毕;

(7)查看控制台闭塞表示灯的显示或表示牌的揭挂,以及《行车日志》的填记;

(8)其他占用区间的情况。

不同闭塞设备和闭塞法确认区间是否空闲的方法:

(1)自动闭塞:通过控制台的监督器(列车离去表示灯)或出站信号机复示器,确认第一及第二闭塞分区空闲的情况,在四显示区段,还应确认第三闭塞分区的空闲情况;

(2)半自动闭塞:除根据闭塞机上闭塞表示灯显示外,还应根据《行车日志》确认;

(3)电话闭塞:根据《行车日志》列车到达的电话记录确认。

在双线或多线区间还应特别注意确认超限列车与其他列车在区间会车时,相邻两线的线间距是否满足规定要求。

二、准备进路

(一)列车进路概念

列车在车站接入、发出、通过所经由的一段线路称为列车进路。根据列车接入车站停车、从车站出发和通过车站,列车进路可分为接车进路、发车进路和通过进路。

1. 接车进路

接入停车列车时,接车进路是由进站信号机起至接车线末端计算该线有效长度的警冲标或出站信号机止的一段线路(图5-1)。

图5-1 接车进路

2. 发车进路

发出列车时,发车进路是由列车前端(有腰岔时为列车后端)起至相对方向进站信号机或站界标止的一段线路(图5－2)。

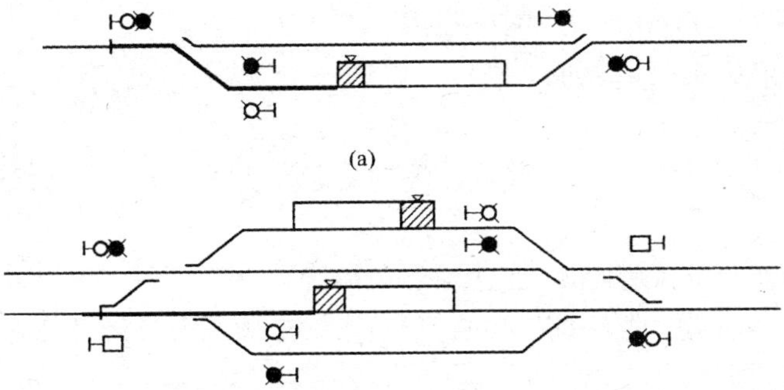

(a)

(b)

图5－2　发车进路

3. 通过进路

列车通过时，通过进路为该列车通过线两端进站信号机或站界标间的一段线路(图5－3)。

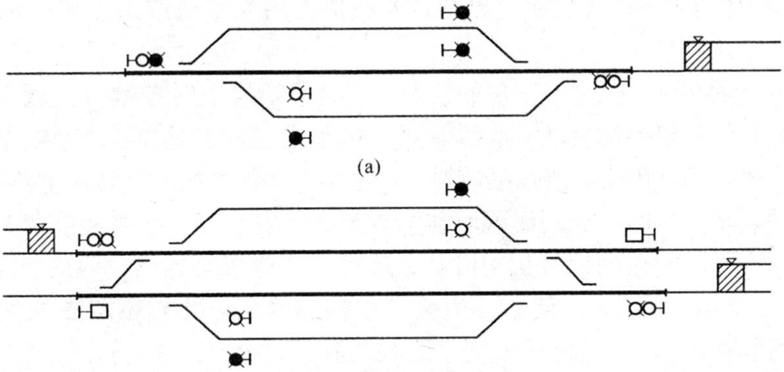

(a)

(b)

图5－3　通过进路

(二)布置进路

车站值班员向助理值班员、信号员、扳道员发布准备接发车(通过)进路的命令(包括听取进路准备妥当的报告)称为布置进路。

正确、及时准备接发车进路，保证进路有关道岔位置正确，进路上空闲，无危及行车安全的障碍物，是列车安全出入车站的条件，也是车站接发列车人员的基本职责。车站值班员必须亲自布置和听取进路准备妥当的报告。

布置进路要求：

(1)按《站细》规定时间及时布置进路。

(2)车站值班员下达准备接发车进路命令时，应讲清车次和占用线路(一端有两个及以上列车运行方向或双线反方向行车时，应讲清方向、线别)，布置进路应按《接发列车作业标准》规定的程序和用语办理，不得简化。布置进路的命令不准与其他作业的命令、通知一起下达。

(3)为防止布置进路时有关人员错听，受令人听到车站值班员布置进路后应复诵，当两人及其以上同时接受准备进路的命令时，应指定一人复诵。

(4)车站值班员要认真听取复诵，核对无误后命令“执行”。

(三)准备进路

车站值班员亲自或命令信号员、扳道员将列车进路上所有道岔开通并锁闭的过程为准备进路。

接车前，车站值班员必须亲自或通过有关人员确认接车线路空闲、影响进路的调车作业已经停止后，方可准备进路；发车前，必须亲自或通过有关人员确认影响进路的调车作业已经停止后，方可准备进路。

1. 确认接车线路空闲

确认接车线路空闲系指接车线无封锁施工，无机车、车辆、动车、重型轨道车，以及轻型车辆、小车及其他能造成脱轨的障碍物。车站在准备列车的接车进路或通过进路时，首先必须确认接车(通过)的线路空闲，以防止线路上存有机车、车辆及其他危及列车运行安全的障碍物等，防止俗称“有车线接车”的行车事故。

确认的方法：

(1)在设有轨道电路的车站，通过控制台上股道占用光带或股道占用表示灯确认及查看股道占用揭示板。

设有轨道电路的车站，在设备正常的情况下，当股道有车时控制台上就有所表示，进路开通有车线时进站信号机不能开放，从而保证了接车安全。但是轨面有砂，车站新铺轨、更换轨或较少使用的线路，轨面可能锈痕较厚，接触不良，轮缘在设有轨道电路的轨面上走行，反映在控制台的表示灯有时会出现时隐时显的现象；个别车辆在线路上停留时，甚至控制台表示灯无显示，该股道的进站信号仍可开放，这种事故隐患是相当危险的，因此，集中联锁车站也应填记“占线板(簿)”，以便车站值班员掌握和确认。此外还需要注意现场确认无封锁施工，无轻型车辆、小车及可能造成列车脱轨的障碍物。

(2)未设轨道电路的车站，股道有车时控制台无任何表示，当进路开通有车线时进站信号机仍能开放，极易发生有车线接车的事故。在车站未设轨道电路或在停电故障等无联锁情况下，必须严格按照《接发列车作业标准》指派有关人员现场确认并汇报。接发列车时，助理值班员应提前出场，与扳道员对道，在确认进路正确后才能接发列车。

2. 确认影响接发列车进路的调车作业已经停止

在开放进站或出站信号机前，必须停止影响列车进路的调车作业，以保证信号机的及时开放及列车出入车站的安全。未确认影响进路的调车作业是否停止就盲目开放信号，有可能造成列车冲突。

影响进路的调车作业系指：

(1)调车进路与接发列车进路重叠、交叉时；

(2)调车进路的相邻线路接发超限列车，或接发列车进路的相邻线路调动超限车辆，其线间距不足规定要求时；

(3)调车进路违反接发旅客列车特定的限制条件时；

(4)进站信号机外制动距离内进站方向为超过6‰的下坡道，在接车线末端无隔开设备的延续线上调车作业时；

(5)其他影响列车进路的调车作业(如在无隔开设备的线路上手推调车)。

停止影响接发列车进路调车作业的时间及通知方法，应在《站细》内规定，严禁“抢钩”作业，严格遵守“调车作业服从于接发列车作业”。

扳道、信号人员必须按车站值班员布置的接发列车进路命令，正确、及时地准备接发列车进路，保证安全、迅速地接发列车和调车作业。

扳道、信号人员，在扳动道岔、操纵信号时，要眼看、手指、口呼，要认真执行“一看、二扳(按)、三确认、四显示(呼唤)”制度；对进路上不该扳动的道岔，也应认真进行确认。这是扳道、信号人员在长期实践中总结出来的安全作业程序。

“一看”：在扳动前看所扳道岔的开通方向、信号手柄(按钮)的位置；看接车线是否空闲；看机车车辆是否越过警冲标；看机车车辆是否越过联动道岔。

“二扳(按)”：将道岔、信号扳(按)至所需位置。

“三确认”：扳(按)完道岔、信号手柄(按钮)后，通过表示灯或标志确认有关进路道岔开通位置是否正确；手动道岔确认闭止块是否“落槽”，确认信号开放、关闭状态是否正确；准备接发车进路时，还要确认影响接发列车进路的调车作业是否已经停止。

“四显示(呼唤)”：确认无误后，呼唤“×道准备好了”，并向车站值班员汇报进路准备妥当或向要道人员显示股道号码和进路准备妥当手信号。

扳道员在接发车进路准备完了或信号开放后，除集中联锁设备能从设备上检查确认以外，其他联锁及无联锁设备应及时向车站值班员报告进路准备情况，报告用语按《接发列车作业》标准的规定办理。

三、开放进出站信号机和交接凭证

信号是指示列车运行的命令。按基本闭塞法行车时，其进站、出站、通过信号机上显示的准许列车运行的各种进行信号，均为列车行车凭证。为此，操纵信号时，即信号的开放(关闭)作业，必须特别慎重，稍不注意，往往因错拉误按而发生事故。

车站值班员应严格按《站细》规定时机开闭信号机。

(一)开放信号机的时机

1. 开放进站信号机的时机

进站信号机开放后即锁闭有关进路上的道岔，过早开放会过早占用咽喉区，影响站内其他作业。晚开放信号可能使列车在信号机外减速甚至停车。正确开放进站信号机的时机为列车运行至预告信号机前司机能确认信号机显示的地点，如图 5 - 4 所示。

$$t_{开} = \frac{L_{进} + L_{制} + L_{确}}{v_{进}} \times 0.06\ (\min)$$

式中：$L_{确}$——司机确认信号显示的距离(m)；

$L_{制}$——列车制动距离(m)；

$L_{进}$——进站信号机至出站信号机或接车线末端警冲标之间的距离(m)；

$v_{进}$——列车进站的平均速度(km/h)；

0.06——km/h 化为 m/min 的单位换算系数。

2. 开放出站信号机的时机

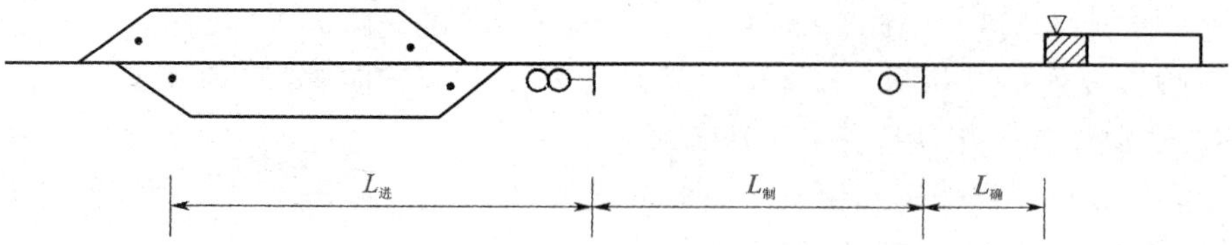

图5-4 开放进站信号机时机示意图

开放出站信号机的时机，需根据出站信号机开放后至列车启动前办理全部作业所需的时间而定。其中包括：助理值班员确认出站信号机的开放状态、确认发车条件完全具备、显示发车信号；司机确认发车信号及出站信号，以及启动列车等时间。

（二）交接凭证

这里所说的凭证，是指出站（线路所通过、发车进路）信号机显示的进行信号以外的摸得着、拿得到的“证件”。如绿色许可证、路票、红色许可证、列车进入封锁区间的“调度命令”等。

交接的凭证（包括转交司机的调度命令、口头指示、预告等），要认真检查是否正确。通过列车交接时要注意人身安全，交不上时应停车交付。车站收回凭证后，要确认凭证是否正确，及时注销保管。

四、接送列车

（一）列车在车站接车线停车位置要求

列车进站后，应停于接车线警冲标内方，以防止侧面冲突及影响邻线接发列车和调车作业。在设有出站信号机的线路上，列车头部不得越过该信号机，因为出站信号机起着防护前方道岔和区间的作用。

列车进站后，车站应确认列车尾部是否进入警冲标内方或是否过轨道绝缘。如没有进入警冲标内方或压轨道绝缘，应使用列车无线调度通信设备等通知司机或向司机显示向前移动信号，指挥列车移动到警冲标或轨道绝缘内方停车。

（二）接送列车要求

1. 接发车人员应携带的装备

为保证列车运行的安全，列车在车站到发时，接发车人员应携带列车无线调度通信设备、持手信号旗（灯），站在《站细》规定的地点接送列车。

2. 接发车人员发现问题的处理

（1）接送列车时，应注意列车运行和货物装载状态，发现车辆燃轴、抱闸、制动梁脱落、篷布绳索脱落、货物窜动或倾斜、倒塌等危及行车安全的情况时，要立即采取措施或通知有关人员使列车停车，并报告列车调度员。

（2）发现旅客列车尾部标志灯光熄灭时，应通知车辆乘务员进行处理。自动闭塞区段列车追踪运行，夜间尾部标志灯光熄灭，对列车运行安全有影响，如通知不到车辆乘务员时，应使列车停车整理。

（3）货物列车列尾装置丢失时，应报告列车调度员，列车调度员应使列车在前方站停车处理。

3. 不能从设备上确认列车接近车站、进站和出站时的处理

当不能从设备上确认列车接近车站、进站和出站时，接发车人员应及时向车站值班员报告列车进出站情况，报告的时机、内容、用语按《接发列车作业》标准执行。单机挂车时，由于没有尾部标志，还应根据车站值班员布置的挂车辆数，认真确认。车站值班员通过上述报告，以确认列车的整列出发与到达。

五、发车

（一）动车组以外的列车发车

当车站做好发车准备并具备发车条件后，应向司机显示发车信号。

1. 显示发车信号的条件

列车发车前，车站值班员（助理值班员）必须确认发车进路准备妥当、凭证已交付、出站（进路）信号机开放正确，亲自确认或得到有关人员关于旅客上下完毕、行包装卸完了、列检作业完毕并已撤除防护信号等，完全具备发车条件后，才能显示发车信号（昼间：展开的绿色信号旗上弧线向列车方面作圆形转动；夜间：绿色灯光上弧线向列车方面作圆形转动）。

列车起动前，司机必须确认行车凭证正确。正常情况下必须确认出站信号机显示的允许运行的信号，使用路票等行车凭证时，应确认凭证正确。同时，还必须确认车站值班员（助理值班员）显示的发车信号或发车表示器显示的发车信号，特别是夜间要认清确属对本列车的发车信号后，方可启动列车。

2. 使用列车无线调度通信设备发车

为提高车站发车作业的效率，在语音记录装置良好的车站，准许使用列车无线调度通信设备发车。

使用列车无线调度通信设备发车，发车人员必须站在《站细》指定的地点，严禁不在现场的“遥控”发车。

（二）动车组发车

动车组发车前，列车长确认旅客上下完毕后，通知司机关闭车门。动车组司机在确认行车凭证正确和开车时间，车门已关闭后，即可启动列车。车站无须通知司机发车或显示发车信号。

（三）恶劣天气情况下的发车

遇天气恶劣，信号机显示距离不足200 m时，司机或车站值班员须立即报告列车调度员，列车调度员应及时发布调度命令，改按天气恶劣难以辨认信号的办法行车。天气转好时，应及时报告列车调度员发布调度命令，恢复正常行车。

当无法辨认出站（进路）信号机显示时，在列车具备发车条件后，司机凭车站值班员列车无线调度通信设备（其语音记录装置须作用良好）的发车通知启动列车，在确认出站（进路）信号机显示正确后，再行加速。

六、开通区间及报点

列车到达、发出或通过后，车站值班员应立即向邻站及列车调度员报点，并记入《行车日志》（设有计算机报点系统的按有关规定办理），以便列车调度员能随时掌握管辖区段内列车

运行情况。

遇有超长、超限列车、制动力部分切除的动车组列车、单机挂车和货物列车列尾装置灯光熄灭等情况，应一并通知接车站。以使接车站车站值班员充分做好接车准备工作，对制动力部分切除的动车组列车按规定办理相对方向同时接车和同方向发接列车。此时，接车站车站值班员应将邻站通知的注意事项，及时布置给信号员、助理值班员、扳道员，以便提前做好接车准备和接车安排。

列车到、发及通过时刻的确定：

(1)到达时刻，以列车进入车站，停于指定到达线警冲标内方时刻为准。列车超过实际到达线有效长时，以第一次停车时刻为准。列车在区间分部运行时，则以全部车辆到达车站时为准。

(2)出发时刻，以列车机车向前进方向启动，列车在站界内(场界内)不再停车为准。列车全部发出站界后，因故退回发车站再次出发时，则以第一次出发时刻为准。在分界站向邻局出发时，则以最后发出时刻为准。

(3)通过时刻，以列车机车通过车站值班员室时为准。

七、车机联控

车机联控是车务、机务等行车有关人员使用列车无线调度通信设备，按规定联络，提示行车安全信息、确认行车要求的互控方式。列车运行中，各有关作业人员应按规定执行车机联控。

车机联控利用列车无线调度通信设备，将列车调度员、车站值班员、司机等行车有关人员均列入联控范围，为保证列车安全正点运行，每个人既是参加作业人员，又是安全工作的检查员。每个车站、每趟列车及每个岗位，都进入联控范围之中，实现了司机“问路行车”、车站值班员“指路行车”，从而强化了行车工作的整体安全，它将行车组织工作与行车安全工作有机结合起来，是保证列车运行安全的有效措施。

车机联控使用的设备包括：列车无线调度通信系统的调度台、车站电台、机车电台、便携电台，铁路数字移动通信系统(GSM－R)的调度台、值班台、手持终端，通信记录装置等。投入使用的设备应保持状态良好。

上线运行的机车、动车组、自轮运转特种设备等应装设列车无线调度通信(车载)设备，机车司机、参与车机联控的有关人员应配备列车无线调度通信(便携)设备。

为加强车机联控工作，规范安全管理，原铁道部制定了《车机联控标准》(TB/T 3059—2009)，该标准对车机联控的设备、人员、信息、作业程序和用语等作了具体规定，参加车机联控的单位和人员均应严格执行。

(一)车机联控的基本要求

参与车机联控的人员应经过培训，能够正确使用列车无线调度通信设备，掌握车机联控的作业标准，严格按照标准作业。

车机联控应逐站逐列呼唤应答，使用普通话，做到用语准确、吐字清晰。遇数字“0”“1”“2”“7”可读“dong(洞)”“yao(幺)”“liang(两)”“guai(拐)”。

联控用语中，车次读法按下列要求：

(1)城际列车 C××次称为：城××次；

(2)动车组 D××次称为：动车××次；

(3)直达特快旅客列车 Z××次称为：客车直××次；

(4)特快旅客列车 T××次称为：客车特××次；

(5)快速旅客列车 K××次称为：客车快××次；

(6)普通旅客列车××次称为；客车××次；

(7)临时旅客列车 L××次称为：客车临××次；

(8)旅游列车 Y××次称为：客车游××次；

(9)动车组检测列车 DJ××次称为；动检××次；

(10)回送客车底 0××次称为：零××次；

(11)行包列车 X××次称为：行××次；

(12)货物列车称为：××次。

执行指路式联控作业的标准用语，由铁路运输企业规定，通知相关铁路运输企业，同时报铁路总公司备案。

(二)车机联控作业标准(与车站接发列车人员有关部分)

1. 接车

(1)正常接车。

呼叫时机	联控用语		
	作业人	列车司机	车站值班员
自动闭塞区段，列车接近第一接近通过信号机或规定的呼叫点；半自动闭塞区段(双线反方向行车时)，列车在规定的呼叫点	呼叫人	××(站)××(次)接近	
	被呼叫人		××(次)××(站)×道通过[停车]
	呼叫人	××(次)×道通过[停车]，司机明白	
有两个及以上运行方向的车站，列车通过时应在联控用语后增加“去××方向”； 注：( )内的字可省略，[　]内的字与黑体字根据实际情况选择，下同			

(2)机外停车后接车。

呼叫时机	联控用语		
	作业人	车站值班员	列车司机
列车机外停车再开，信号开放后	呼叫人	××(次)进站(接车进路)信号好(了)，×道通过[停车]	
	被呼叫人		××(次)进站(接车进路)信号好(了)，×道通过[停车]，司机明白
有两个及以上运行方向的车站，列车通过时应在联控用语中增加“去××方向”			

2. 发车

呼叫时机	联控用语		
	作业人	车站值班员	列车司机
列车站内停车再开或列车始发时，信号开放后	呼叫人	××(次)×道出站(发车进路)信号好(了)	
	被呼叫人		××(次)×道出站(发车进路)信号好(了)，司机明白
有两个及以上运行方向的车站，应在联控用语中增加“去××方向”			

3. 被迫停车

(1)被迫停车或列车脱轨可能妨碍邻线，本务司机呼叫车站。

呼叫时机	联控用语		
	作业人	列车司机	车站值班员
列车在区间被迫停车或被迫停车后可能妨碍邻线时	呼叫人	××(站)××(次)在××公里(处)被迫停车	
	被呼叫人		××(次)在××公里(处)被迫停车，××(站)明白
1. 在××公里后应说明被迫停车原因； 2. 被迫停车后可能妨碍邻线时应在被迫停车后增加“可能侵入邻线”			

(2)列车被迫停车，车站立即呼叫追踪列车。

呼叫时机	联控用语		
	作业人	车站值班员	追踪列车司机
车站接到列车在区间被迫停车的通知	呼叫人	××(次)在××公里(处)被迫停车，××(次)列车注意运行	
	被呼叫人		××(次)在××公里(处)被迫停车，注意运行，××(次)司机明白

(3)列车脱轨可能妨碍邻线，车站立即呼叫邻线列车。

呼叫时机	联控用语		
	作业人	车站值班员	列车司机
车站接到列车脱轨可能妨碍邻线的通知	呼叫人	××(次)列车立即停车，××(次)在××公里(处)侵限	
	被呼叫人		××(次)立即停车，司机明白

4. 车站值班员应主动呼叫列车司机的作业

(1)动车组及动车组检测列车接车。

呼叫时机	联控用语		
	作业人	车站值班员	动车组司机
自动闭塞区段,列车接近第一接近通过信号机或规定的呼叫点;半自动闭塞区段(双线反方向行车时),列车在规定的呼叫点	呼叫人	××(次)××(站)×道通过[停车]	
	被呼叫人		××(次)×道通过[停车],司机明白
有两个及以上运行方向的车站,动车组通过时应在联控用语后增加“去××方向”			

(2)列车临时机外停车。

呼叫时机	联控用语		
	作业人	车站值班员	列车司机
列车接近前	呼叫人	××(次)××(站)机外停车	
	被呼叫人		××(次)××(站)机外停车,司机明白

(3)通过列车变为停车。

呼叫时机	联控用语		
	作业人	车站值班员	列车司机
列车接近前	呼叫人	××(次)××(站)×道停车	
	被呼叫人		××(次)××(站)×道停车,司机明白

(4)旅客列车变更固定接车线路。

呼叫时机	联控用语		
	作业人	车站值班员	列车司机
列车接近前	呼叫人	××(次)××(站)变更×道通过[停车],限速××公里	
	被呼叫人		××(次)××(站)变更×道通过[停车],限速××公里,司机明白
有两个及以上运行方向的车站,列车通过时应在联控用语后增加“去××方向”			

(5)列车直进侧出(固定径路除外)。

呼叫时机	联控用语		
	作业人	车站值班员	列车司机
列车接近前	呼叫人	××(次)××(站)×道通过,直进侧出,限速××公里	
	被呼叫人		××(次)×道通过,直进侧出,限速××公里,司机明白
有两个及以上运行方向的车站,应在联控用语后增加“去××方向”			

(6)车站引导接车。

呼叫时机	联控用语		
	作业人	车站值班员	列车司机
列车接近前	呼叫人	××(次)××(站)引导接车,×道停车[通过],注意引导信号	
	被呼叫人		××(次)××(站)引导接车,×道停车[通过],司机明白
1. 在两个及以上运行方向的车站,列车通过时应在联控用语后增加“去××方向”; 2. 若用手信号引导列车进站,“注意引导信号”应为“注意引导手信号”			

(7)列车通过,出站反方向行车。

呼叫时机	联控用语		
	作业人	车站值班员	列车司机
列车接近前	呼叫人	××(次)××(站)×道通过,反方向运行,侧向出站限速××公里	
	被呼叫人		××(次)××(站)×道通过,反方向运行,侧向出站限速××公里,司机明白
直向出站时不联控限速			

(8)站内或区间限速。

呼叫时机	联控用语		
	作业人	车站值班员	列车司机
列车接近前	呼叫人	××(次)××(站)×道通过，站内限速××公里[区间××公里××米限速××公里]	
	被呼叫人		××(次)×道通过，站内限速××公里[区间××公里××米限速××公里]，司机明白

1. 司机出乘前未发布运行揭示调度命令的临时站内、区间限速按有关规定核对调度命令；
2. 区间××公里××米是指列车运行方向限速起始点；
3. 站内、区间均有限速，"站内限速××公里[区间××公里××米限速××公里]"应为"站内限速××公里，区间××公里××米限速××公里"

5. 列车通过严重晃车地段

(1)司机呼叫两端车站。

呼叫时机	联控用语		
	作业人	列车司机	车站值班员
列车通过严重晃车地段	呼叫人	××(站)，××(次)××公里××米严重晃车	
	被呼叫人		××公里××米严重晃车，××(站)明白

(2)车站呼叫将通过晃车地段的列车。

呼叫时机	联控用语		
	作业人	车站值班员	列车司机
车站接到严重晃车信息后	呼叫人	××(次)，××公里××米严重晃车，注意运行	
	被呼叫人		××(次)，××公里××米严重晃车，注意运行，司机明白

八、接发车进路的取消与变更

根据作业的需要，或临时发生故障，为保证安全，可能对已经准备好的接发列车进路加以变更。如接车时，可能关闭进站信号机，改变接车股道或将其关在机外；发车时，可能关闭已开放的出站信号机停止发车，再准备其他进路。上述情况由于司机没有精神准备，对突然变化的信号采取紧急制动，造成机车车辆或货物的损坏，产生严重后果；或由于司机间断瞭望，将停止发出(或接入)的列车发出(或接入)，与改变计划的列车发生冲突，后果更不堪设想。因此，进站或出站信号机开放后其接发列车进路不应随意变更。遇特殊情况必须变更时，应做到以下几点：

(1)变更接车进路应满足《站细》内规定提前开放信号机的时间，保证列车在进站信号机外不停车、不减速。不满足《站细》内规定提前开放信号机的时间，但出现了危及行车安全的情况时，可立即关闭进站信号，但不得立即解锁进路。设有接近锁闭的车站，当列车进入接近锁闭区段后，更不得立即强行解锁进路，以防列车制动不住而发生危险。

原规定为通过的旅客列车由正线变更为到发线接车时，列车要从经道岔直向改为经道岔侧向运行。经道岔直向运行时允许速度高，而经侧向运行时允许速度低，如司机没有思想准备，列车由正线经道岔直向通过改为到发线经道岔侧向接车，可能难以降低到要求的速度，容易超速运行，带来安全隐患。动车组列车、特快旅客列车较其他旅客列车运行速度和等级高，应按基本进路办理，当车站因特殊原因必须变更基本进路时，列车运行进路上的速度要求可能会发生变化，应告知司机提前做好准备。

因此，为保证旅客列车运行安全，原规定为通过的旅客列车由正线变更为到发线停车、通过及动车组列车、特快旅客列车遇特殊情况必须变更基本进路时，必须经列车调度员准许，并预告司机，以便司机做好降低速度的准备。如来不及预告司机时，不得开放进站信号，使列车在站外停车后再开放进站信号，把列车接入站内。动车组列车遇特殊情况需变更办理客运业务的固定股道时，须经调度所值班主任(值班副主任)准许。

(2)遇特殊情况需取消发车进路时，车站值班员应先通知发车人员。严禁车站值班员在没有通知发车人员的情况下，关闭已开放的出站信号机。

如已开放信号或发车人员已通知司机发车，而列车尚未启动时，还应通知司机，待司机明了，对司机持有行车凭证的，应收回行车凭证后，方可取消发车进路。当出发列车已经启动时，禁止取消发车进路。

由于动车组无须车站发车人员发车，因此，当出站信号机开放或占用区间行车凭证已交付后，如须取消发车进路，车站值班员应确认列车尚未启动，通知司机，收回行车凭证后，再取消发车进路。

九、列车在站内临时停车的处理

临时停车是指计划之外的停车。列车在站内临时停车，待停车原因消除且继续运行时，应按下列规定办理。

(1)司机发现危及行车或人身安全的情况等原因主动停车时，等停车原因消除后，由司机自行启动列车，车站不再发车。

(2)司机以外的列车乘务人员使用紧急制动阀(紧急制动装置)使列车停车，由车辆乘务员(随车机械师)查明情况消除隐患后，通知司机开车，车站不再发车。

(3)车站接发列车人员因发现货物装载问题、车辆抱闸等原因通知列车在站内临时停车的，等停车原因消除后，由车站按规定程序发车；动车组列车不需要车站发车，因此由车站通知动车组列车司机开车。

(4)因其他原因临时停车，由车站值班员组织司机、车辆乘务员(随车机械师)共同查明原因，恢复运行条件后，由车站按规定发车；动车组列车不需要车站发车，因此由车站通知动车组列车司机开车。

上述(1)、(2)、(4)项在临时停车后，司机应立即向车站值班员报告，并说明停车原因。上述情况车站值班员均应及时报告列车调度员。

第三节　特殊情况下接发列车作业

一、相对方向同时接车和同方向同时发接列车

(一)基本概念

1. 相对方向同时接车

相对方向同时接车，是指将相对方向的两架进站信号机同时置于开放状态，准许相对方向的两列列车同时进站，或一端信号机虽已关闭，但所接列车尚未整列进入接车线内停妥，而相对方向的进站信号机已在开放状态，如图5－5所示。开放进站信号机，包括开放接车进路信号机、显示引导信号。

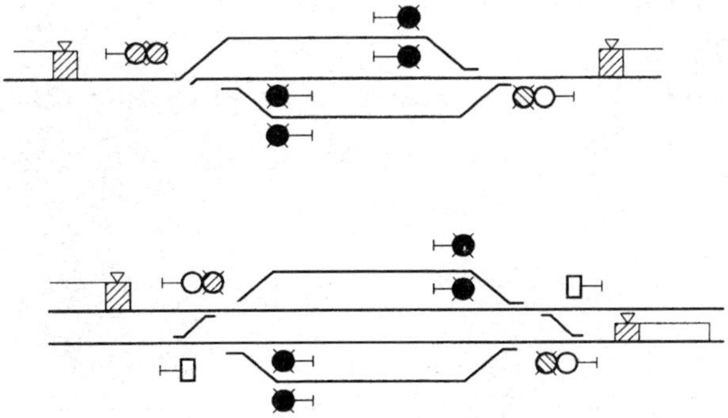

图5－5　相对方向同时接车

2. 同方向同时发接列车

同方向同时发接列车，是指同方向的出站信号机、进站信号机同时置于开放状态，准许一端发出列车的同时，接入另一端同方向运行的列车，或发出的列车尚未出站，即开放同方向的进站信号机；或接入列车尚未进站停妥，即开放同方向的出站信号机，如图5－6所示。开放出站信号机，包括开放发车进路信号机或使用书面凭证发车时显示发车信号。

3. 隔开设备

隔开设备是指安全线、避难线及平行进路和能起隔开作用的有联锁的防护道岔。

相对方向同时接车和同方向同时发接列车在车站接发车工作中经常遇到。它对于避免列车机外停车，提高区间通过能力和列车旅行速度，都有好处。列车司机按信号显示行车，使列车停在规定位置是对司机的起码要求，但在车站接发列车工作中，因司机操纵不当或其他原因，列车有可能会冒进信号，与另一列同时进出站的列车发生冲突，造成严重损失，特别是其他列车侧面冲撞旅客列车，影响就更为严重。为此，《技规》对车站相对方向同时接车及同方向同时发接列车有明确限制，以保证列车不能正确停车的可能性极小以及万一不能正确

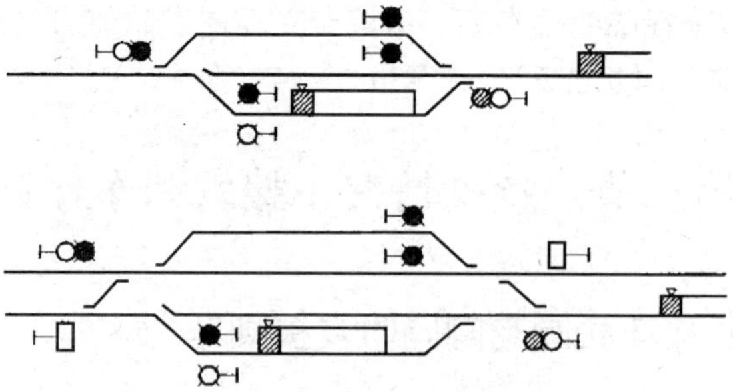

图 5－6　同方向同时发接列车

停车时，损失控制在可接受范围内。

（二）禁止办理相对方向同时接车和同方向同时发接列车的情况

为保证车站接发列车的效率和作业安全，根据进站方向的坡度、接车线末端有无隔开设备、列车的性质及列车运行监控装置或轨道车运行控制设备是否正常，《技规》对车站办理相对方向同时接车或同方向同时发接列车有如下限制。

1. 线路设备条件的限制

车站接车一端的进站信号机外制动距离内，进站方向为超过 6‰的下坡道，而接车线末端又无隔开设备时，禁止办理相对方同时接车和同方向同时发接列车，如图 5－7、图 5－8 所示。

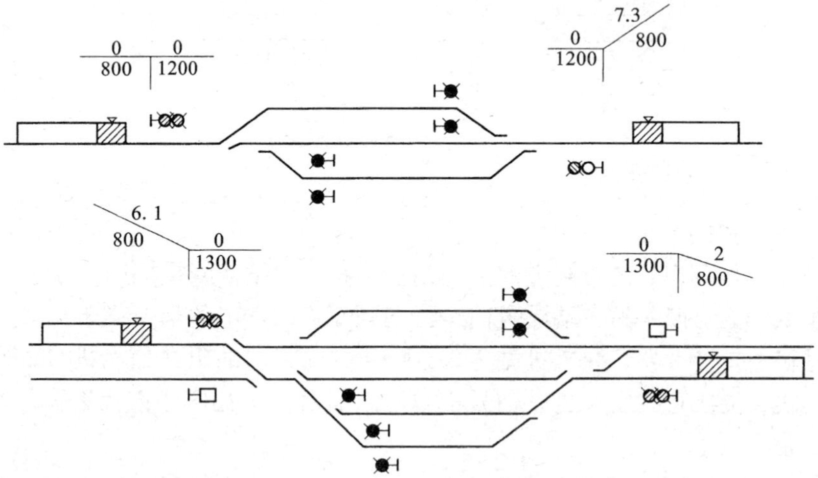

图 5－7　禁止办理相对方同时接车示意图

列车在超过 6‰的下坡道上运行时，列车制动的难度加大，如司机不能正确施行制动，一旦越过接车线末端警冲标或冒进出发信号，而该线末端未设隔开设备，就可能与另一端进、出站的列车发生冲突。因此规定进站信号机外制动距离内有超过 6‰的下坡道，接车线末端又无隔开设备，禁止办理相对方向同时接车和同方向同时发接列车。

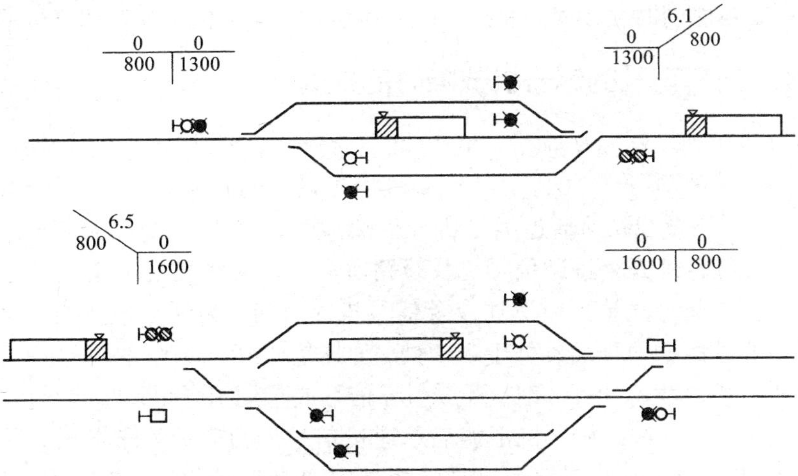

图 5-8　禁止办理同方向同时发接列车示意图

2. 接发旅客列车时的限制

在接、发旅客列车的同时，接入列车运行监控装置或轨道车运行控制设备发生故障的列车、制动力部分切除的动车组列车而接车线末端无隔开设备。

装有列车运行监控装置的列车、装有轨道车运行控制设备的轨道车具有防止列车或轨道车越过关闭的地面信号机，防止列车或轨道车以高于道岔允许的最高运行速度通过岔区，防止列车或轨道车以高于运行区段线路允许的最高速度运行等功能，当列车速度超过安全允许行车的速度时，列车运行监控装置或轨道车运行控制设备，能发出音响告警或自动停车。针对全路牵引列车的机车均已安装列车运行监控装置以及轨道车均已安装轨道车运行控制设备的情况，列车运行的安全控制装备有了很大的改善，列车可以严格按照信号机的显示运行。

当列车运行监控装置或轨道车运行控制设备故障时，列车完全由司机人工控制运行，列车运行安全系数降低，同时，制动力部分切除的动车组列车制动能力降低，也存在一定的安全风险。因此，为保证旅客列车运行安全，规定在接、发旅客列车的同时，接车线末端无隔开设备的线路上，禁止接入列车运行监控装置或轨道车运行控制设备故障的列车和制动力部分切除的动车组列车。若车站值班员在接到司机关于"列车运行监控装置故障""轨道车运行控制设备故障"以及动车组列车制动力部分切除的报告，在办理相对方向同时接车和同方向同时发接列车时，要严格执行本条规定。

车站应将不能办理相对方向同时接车和同方向同时发接车的情况纳入《站细》。

（三）不能同时接车和不能同时发接列车的处理

（1）车站相对方向不能同时接车而两列车同时接近车站时，应先将一个方向的列车接入站内停于警冲标内方后，再开放另一端进站信号机，接入另一列车。在确定先后顺序时，应先接不适于在站外停车的列车、停车后启动困难的列车或后面有续行列车的列车，其他情况应报告列车调度员按其指示执行，遵照先客后货、先快后慢的原则。一般可考虑：旅客列车与非旅客列车交会时，应先接旅客列车；非超长列车与超长列车交会时，应先接非超长列车；进站方向为下坡道的列车与进站方向为平道或上坡道的列车交会时，应先接进站方向为平道或上坡道的列车。

(2)遇两列车不能同时接发时，原则上应先接后发，亦可根据列车调度员的指示办理。

二、与接发列车有关的信号机故障时的处理

铁路信号是指示列车运行的命令。信号机不能使用，就缺少指示列车运行的条件。因此，必须采用特殊的接发列车办法，并正确处理信号设备的故障。

进站、出站、进路及线路所通过信号机发生故障时，为防止错误指示列车运行，应置于关闭状态，即显示红色灯光。进站信号机及线路所通过信号机发生不能关闭的故障时，应将灯光熄灭或遮住。在将灯光熄灭或遮住以及信号机灭灯时，为便于司机确认该信号机位置，于夜间应在信号机柱距钢轨顶面不低于2 m处，加挂信号灯，向区间方面显示红色灯光。

进站信号机发生故障不能开放时，开放引导信号或采用引导手信号接车。

出站信号机故障后，进站信号机不能显示通过信号。为避免列车在出站信号机前停车，对通过列车应事先预告司机，车站值班员除按规定递交行车凭证外，还应显示通过手信号(昼间展开的绿色信号旗；夜间绿色灯光)，使列车不停车通过车站。来不及向司机预告时，可使通过列车在车站停车，司机收到凭证后发车。

出站信号机的进路表示器的显示，只表示列车经由的进路及其准备状况，不作为行车凭证。发车线路表示器，只是在一个线群中数条股道共用一个出站信号机时，用来指示线群内哪一股道的列车可以出发，也不是行车凭证。因此，当上述这两种表示器发生故障时，发车人员只要口头通知司机后，列车就凭出站信号机显示的允许运行的信号出发。

三、引导接车

(一)概念及分类

正常情况下开放进站、接车进路信号接车，设备会检查一系列联锁条件。只有满足规定的联锁条件信号才能够开放。而当进站、接车进路信号机不能使用或在双线区段由反方向开来列车而无进站信号机时，是不可能开放信号接车的。为避免列车长时间停在机外，影响运行秩序，必须绕过或部分绕过这些联锁条件将列车接入站内，这就是引导接车。为保证接车安全，这些绕过的联锁条件必须靠人工去控制。因此，从本质上看，引导接车与使用书面凭证发车是一样的。

引导接车可分为信号机引导和引导手信号引导。进站、接车进路信号机不能使用时，应采用信号机引导，开放引导信号。信号机引导又可分为引导进路锁闭方式引导和总锁闭方式引导。引导信号不能开放或无进站信号机时，应采用引导手信号引导，派引导人员接车。

(二)引导接车的方法

1. 采用信号机引导接车办法

(1)引导进路锁闭方式开放引导信号接车。

下列情况采用引导进路锁闭方式开放引导信号接车：

①进站信号机或接车进路信号机不能显示进行信号，但能正常显示红灯；

②接车进路无岔区段轨道电路故障；

③接车进路道岔区段轨道电路故障，但准备进路时道岔无需人工转换；

④到发线轨道电路故障，无其他空闲到发线变更，或来不及变更。

注意事项：

①确认进路空闲。开放引导信号接车时，联锁设备不检查进路空闲情况，必须进行人工检查确认。轨道电路正常时，可通过控制台检查确认；轨道电路故障时，故障区段必须派人到现场就地检查确认。

②排列进路。开放引导信号时，只使用一个引导按钮，设备本身不选路。如事先不排列进路，很可能造成向有车线开放引导信号。因此，开放引导信号前，应先行单独操纵道岔，排好进路；如道岔区段轨道电路故障时，还须将故障区段的道岔单独锁闭，以防故障修复或自行消失后该区段道岔错误解锁。如使用调车进路方式排列进路，排好后须将调车进路取消。因为开放正常引导信号设备检查敌对进路，不取消调车进路，正常引导信号将无法开放。

③开放引导信号。车站值班员必须确认道岔开通位置正确后方可开放引导信号。开放引导信号前必须登记破封。使用完毕，须及时通知电务人员对破封按钮加封。若是进站信号机内方第一个轨道电路区段故障，由于引导信号开放后不能保留，电气集中联锁设备必须一直按住引导按钮，计算机联锁设备必须每隔一定时间点击引导按钮，直到列车越过引导信号后方可停止。

(2)引导总锁闭开放方式引导信号接车。

下列情况采用引导总锁闭方式开放引导信号接车：

①电动道岔失去定反位表示(进路表示光带正常时除外)；

②道岔区段轨道电路故障，准备进路时道岔须经人工转换；

③单方向运行的正线或到发线反向接车；

④向联锁范围以外的线路上接车时(如非到发线接车)。

使用引导总锁闭方式开放引导信号接车，联锁设备既不能检查接车进路空闲情况，也不能检查敌对进路，而且实行全咽喉锁闭。

注意事项：

①确认进路是否空闲。确认的方法与引导进路锁闭方式相同。

②准备进路。排列接车进路前应注意排除敌对进路和考虑接车端其他作业的平行进路。对控制台上能操纵的道岔，可在控制台上操纵。对控制台上不能操纵的道岔，在现场手摇操作。对失去联锁的道岔必须按规定施行人工加锁。

③开放引导信号。车站值班员确认接车进路排列正确无误，道岔按规定加锁后，登记破封，按下引导总锁闭按钮。此时全咽喉道岔锁闭，再按下引导信号按钮，引导信号开放。若进站信号机内方第一轨道区段轨道电路故障，则仍需按前述要求进行操作。

2. 采用引导手信号接车办法

下列情况采用引导手信号接车：

①无双向闭塞设备的双线区段接入反方向开来的列车时；

②进站信号机或接车进路信号机的主体信号红灯灭灯(包括停电)；

③引导信号的月白色灯光不能亮灯时。

适用信号机引导接车的各种情况，若不采用开放引导信号接车，则可采用引导手信号接车。

注意事项：

①确认进路空闲。轨道电路正常时，可通过控制台检查确认；轨道电路故障或停电时，必须派人到现场就地检查确认。

②准备进路。非故障道岔可排列调车进路准备，也可采用单独操纵单独锁闭的方法准备。故障道岔应单独锁闭，失去联锁的道岔必须按规定施行人工加锁。

③通知引导人员引导接车。车站值班员确认接车进路准备妥当，并接到邻站开车通知后，应立即通知引导人员引导接车。引导人员必须得到值班员的命令才能显示引导手信号。引导员接车应站在引导员接车地点标处（未设的，引导人员应在进站信号机、进路信号机或站界标外方），于列车接近时显示引导手信号接车，列车头部越过显示地点后收回。引导信号的显示方式：昼间为将展开的黄色信号旗高举头上左右摇动；夜间为将黄色灯光高举头上左右摇动。

（三）其他要求

（1）车站值班员应严格执行车机联控的有关规定，引导接车时车站值班员应主动呼叫司机。

（2）列车在进站信号机外不停车，在确认引导信号后即可直接进站。由于引导接车时进路失去联锁，为保证列车的运行安全，列车应以不超过20 km/h 的速度进站或通过接车进路，并做好随时停车的准备，以防进路准备错误或进路上有障碍物时，可以在短距离内立即停车。

四、无联锁（包括联锁失效）接发列车进路的准备的规定

1. 对向道岔、顺向道岔、防护道岔的概念

在列车进路上，道岔按占用顺序分顺向、对向，列车由辙叉向尖轨运行时，该道岔为进路上的顺向道岔，列车由尖轨向辙叉运行时，该道岔为进路上的对向道岔。

防护道岔又称隔开道岔，指能将邻线上的进路与本线上的接发列车进路隔开的道岔。

2. 无联锁（包括联锁失效）接发列车进路对道岔加锁的要求

当进路上顺向道岔开通位置错误时，可能造成挤岔事故；当对向道岔开通位置错误时，则可能使列车误入不该进入的线路，而与线路内的机车、车辆发生冲突，造成严重后果。若防护道岔开通位置错误，则可能造成邻线上机车、车辆闯入接发车进路。因此，在无联锁的线路上接发列车时，由于无设备保证进路正确及不能锁闭敌对进路，容易发生意外，为了保证列车出入站的安全，进路上无联锁的对向道岔及邻线上能够进入该进路的无联锁的防护道岔应加锁，进路上有联锁的道岔及邻线上有联锁的防护道岔应在控制台上单独锁闭，以防意外扳动造成列车进入异线、脱轨或其他机车车辆闯入接车进路发生冲突事故。

对接发列车进路上的分动外锁闭道岔，由于结构不同于普通道岔，活动部分多，锁闭工具、加锁位置也与普通道岔不同，要求在进路上无论对向和顺向，都必须对密贴尖轨、斥离尖轨和可动心轨加锁。具体加锁办法，在《技规》中不作统一规定，由铁路局根据道岔、加锁工具及劳动组织等情况规定。

图5－9为某站上行咽喉示意图，当正方向运行的上行列车进6道时，对向道岔为10、14、20、22、24号，防护道岔为2、6、12、16号道岔，这些道岔应加锁。

当下行列车由3道向下行正线发车时，对向道岔为12号道岔，防护道岔为10、4号道

岔，这些道岔应加锁。

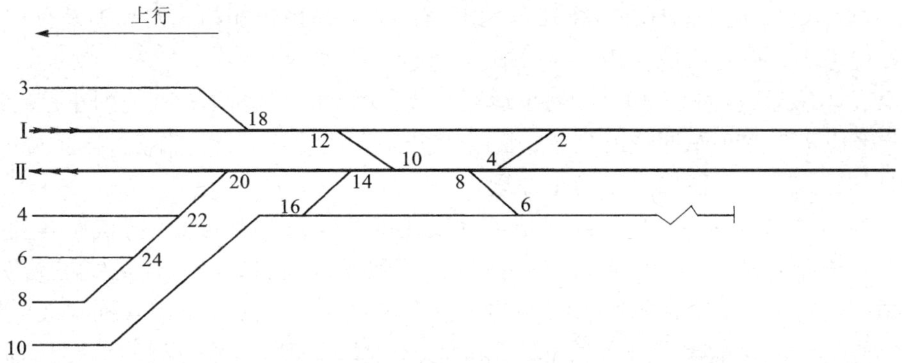

图5－9　某站上行咽喉示意图

第四节　列车占用线路和停车的要求

一、列车到发线路的使用

为保证安全和正确地接发列车，便于进行列车技术作业，接发列车应在正线或到发线上办理。这是因为正线或到发线的道岔和线路质量好，信号、联锁设备完善，对列车安全地进、出车站有保障。另外，编组站、区段站及作业量较大的中间站，在到发线设有列检作业的各种技术设备，便于进行列车技术作业。

（1）旅客列车、挂有超限货物车辆的列车，应接入规定线路。

旅客列车在安全和速度方面要求较高。同时，为便于旅客乘降、行包装卸及客车上水等工作，办理客运业务的旅客列车应接入靠近站台等《站细》规定的线路。

超限货物的宽度或高度超出机车车辆限界，与邻近的设备、建筑物或邻线的机车车辆有刮撞的可能，为保证列车安全运行和货物完整，不损坏设备和建筑物，规定必须将挂有超限货物车辆的列车接入符合《站细》规定的规定线路。

（2）动车组列车在车站办理客运业务时，须固定股道、固定站台、固定停车位置。动车组列车遇特殊情况需变更办理客运业务的固定股道时，须经调度所值班主任（值班副主任）准许。

动车组列车运行速度及等级高，因此对在车站办理客运业务的动车组列车均须明确固定股道、固定站台、固定停车位置。遇设备故障、自然灾害、列车晚点等不可抗力原因必须调整动车组列车固定股道时，必须经调度所值班主任（值班副主任）准许，不发布调度命令。

（3）动车组列车、特快旅客列车通过时应在正线办理，其他通过列车原则上应在正线办理。

正线设备较其他线路的质量和规格都高，为列车以高速通过车站提供有利条件。正线的出站信号一般都是高柱形的，为司机提供较好的瞭望条件。正线所经道岔位置绝大多数开通直向位置，以保证列车有较高速度，并能减少轮缘磨耗。因此，动车组列车、特快旅客列车通过时应在正线办理，其他通过列车原则上应在正线办理。

(4)原规定为通过的旅客列车由正线变更为到发线接车及动车组列车、特快旅客列车遇特殊情况必须变更基本进路时，须经列车调度员准许；并预告司机；如来不及预告时，应使列车在站外停车后，再开放信号机，接入站内。

原规定在车站通过的列车包括：列车运行图规定为通过的列车；有关列车运行时刻的书面文件、电报规定为在车站通过的列车；临时加开列车时，调度命令指定为通过的列车。凡没有指定时刻的列车，一律按停车列车办理。

原规定为通过的旅客列车由正线变更为到发线接车及动车组列车、特快旅客列车遇特殊情况必须变更进路时，分为两种情况：一种是变更到发线通过，另一种是变更到发线接车。由于旅客列车运行速度高，在站内正线上的运行速度也不低，而列车进入到发线受侧向通过道岔速度的限制，若列车超速进入到发线，可能造成脱轨颠覆事故。有的车站虽有预告信号机，但只能预告进站信号机的开放状态，不能预告道岔开通的位置。

在集中联锁的车站，正常情况下按两个按钮(始端终端)即可准备好接发列车进路，此时称为“基本进路”。但在较大车站，同一股道接发车进路会存在变通进路，特别是正线接发列车时存在“迂回”式进路。动车组列车、特快旅客列车运行速度高，随意变更基本进路会严重影响到列车安全。

因此，原规定为通过的旅客列车由正线变更为到发线接车及动车组列车、特快旅客列车遇特殊情况必须变更基本进路时，须经列车调度员准许，并预告司机；如来不及预告时，应使列车在站外停车后，再开放信号机，接入站内。

对于规定在车站正线停车的旅客列车，由正线变更为到发线接车时，由于司机已有在站停车的准备，可以控制列车进站速度，故不必采取上述措施。

二、正线和到发线停留车辆的限制

为了实现列车按图行车，车站值班员应保证有不间断接车的空闲线路。为此，车站值班员必须加强与列车调度员和各部门的联系，随时了解列车运行情况，做到正确合理运用到发线。

正线是列车通过车站的主要经路，如不保持经常空闲，就可能导致列车经到发线通过车站，降低通过速度，影响运输效率，因此，规定正线上不应停留车辆，但尽头式车站不办理列车通过，其正线可按到发线掌握使用。

到发线的使用直接关系到干线的畅通和列车的运行安全，因此，到发线的运用，必须统一由车站值班员掌握和指挥。如占用到发线不经过车站值班员准许，就可能影响接发列车工作，也存在危及行车安全的隐患。

中间站经常因调整列车运行而进行列车会让，所以停留车辆占用到发线时，除经车站值班员准许外，还要取得列车调度员的准许。未装轨道电路的中间站，到发线停留车辆时，应将两端道岔扳向不能进入该线的位置并加锁。这是因为未装设轨道电路的到发线，如果停有车辆，当道岔开通该线时，还能开放进站信号，可能造成列车或其他机车、车辆进入该线，发生列车冲突事故。

三、向有车线接车的限制

车站无空闲线路，是指车站正线、到发线及符合接车条件的线路，均有车占用（包括因故障封锁的线路）。在这种情况下，不能按常规接入一般列车。只准许接入为排除故障、事故救援、疏解车辆等所需要的救援列车、不挂车的单机、重型轨道车等，其他列车不准办理接车。

在接车办法上，所接列车和单机、重型轨道车应在站外停车，由接车人员将接车线路、接车线内停留车位置、本列车预定停车地点及其他有关注意事项通知司机，待司机明了后登乘机车（推进时为前部车辆），以调车手信号旗（灯）（昼间展开的绿色信号旗，夜间以绿色灯光）将列车领入站内。此外，接车前，车站值班员应派人通知接车线内机车、重型轨道车司机，禁止移动其位置，防止与接入列车发生冲突。

四、列车停车的位置和要求

1. 列车停车的位置

列车进站后，应停于接车线警冲标内方，以防止侧面冲突及影响邻线接发列车和调车作业。在设有出站信号机的线路上，列车头部不得越过该信号机，因为出站信号机起着防护前方道岔和区间的作用。

列车进站后，车站接车人员应确认列车尾部是否进入警冲标内方或是否过轨道绝缘。如列车尾部停在警冲标外方或压轨道绝缘时，车站接车人员应使用列车无线调度通信设备等通知司机或显示向前移动的手信号，指挥列车移动到警冲标或轨道绝缘内方停车。

2. 列车在车站停车的要求

货物列车在车站停车时，由于列车编组较长，为保持列车停车平稳，司机施行制动后，应将制动阀置于保压位停车。停车后，司机不得缓解列车制动，目的是防止列车或车辆溜走。列车处于长大下坡道地段时，为了冷却闸瓦，增加摩擦力，保持应有的制动力，由各铁路局规定的凉闸站可以不受上述限制。

发车前，司机施行缓解，在确认出站信号开放正确、行车凭证已交付并确认正确、发车信号已显示或得到车站的发车通知以及无临时显示的停车信号等条件后，方可启动列车。

五、超长列车停站时的防护

当超长列车尾部停在警冲标外方，相对方向需接入列车，而在进站信号机外制动距离内为超过6‰的下坡道，接车线末端又无隔开设备时，为了防止对向列车进站后由于司机操纵不当越过出站信号机或警冲标，与超长列车发生冲突，规定必须使对向列车在站外停车后，再接入站内，如图 5－10 所示。

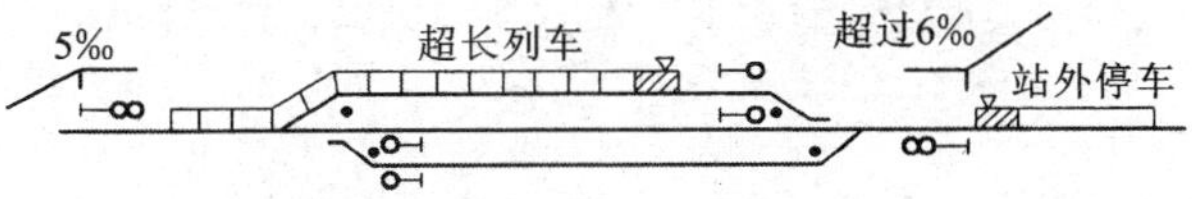

图 5－10　超长列车在规定条件下会车示意图

当超长列车尾部停在警冲标外方，其邻线未设调车信号机，又无隔开设备，由相对方向进行调车时，必须派人以停车手信号进行防护，防止调车车列与超长列车尾部发生侧面冲突。

第六章

列车运行

第一节　一般要求

一、列车和按照列车办理的条件

按照列车编组计划、列车运行图和《技规》等有关规定，编挂在一起，并挂有机车及规定的列车标志的车列，称为列车。动车组列车为自走行固定编组列车。

单机（包括单机挂车）、大型养路机械及重型轨道车，因运输需要，需要发往区间时，由于其编组内容较一般列车简单，因而部分条件可以简化，不必完全具备列车条件，即没有车列或部分列车标志，但其他运行条件，仍须符合《技规》的规定。在办理闭塞、接发列车手续和要求上，在服从调度指挥及发生事故处理等方面，均应按照列车运行的规定办理。

为了保证旅客列车的运行安全，便于后续列车确认，列车尾部标志应使用电灯。为了加强灯具的保管、维修，规定动车组以外的旅客列车尾部标志灯的摘挂、保管由车辆部门负责。对中途转向的动车组以外的旅客列车，为了节省换挂标志灯的时间，应有备用标志灯，确保列车能正点运行。动车组尾部标志灯不能摘挂，不需要对尾部标志灯进行摘挂、保管。

列车运行中，各有关作业人员应按规定执行车机联控。“车机联控”是车务、机务等行车有关人员使用列车无线调度通信设备，按规定联络，提示行车安全信息、确认行车要求的互控方式。车务、机务等行车有关人员应按车机联控有关规定执行。

二、列车标志的显示方式

列车应根据其种类及运行的线路和方向，在头部和尾部分别显示不同的列车标志。列车标志的显示方式，昼间与夜间相同，但昼间不点灯，其显示方式如下：

（1）列车在双线区段正方向及单线区段运行时，机车前端为一个头灯及中部右侧一个白色灯光（图6－1）。列车尾部两个侧灯，向后显示红色灯光，向前显示白色灯光；挂有货物列车列尾装置时，为列尾装置向后显示红白相间的反射标志和一个红色闪光灯光（图6－2）。

（2）列车在双线区段反向运行时，机车前端为一个头灯及中部右侧一个红色灯光（图6－3）；列车尾部标志与第（1）款同。

（3）列车推进运行时，列车前端两个侧灯，向前显示红色灯光，向后显示白色灯光；挂有货物列车列尾装置时，为列尾装置向前显示红白相间的反射标志和一个红色闪光灯光（图6－4）。机车后端为中部左侧一个红色灯光（图6－5、图6－6）。

图 6－1　列车标志的显示方式(1)

图 6－2　列车标志的显示方式(2)

图 6－3　列车标志的显示方式(3)

列车在双线区段正向推进运行时，列车前端向前显示左侧一个红色灯光，右侧一个白色灯光，向后显示左侧一个白色灯光；挂有货物列车列尾装置时，为列尾装置向前显示红白相间的反射标志和一个红色闪光灯光(图6－7)。

图6－4　列车标志的显示方式(4)

图6－5　列车标志的显示方式(5)

图6－6　列车标志的显示方式(6)

图6－7　列车标志的显示方式(7)

（4）列车后端挂有补机时，机车后端标志与第（3）款同。

（5）单机在双线区段正方向及单线区段运行时，机车前端标志与第（1）款同；后端标志与第（3）款同。

（6）单机在双线区段反方向运行时，机车前端标志与本条第（2）款同；后端标志与第（3）款同。

（7）调车机车及机车出入段时，机车前端标志与第（1）款同；机车后端中部左侧一个白色灯光（图6－8）。

图6－8　列车标志的显示方式（8）

（8）轨道车运行时，前端为一个白色灯光（图6－9）；后端为一个红色灯光（图6－10）。

图6－9　列车标志的显示方式（9）

图6－10　列车标志的显示方式（10）

三、列车运行速度要求

（一）列车运行限制速度要求

为了保证列车安全运行，司机在操纵机车、动车组时，应注意不使列车超过规定的限制速度。根据信号的显示、机车牵引方式和接车线的特点，分别规定了不同情况下列车运行的限制速度(表6－1)。

表6－1　列车运行限制速度表

项　　目	速　度/($km·h^{-1}$)
四显示自动闭塞区段通过显示绿黄色灯光的信号机	在前方第三架信号机前能停车的速度
通过显示黄色灯光的信号机及位于定位的预告信号机	在次一架信号机前能停车的速度
通过显示一个黄色闪光灯光和一个黄色灯光的信号机	该信号机防护进路上道岔侧向的允许通过速度
通过减速地点标	标明的速度，未标明时为25
推　进	30
退　行	15
接入站内尽头线，自进入该线起	30

(1)根据四显示自动闭塞的灯光排列绿、绿黄、黄及红的顺序，当列车通过显示绿黄灯光的通过信号机时，表述列车运行前方有两个闭塞分区空闲。因此要求列车应以在前方第三架通过信号机前能停车的速度运行。

(2)当列车通过显示黄色灯光的信号机及位于定位的预告信号机时，由于次一信号机可能在关闭状态，因此，司机应按在次一信号机前能停车的要求掌握列车运行速度。

(3)列车通过一个黄色闪光灯光和一个黄色灯光的信号机时，表示运行前方经过18号及其以上道岔侧向运行，运行速度为该信号机防护进路上道岔侧向的允许通过速度。

(4)当列车通过减速地点标时，应按减速信号牌上标明的速度运行。如减速地点标上未标明速度时，应按不超过25 km/h的速度通过减速地点标。司机应根据牵引的列车长度，由减速地点标开始按限制速度运行，待全列车通过限速地段终点的减速地点标以后，方可加速。

(5)列车推进运行时，因机车在列车后部，车列在前，司机瞭望困难，故规定不得超过30 km/h。

(6)列车退行，其运行方式为向原列车运行方向的反方向运行，并兼有列车推进运行的特点，是列车遇到灾害等情况，被迫采取的运行方式，所以限制速度应比推进运行时更低，不得超过15 km/h。

(7)列车接入站内尽头线时，为防止制动不当，越过线路终端，造成机车、车辆脱轨及建筑物损坏等，规定自列车进入该尽头线时起，运行速度不得超过30 km/h。

动车组单节车辆长度在25～27 m左右，由于受车辆长度和轴距的限制，一般情况下不得通过半径小于250 m的曲线，困难条件下，通过曲线半径为250 m曲线时，应采取限速通过的方式，限速15 km/h；同时，小于9号的单开道岔和小于6号的对称双开道岔，其导曲线半径小，动车组通过时安全风险大，因此规定动车组不得侧向通过小于9号的单开道岔和小于6号的对称双开道岔。

虽然9号单开道岔和6号的对称双开道岔存在导曲线半径小于250 m的情况，但由于导曲线长度短，动车组单节车辆不会全部停留在导曲线上，所以动车组侧向通过9号道岔或6号的对称双开道岔时，应按道岔的侧向允许通过速度运行。

（二）特殊情况下列车运行速度的限制

采用空气弹簧悬挂的动车组，空气弹簧故障后应急弹簧可保证速度不超过160 km/h（CRH2、CRH380A/AL型为120 km/h）安全运行，舒适度有所影响，因此规定动车组在运行途中遇空气弹簧故障时，运行速度不得超过160 km/h（CRH2、CRH380A/AL型为120 km/h）。动车组以外的其他旅客列车，运行途中遇车辆空气弹簧故障时，同样存在运行的安全要求和旅客舒适度的问题，因此规定运行速度不得超过120 km/h。

当采用密接式车钩的旅客列车，在运行途中临时故障更换15号过渡车钩后，为保证运行安全，规定运行速度不得超过140 km/h。

当未装备列车运行监控装置的动车组列车在CTCS－0/1级区段按机车信号模式运行时，列车按地面信号机显示行车，运行速度不超过80 km/h。低于80 km/h的限速按调度命令执行，线路允许速度低于80 km/h的区段由司机控制列车运行速度。

当司机听到响墩爆炸声及火炬信号的火光，均要求紧急停车。停车后如无防护人员，机车乘务人员应立即检查前方线路，如无异状，列车以在瞭望距离内能随时停车的速度继续运行，但不得超过20 km/h。在自动闭塞区间，运行至前方第一架通过（进站）信号机前，如无异状，即可按该信号机显示的要求执行；在半自动或自动站间闭塞区间，经过1 km后，如无异状，可恢复正常速度运行。

四、动车组回送要求

为确保动车组回送运行安全，规定如下：

（1）动车组回送时接发列车按旅客列车办理，应执行相对方向同时接车和同方向同时发接列车的相关规定，以及相邻线路调车作业限制的规定，原则上采用自走行方式。无动力回送时，可根据动车组回送技术条件，加挂回送过渡车，并使用客运机车牵引，回送过渡车须挂于机后第一位。8辆编组的动车组可两列重联回送。未装备LKJ的动车组需在CTCS－0/1级区段回送时，由于动车组没有LKJ装备，在CTCS－0/1级区段运行只能采取机车信号模式运行，缺少相应的设备安全控制手段，因此应采取无动力回送方式。

（2）动车组回送运行时，为了确保及时处置在回送过程中发生的问题，以及满足动车组回送安全的要求，必须安排动车组司机及随车机械师值乘。有动力回送时，非担当区段应指派带道人员。

（3）动车组均安装自检系统，一旦发生故障后会自动报警，因此动车组回送时不进行客列检作业。

（4）动车组安装过渡车钩回送时，为了防止高速运行中突发紧急制动发生车钩断裂等问题，应按规定限速运行，尽可能避免实施紧急制动。发生紧急制动后，本务司机必须通知（或通过动车组司机转告）随车机械师，经随车机械师检查过渡车钩状态良好后方可继续运行。

（5）动车组回送时，由于各种型号的动车组相应的回送技术条件不相同，因此相关动车段、动车运用所、造修单位应向调度所提出相应的回送技术条件，调度所根据提出的限速、回送方式（有动力、无动力）、可否折角运行等注意事项，发布有关调度命令。

第二节 列车乘务组的要求

一、列车乘务组的组成

为了完成列车运行中的各项作业，及时处理运行中发生的各种问题，以及在有碍安全时采取临时防护措施，根据列车的任务、要求和运行条件，配备直接为列车服务的人员组成列车乘务组。包括：

(1)动车组列车应有动车组司机，其他列车应有机车乘务人员。

动车组司机负责操纵动车组列车，机车乘务组负责操纵机车，完成列车牵引任务，负责本列车在区间的行车指挥工作。

为保证机车乘务组有良好的工作条件，确保列车运行安全，应严格控制机车乘务组以外人员登乘机车、动车组司机室。如因工作需要，在不妨碍机车乘务员、动车组司机正常工作的前提下，准许下列人员登乘机车、动车组司机室。

①铁路机车运用管理规则指定的人员；

②持有总公司、铁路局机务部门填发的登乘机车证者；登乘动车组司机室须凭动车组司机室登乘证。司机应认真查验证件。

(2)动车组列车应有随车机械师，其他旅客列车、特快货物班列和机械冷藏车组，均应有车辆乘务人员。

由于旅客列车、特快货物班列运行速度比较高，机械冷藏车组的车辆构造比较复杂，为便于途中随时进行检修、处理故障，均应配备车辆乘务人员。为便于动车组列车途中随时进行检修、处理故障，应配备随车机械师。

(3)旅客列车应有客运乘务组。

为了做好旅客服务工作，如组织旅客上、下车，负责车内卫生，提供旅客文化生活，饮食供应以及行李包裹的运送等服务，旅客列车需有客运乘务组。客运乘务组一般由列车长、列车广播员、列车员、列车行李员及餐车工作人员等组成。

二、动车组以外的列车司机在列车运行中的要求

动车组以外的列车司机在列车运行中，应做到：

(1)列车在出发前输入监控装置有关数据；按规定对列车自动制动机进行试验，在制动保压状态下列车制动主管的压力 1 min 内漏泄不得超过 20 kPa，确认列尾装置作用良好。

装备机车综合无线通信设备的机车，开车前司机要选定机车综合无线通信设备通信模式和运行线路。在 GSM－R 区段运行时，机车综合无线通信设备、GSM－R 手持终端按规定注册列车车次，并确认正确。

(2)遵守列车运行图规定的运行时刻和各项允许及限制速度。彻底瞭望，确认信号，执行呼唤应答制度，严格按信号显示要求行车，确保列车安全正点。遇有信号显示不明或危及行车和人身安全时，应立即采取减速或停车措施。

(3)机车信号、列车无线调度通信设备、列车运行监控装置(轨道车运行控制设备)和列尾装置必须全程运转，严禁擅自关机。

运行途中，遇列尾装置、机车信号、列车运行监控装置(轨道车运行控制设备)发生故障时，司机应立即使用列车无线调度通信设备报告车站值班员或列车调度员，并根据实际情况掌握速度运行；遇机车信号、列车运行监控装置(轨道车运行控制设备)发生故障时，司机应控制列车运行至前方站停车处理或请求更换机车，在自动闭塞区间，列车运行速度不超过20 km/h；遇列车无线调度通信设备发生故障时，司机应在前方站停车报告。

(4)启动稳，加速快，精心操纵，停车准确，按规定鸣笛，防止列车冲动和断钩。

(5)随时检查机车总风缸、制动主管的压力。检查内燃机车柴油机的润滑油压力、冷却水的温度及其转数等情况。注意电力机车的各种仪表的显示及接触网状态。

(6)在区间内列车停车进行防护、分部运行、装卸作业或使用紧急制动阀停车后再开车时，司机必须检查试验列车制动主管的贯通状态，在确认列车完整，具备开车条件后，方可起动列车。

(7)单机、自轮运转特种设备在自动闭塞区间紧急制动停车或被迫停在调谐区内时，司机须立即通知后续列车司机、向两端站车站值班员(列车调度员)报告停车位置(具备移动条件时司机须先将机车移动不少于15 m)，并在轨道电路调谐区外使用短路铜线短接轨道电路。

(8)等会列车时，不准关闭空气压缩机，并应按规定显示列车标志。

(9)负责货运票据的交接与保管。

(10)将列车运行中发生的问题及使用紧急制动阀的情况，及时报告列车调度员。

三、动车组列车司机在列车运行中的要求

动车组列车司机在列车运行中，应做到：

(1)开车前司机要选定机车综合无线通信设备通信模式和运行线路，机车综合无线通信设备、GSM－R手持终端按规定注册列车车次，并确认正确。装备列车运行监控装置的动车组列车还应按规定输入监控装置有关数据。

(2)遵守列车运行图规定的运行时刻和各项允许及限制速度。彻底瞭望，确认信号，执行呼唤应答制度，严格按信号显示要求行车，确保列车安全正点。遇有信号显示不明或危及行车和人身安全时，应立即采取减速或停车措施。

(3)机车信号、机车综合无线通信设备、列车运行监控装置(列控车载设备)必须全程运转，严禁擅自关机、隔离。运行途中，遇机车信号、列车运行监控装置、列控车载设备发生故障时，司机应立即报告车站值班员或列车调度员。动车组列车按列车运行监控装置方式行车时，遇机车信号、列车运行监控装置发生故障，应根据实际情况掌握速度运行，运行至前方站停车处理；在自动闭塞区间，机车信号、列车运行监控装置发生故障时，列车运行速度不超过40 km/h。动车组列车按列控车载设备方式行车时，遇列控车载设备发生故障，应根据调度命令停车转为列车运行监控装置控车方式或隔离模式运行；转为隔离模式运行时，列车运行速度不超过40 km/h。

(4)运行途中，司机不能使用机车综合无线通信设备进行通话时，应立即使用GSM－R手持终端或无线对讲设备报告车站值班员(列车调度员)；如GSM－R手持终端及无线对讲设备也不能进行通话，司机应在前方站停车报告。

(5)启动稳，加速快，精心操纵，停车准确，按规定鸣笛。

(6)注意操纵台各种仪表及车载信息监控装置的显示。

(7)正常情况在列车运行方向最前端司机室操纵，非操纵端司机室门、窗及各操纵开关、手柄均应置于断开或锁闭位。关闭非操纵端司机室机车综合无线通信设备电源。

(8)动车组列车停车后，必须使列车保持制动状态。更换动车组司机(同向换乘除外)或司机室操纵端、使用紧急制动停车、重联或解编后再开车时，必须进行相关试验。

(9)等会列车时，不准关闭辅助电源装置，并应按规定显示列车标志。

(10)将列车运行中发生的问题及使用紧急制动装置的情况，及时报告列车调度员。

四、车辆乘务人员的要求

车辆乘务人员应按技术作业过程的规定检查车辆，并参加制动试验。在列车运行途中，应监控车辆运用状态，及时处理车辆故障，并将本身不能完成的不摘车检修工作，预报前方站列检。前方站列检应积极组织人力修复车辆故障，保持原编组运用。是否摘车检修，由当地列检决定并处理。

车辆乘务员应配备列车无线调度通信设备及响墩、火炬、短路铜线、信号旗(灯)等防护用品，在值乘中还应做到：

(1)列尾装置故障时，列车出发前、停车站进站前和出站后，应按规定与司机核对列车尾部风压；

(2)列车发生紧急制动停车后，联系司机，检查车辆技术状态，可继续运行时通知司机开车；

(3)向司机通报使用紧急制动阀的情况，并协助司机处理有关行车事宜。

五、随车机械师的要求

随车机械师应按技术作业过程的规定检查动车组；在列车运行途中，应监控动车组设备技术状态，及时处理车辆故障，经处置确认无法正常运行时，通知司机选择维持运行或停车。随车机械师应配备 GSM－R 手持终端和无线对讲设备及响墩、火炬、短路铜线、信号旗(灯)等防护用品，在值乘中还应做到：

(1)列车发生紧急制动停车后，联系司机，检查车辆技术状态，可继续运行时通知司机开车；

(2)向司机通报使用紧急制动装置的情况，并协助司机处理有关行车事宜。

第三节　列车在区间被迫停车的处理

除列车按列车运行图或调度命令的要求在区间有计划的停车外，其他因线路中断、接触网停电、动车组(电力机车)停在分相无电区、制动失效及其他机车车辆故障等原因，导致列车在区间停车，不能按信号显示(行车凭证)继续向前运行的情况，称为列车在区间被迫停车。

列车在区间因作业需要、信号(包括地面信号和车载信号)显示停车信号或显示不明、接到停车的通知而停车，以及发现线路上有行人、异物等而临时停车，不属于列车在区间被迫停车。

被迫停车可能造成列车脱轨、颠覆、货物脱落，甚至列车追尾；双线区间还可能妨碍邻线从而中断行车。所以，造成被迫停车时，司机应迅速判明情况，及时报告两端车站及列车调度员，并采取积极措施，防止事故扩大，以最短时间，尽快恢复行车。

一、列车被迫停车时的处理

(1)列车在区间被迫停车不能继续运行时，司机应立即使用列车无线调度通信设备通知两端站(列车调度员)及车辆乘务员(随车机械师)，报告停车原因和停车位置，根据需要迅速请求救援。需要防护时，列车前方由司机负责；列车后方由车辆乘务员(随车机械师)负责，若无车辆乘务员(随车机械师)，则由列车乘务员负责。配备列车防护报警装置的列车应首先使用列车防护报警装置进行防护。单班单司机值乘的列车防护作业办法由铁路局规定。

(2)如遇自动制动机故障，动车组以外的旅客列车司机应通知车辆乘务员立即组织列车乘务人员拧紧全列人力制动机，以保证就地制动；其他列车司机应立即采取安全措施，并向车站值班员(列车调度员)报告，请求救援。

(3)对已请求救援的列车，不得再行移动，并按规定对列车进行防护。

(4)车站值班员(列车调度员)接到司机通知后，应将区间内列车运行情况通知司机，并立即使用列车无线调度通信设备转告区间内有关列车。在停车原因消除前不得再放行追踪、续行列车。

(5)需组织旅客疏散时，车站值班员得到列车调度员准许后，扣停邻线列车并通知司机，司机通知有关作业人员办理。

二、列车被迫停车可能妨碍邻线时的处理

列车发生脱轨、颠覆等事故或其他原因被迫停车时，司机及车辆乘务员(随车机械师)应认真观察，注意是否妨碍邻线。可能妨碍邻线时：

(1)配备列车防护报警装置的列车应首先使用列车防护报警装置进行防护。

(2)司机应立即使用列车无线调度通信设备通知邻线上运行的列车，并通知区间两端站车站值班员或列车调度员。

(3)司机与车辆乘务员(随车机械师)分别在列车头部和尾部附近邻线上点燃火炬；自动闭塞区间还应对邻线来车方向短路轨道电路。

火炬为昼夜使用的视觉信号，火炬燃烧时发出的红色火光要求列车紧急停车。火炬分为投式和插式两种。使用火炬时，先取下擦火帽，露出发火药头，再用擦火帽擦发火药头，使之燃烧后，投掷式放于道心，柱插式与地面向外45°插于道心。火炬点燃后可燃烧8 min左右，在这一段时间内，已进入区间的列车运行到被迫停车的列车附近时，即可看到火炬的火光，从而采取停车措施，也给司机等人下车察看是否妨碍邻线的工作留出时间。

(4)司机亲自或指派人员沿邻线一侧对列车进行检查，发现妨碍邻线时，立即派人按规定防护，如发现邻线有车开来时，司机应鸣示紧急停车信号，其他人应向列车显示停车信号。

(5)车站值班员接到列车被迫停车可能妨碍邻线的通知后，应立即通知邻线有关列车停车，在原因消除、确认不再妨碍邻线前不得向邻线放行列车。

单班单司机值乘方式不具有全路普遍性，列车防护作业办法由铁路局结合本局实际情况进行规定。

三、列车分部运行办法

列车在区间内发生断钩、制动主管破裂、脱轨、坡停等被迫停车，不能继续运行，而需分批运行到前方站或后方站的办法称为列车分部运行。

（一）列车分部运行办法

必须分部运行时，应按下列要求办理：

（1）司机应立即将被迫停车的原因及需要分部运行的要求报告前方站或列车调度员。

（2）组织和指挥有关人员做好遗留车辆的防溜工作，并按规定做好防护。

（3）遗留车辆派人看守。

（4）记明遗留车辆辆数和停留位置。

（5）牵引前部车辆开往前方站。在自动闭塞区间，在运行中仍应按信号机的显示运行。在半自动闭塞区间或按电话闭塞法行车时，分部运行的前部车列运行至接车站进站信号机前，即使该信号机已开放，也必须在机外停车（司机已报告前方站或列车调度员为分部运行时可直接进站）。这是因为半自动闭塞区间机车车辆只要驶过接车轨道电路，闭塞机即可解锁，区间即具有开通条件，电话闭塞法行车是通过人工检查确认和联系制度来保证实现列车运行空间间隔，列车到达发出电话记录号码即可办理区间开通；如车站值班员未得到列车为分部运行的通知，又未认真确认列车是否整列到达，即开通区间并与邻站办理闭塞手续，就可能向占用区间开行列车，存在与区间遗留车列发生冲突的安全风险。

（6）机车牵引的前部车辆整列进入车站后，车站值班员将情况报告列车调度员，列车调度员发布调度命令封锁区间。

（7）救援列车到达或返回车站，车站值班员确认遗留车辆全部取回、区间空闲后，向列车调度员报告。列车调度员发布调度命令开通区间。

（二）不准分部运行的情况

列车在区间发生断钩、制动主管破裂、脱轨及坡停等情况，可采用分部运行办法，但以下情况不准分部运行：

（1）经采取措施可整列运行时。如发生坡停后，派救援机车以双机牵引或后部补推的方式运行至车站，或在区间因车辆故障停车后，可由车辆乘务人员对车辆进行临修后继续运行等。

（2）对遗留车辆未采取防护、防溜措施时。如若分部运行，则可能造成停留车辆溜逸等，酿成事故。

（3）遗留车辆无人看守时。由于路外闲杂人员的破坏，可能撤除遗留车辆的防护、防溜措施，或损坏车辆、货物。

（4）司机与车站值班员及列车调度员均联系不上时。此时，联系方式不仅限于列车无线调度通信设备。

（5）遗留车辆停留在超过6‰坡度的线路上时。此时即使采取防溜措施，也存在车辆溜逸的风险，因此也不能分部运行。该处超过6‰坡度是指遗留车辆所在线路的实际坡度。

四、列车在区间被迫停车后放置响墩的要求

为保证列车运行安全，列车被迫停车后，应使用响墩对列车进行防护。

响墩设置方法：每组为三枚，其中两枚扣在来车方向的左侧钢轨上，一枚扣在右侧钢轨上，彼此间隔 20 m。当机车压上响墩后，司机一侧可先听到响墩爆炸声，便于司机采取停车措施。每个响墩放置间隔 20 m，是为了使其爆炸声分清三响，不致与其他爆炸声相混淆。响墩不应放置在道口、道岔、钢轨接头、无砟桥上和隧道内，以及有特殊设备、积雪和浸水地点，如设置地点恰在上述位置，应向外延伸。

在不同情况下放置响墩的要求是：

(1)已请求救援时，从救援列车开来方面(不明时，从列车前后两方面)，距离列车不少于 300 m 处防护，如图 6－11 所示。

规定 300 m，是因为已请求救援，列车调度员已在命令中指明了被迫停车列车的所在位置，所以救援列车司机心中有数，可以提前减速，能在 300 m 内停车。

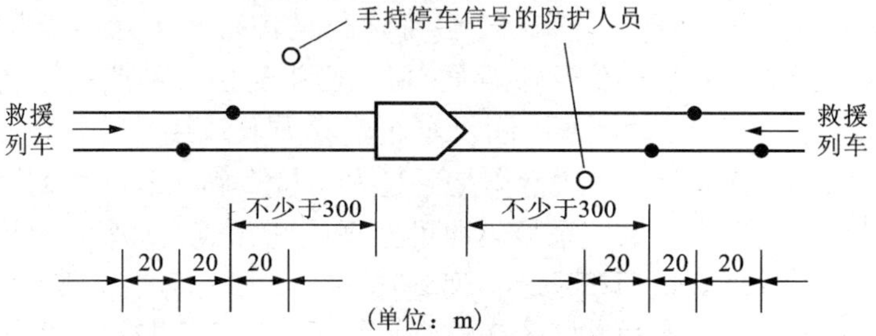

图 6－11　已请求救援列车的防护

(2)一切电话中断后发出的列车(持有附件 3 通知书 1 的列车除外)，应于停车后，立即从列车后方按线路最大速度等级规定的列车紧急制动距离位置处防护，如图 6－12 所示。

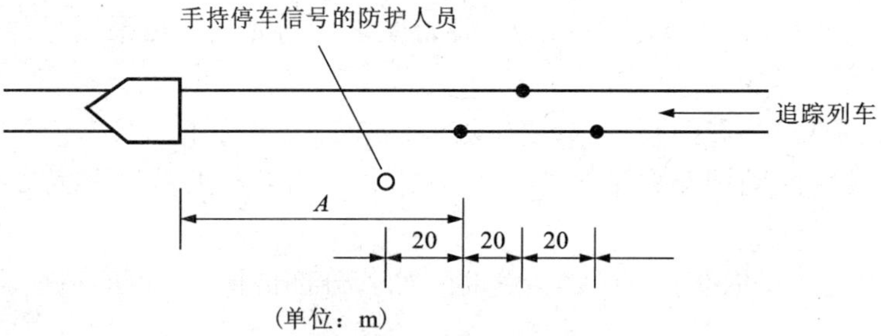

图 6－12　有续行列车运行的防护

A—线路最大速度等级规定的列车紧急制动距离

(3)对于邻线上妨碍行车地点，按线路最大速度等级规定的列车紧急制动距离位置处防护，如确知列车开来方向时，仅对来车方面防护，如图 6－13 所示。

(4)列车分部运行，机车进入区间挂取遗留车辆时，应从车列前方距离不少于 300 m 处防护，如图 6－14 所示。

由于撤除响墩往返步行时间较长，为了尽量减少列车被迫停车对运输秩序的影响，提高运输效率，停车原因消除后防护人员可不撤除响墩。

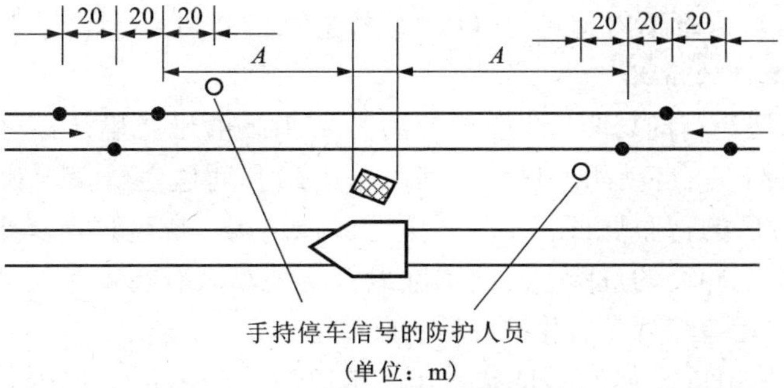

图 6－13　妨碍邻线的防护

A—线路最大速度等级规定的列车紧急制动距离

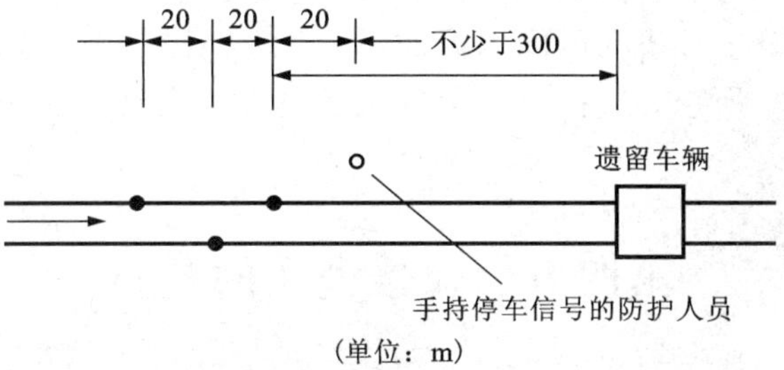

图 6－14　分部运行机车挂取遗留车辆的防护

五、列车退行的有关规定

为了保证行车安全，《技规》对列车在区间因自然灾害、线路故障、坡停等原因被迫停车后不能继续前进时，能否退行以及准许退行时的退行办法，作了如下规定。

（一）退行列车的退行办法

列车在不得已情况下，必须退行时，应执行下列要求：

（1）退行时，车辆乘务员或随车机械师（无车辆乘务员或随车机械师时，指派的胜任人员）应站在列车尾部注视运行前方，发现危及行车或人身安全情况时，应立即使用紧急制动阀（紧急制动装置）或使用列车无线调度通信设备通知司机，使列车停车。

（2）列车退行速度不得超过 15 km/h，以便发现危及行车或人身安全的情况能随时停车。

（3）退行列车未得到后方站（线路所）车站值班员准许，不得退行到车站的最外方预告标或预告信号机（双线区间为邻线预告标或特设的预告标）的内方，以防止与越出站界或跟踪出站调车的机车车辆发生冲突。

（4）车站值班员接到退行报告后，除立即向列车调度员报告外，还应根据车站线路占用情况，准备进路，开放进站信号机或用引导办法，将列车接入站内。

（5）动车组列车在区间被迫停车后，遇特殊情况必须返回后方站时，车站值班员接到报告后，不再向该区间放行列车，确认动车组列车至后方站间已空闲后，报告列车调度员并征得同意后，通知司机返回。司机得到车站值班员的通知，应进行换端操作，在动车组列车运行方向前端操作，运行速度不得超过 40 km/h，按进站信号机显示的允许运行的信号进站。

（二）列车不准退行的情况

（1）按自动闭塞法运行时（列车调度员或后方站车站值班员确认该列车至后方站间无列车，并准许退行时除外）。自动闭塞区段，列车以出站和通过色灯信号机显示的允许运行的信号作为进入闭塞分区的行车凭证，在区间实行追踪运行，在这种情况下，列车退行有与后方开来的追踪列车发生冲突的危险，因此不准退行。列车只有在列车调度员或后方站车站值班员确认至后方站间无追踪列车，并准许后，方可退行。

（2）在降雾、暴风雨雪及其他不良条件下，难以辨认信号时。原因是瞭望困难，盲目退行可能会危及行车安全。

（3）一切电话中断后发出的列车（持有附件 3 通知书之 1 的列车除外）。目的是为了防止与一切电话中断后间隔一定时间开出的续行列车发生冲突；持有附件 3 通知书之 1（即第 × × 列车到达你站后，准接你站发出的列车）的列车，由于后面没有续行列车，故被迫停车后可以退行。

挂有后部补机的列车，补机在区间内返回时，由于补机途中可能停车，如列车退行，有与补机发生冲突的危险，所以，对挂有后部补机的列车，除以上三种情况外是否准许退行，由铁路局规定。

第四节　救援列车的开行

救援列车是指，当站内或区间发生冲突、脱轨、颠覆等行车事故，机车车辆等发生故障不能继续运行，以及自然灾害侵袭造成行车中断等危急情况时，为迅速排除故障，尽快恢复行车而赶赴事故现场担当抢险、救援的列车，包括专用救援列车、单机、重型轨道车等。

一、事故救援设备

（一）救援列车设置

为了及时处理行车事故，清除线路故障，保证迅速恢复行车，在铁路总公司规定的地点设救援列车。救援列车设置应遵循布局合理、到达事故地点快捷的原则。各铁路局所在地的救援列车设为救援列车基地（需另选址的由铁路局确定并报铁路总公司批准）。形成以全路 18 个救援列车基地为中心，辐射各救援列车的全路救援网络。

救援列车的增设、撤除和地点迁移由铁路局提报方案，报铁路总公司批准。

铁路局机务处应设救援列车专职管理人员。救援列车的日常管理由机务段负责，实行段长负责制。配属救援列车的机务段设救援车间，管理救援列车工作。

无救援列车的编组站、区段站和二等以上车站，铁路局应组织有关站（段）专业人员，组成不脱产的事故救援队。日常管理、救援机具配备、培训演练由各铁路局根据实际情况确定。

（二）救援列车设施设备

（1）救援列车编组所属的专用车辆按表 6－2 组成。救援列车的指挥、宿营、餐车、发电车辆应有防暑、防寒设备。救援列车的餐车，应装备冷冻冷藏和开水供应设备，并且储备满足本列车全员食用三至五天的食品。

表6－2　救援列车专用车辆配置表

顺号	名　称	数量	说明及改造要求
1	宿营车	1	应具有取暖、防暑、灭火器具
2	指挥车	1	应具有取暖、防暑、灭火器具
3	餐车	1	应具有取暖、防暑、灭火器具
4	发电车	1	应具有取暖、防暑、灭火器具
5	工具车2		应具有取暖、防暑、灭火器具
6	工具车1	1	应具有取暖、防暑、灭火器具
7	吊臂平车	1	
8	轨道起重机	1	

(2)救援列车驻地的设施按表6－3规定执行。特种物品的配备按表6－4执行。工具配备按表6－5执行。救援列车驻地应设有救援列车停留线、轨道起重机停放库、办公、生产、生活房屋等地面建筑及必要的生活设施，救援人员演练及体能训练场地，并应具备防暑、取暖、给排水条件。

表6－3　救援列车驻地主要设施配置表

顺号	名　称	规　格	单位	数量	备　注
1	列车停留线		m	250	
2	练功线		m	80	
3	检查坑		m	20	每台救援起重机
4	遮阳防雨棚		m	50	每台救援起重机
5	工作平台				每台救援起重机两侧
6	房屋		m^2	600以上	设备、健身、钳工、办公、学习、值班、浴室、锅炉、危险品、油脂、配件、备品用
7	台式电脑		台	1	含打印机
8	砂轮机		台	1	
9	台钻	直径32 mm	台	1	
10	手提钻	直径18 mm	台	1	
11	切割机		台	1	
12	电焊机	380 V	台	1	
13	充电器	380/220 V	台	2	
14	氧气乙炔切割器		套	1	
15	通用维修工具		套	2	
16	五金工具		套	2	
17	生活锅炉		台	1	
18	空压机		台	1	

表 6－4 救援列车特种物品配置表

顺号	名 称	规 格	单位	数量	备 注
1	防毒呼吸器	背包式	套	5	带面具、氧气罐
2	无线调度电话	带录音	台	1	安装在指挥车上
3	车载移动电话	带录音	台	1	安装在指挥车上
4	无线对讲机		台	8	可无线转有线
5	移动电话		只	每人	出动召集用(自购)
6	摄像机		台	1	事故救援现场拍摄
7	照相机		台	1	事故救援现场拍照
8	投影仪		台	1	教育培训用
9	影碟机	DVD、VCD	台	1	教育培训用
10	秒表		只	3	演练、体能测试用
11	手提式扩音器		只	2	事故救援现场指挥用
12	笔记本电脑		台	1	快速救援处置预案应用系统
13	动静态图像设备		套	1	接受事故现场图象

表 6－5 救援列车主要设备机具配置表

顺号	名 称	规 格	单位	数量	备 注
1	液压起复机具	100 t	套	2	含横移装置
2	液压起复机具	50 t	套	1	含横移装置
3	液压破拆设备		套	1	剪、撑
4	人字型复轨器	普通型、98 型	套	各 1	
5	海参型复轨器		套	1	
6	逼轨器		组	2	
7	千斤顶	8 t、15 t、32 t、50 t	只	各 3 以上	液压、螺旋
8	合成纤维吊带	各机车、车辆	套		
9	吊具	各机车、车辆	套		采用铝压套结构
10	索具	各机车、车辆	套		包括台车加固器
11	钢丝绳	各机车、车辆	套		采用铝压套结构
12	简易台车		组	1	
13	动力锯		台	2	
14	发电机组		台	2	
15	电焊机		台	1	

续表 6－5

顺号	名　称	规　格	单位	数量	备　注
16	氧气乙炔切割器		套	2	
17	潜水泵		台	1	
18	汽油机照明灯具		台	1	
19	便携式照明灯具		套	10	
20	起重机应急配件		套	1	
21	起重机支腿垫块		套	1	
22	高强度尼龙吊带		套		
23	等离子束发生器(切割机)		套	1	
24	DFZ－6 型便携式复轨器		套	1	
25	气袋		套	1	

二、救援列车的开行办法

(一)救援列车的请求与出动

(1)请求：车站值班员接到司机或工务、电务、供电等人员的救援请求后，应立即报告列车调度员。

(2)出动：列车调度员接到救援请求报告后，需封锁区间派出救援列车时，应及时报告领导，根据领导指示，向事故区间两端站发布封锁区间的调度命令，并根据具体情况向有关单位发布调度命令。救援列车依调度员发布的救援列车的出动命令出动。需要邻局出动救援列车时，由铁路总公司机车调度员发布。

列车调度员下达救援出动命令后：

①救援队确保 20 分钟内出动。

②接触网工区和接触网检修作业车或接触网抢修列车接到出动命令后，确保做到白天 15 分钟、夜间 20 分钟内出动，列车调度员组织开行。

③救援列车接到出动命令后，确保 30 分钟内出动。

④司机接到救援命令后，必须认真确认。命令不清、停车位置不明确时，不准动车。

(二)开行救援列车的凭证

(1)救援列车运行在非封锁区间时，仍使用原区间基本闭塞法规定的行车凭证。各站优先办理接发，尽可能使其在站通过，任何人不得耽误和拖延时间。

(2)救援列车进入封锁区间时，不办理行车闭塞手续，以列车调度员的命令，作为进入封锁区间的许可。命令中应包括往返车次、运行速度、事故地点、工作任务及注意事项等。

当列车调度电话不通时，应由接到救援请求的车站值班员根据救援请求办理，救援列车以车站值班员的命令，作为进入封锁区间的许可。

(三)救援列车进出封锁区间的联系

(1)救援列车每次进入封锁区间或返回车站，均应报告列车调度员并通知对方车站。其内容为到发时刻、拉回车数、救援进度及要求等，以便列车调度员及对方车站安排救援人力、材料等。

（2）较复杂的事故救援，为了及时与列车调度员联系，加快救援速度，两端车站同时向事故现场开行救援列车时，可在事故现场设立临时线路所。该线路所值班员即为该区间向两端站办理行车的指挥人。此时，车站每次向线路所开行救援列车时，必须取得线路所值班员的同意，以便及时做好接车前的准备和防护工作。临时线路所值班员每次向两端站发车时，也要征得车站值班员或列车调度员的同意。区间设临时线路所时，列车进入区间的行车凭证仍为调度命令。

三、现场指挥

在事故调查组人员到达前，关系区间发车站的站长或临时指派的胜任人员，应随乘发往事故地点的第一列救援列车到事故现场。必要时，由列车调度员指定该区间一端车站的站长或临时指派的胜任人员尽快赶赴现场。上述人员到达事故现场后，应立即了解事故实际情况，随时与列车调度员联系，汇报事故情况，并就地指挥列车有关工作。

列车分部运行时，机车开往区间挂取遗留的车辆，由于处理比较简单，车站站长或胜任人员不必前往，由司机进行处理。

救援列车进入封锁区间后，在接近被救援列车或车列 2 km 时，要严格控制速度，同时，使用列车无线调度通信设备与请求救援的机车司机进行联系，或以在瞭望距离内能够随时停车的速度运行，不得超过 20 km/h，在防护人员处或压上响墩后停车，联系确认，并按要求进行。

为了确保机车救援动车组时列车运行安全，防止由于制动试验不彻底发生危及动车组列车运行安全的情况，当采用机车救援动车组时，连挂妥当后必须进行制动试验。部分动车组当蓄电池电压低于规定值时，会自动抱死车轮，造成动车组无法运行，同时，动车组不升弓取电会影响车内相关设备设施的正常使用，所以具备升弓取电条件时，允许动车组升弓取电。

四、事故区间开通手续

列车调度员接到事故现场负责人开通区间的请求，并查明区间确已空闲后，方可发布开通区间的调度命令。若调度电话不通，由接到事故现场负责人开通区间请求的车站值班员与对方站联系，查明区间确已空闲，可直接与对方站办理区间开通手续。

第五节　施工特定行车办法及路用列车的开行

为使铁路行车设备应经常保持完好状态，保证运输的需要，必然要对行车设备进行维修保养。因运量增长或列车提速等的需要，必然要对行车设备进行扩建、改建，但施工维修不可避免会对行车工作产生一定影响。正确处理好两者之间的关系对保证列车安全、正点运行意义重大。

一、施工特定行车办法

因车站线路、信号设备施工引起信联闭设备停用，但在正线具备列车通行条件时，可按施工特定行车办法行车。施工中采用施工特定行车办法行车时，应在施工计划内明确。

(1)采用施工特定行车办法时，所有列车必须固定正线进路、固定在车站正线上办理到发或通过。车站施工开始前必须固定正线进路，在整个采用施工特定行车办法的过程中不许变更进路，并对进路上所有对向道岔、顺向道岔及邻线上的防护道岔按规定进行加锁。集中联锁良好时，在控制台上通过设备对正线进路上的道岔进行锁闭，可起到与现场加锁同样的目的，有利于运输效率的提高。由于部分分动外锁闭道岔、提速道岔设备不同，有关道岔密贴的确认及具体的加锁办法，由铁路局规定。

当车站部分线路、信号设备施工，只影响进站或出站信号机之一时，可以开放出站或进站信号发车或接车。开放出站信号发车时，列车凭出站信号机显示的允许运行的信号发车；开放进站信号接车时，列车凭进站信号机显示的进入正线准备停车的信号进站。

(2)采用施工特定行车办法列车由车站正线通过时，须使用特定引导手信号接车，列车司机凭引导员显示的特定引导手信号，以不超过60 km/h的速度进站。与引导接车不同的是列车进站速度有了较大提高，主要是在施工开始前车站的接发车进路已固定正线，所有道岔均已按规定加锁，并且规定在整个采用施工特定行车办法的过程中不再改变进路，因而在接发列车进路方面已有了安全保证。为适应列车运行密度加大、速度提高，特别是繁忙线路运输能力紧张的状况，要求列车司机以不超过60 km/h的速度进站，降低施工对行车的干扰，有利于运输效率的提高。

(3)由于出站信号不能开放，在车站发出列车时，一般需向列车司机递交书面行车凭证和调度命令。递交书面行车凭证和调度命令时，列车需降低运行速度甚至停车，为保证列车在车站有较高的通过速度，达到使用施工特定行车办法的目的，准许车站不再向司机递交书面行车凭证和调度命令。

为了保证行车安全，避免车站简化作业程序，不办理发车作业盲目发出列车，规定车站仍按规定标准办理发车有关作业，填写行车凭证。车站值班员在行车凭证办理完毕后，须使用列车无线调度通信设备将行车凭证号码(路票为电话记录号码、绿色许可证为编号)和调度命令号码通知司机，并听取司机复诵。车站值班员在确认司机复诵正确后，方可通知接车人员显示通过手信号。列车凭接车人员显示的通过手信号通过车站。

使用施工特定行车办法行车时，车站的语音记录装置的记录功能必须良好，保证对通话过程有正确的记录。

(4)施工特定行车办法，是为施工时提高列车运行速度、减少施工对行车的干扰而制定的，适用于行车量较大、施工繁忙的线路或区段，各铁路局应根据行车工作的特点和施工的需要，规定施工特定行车的具体安全行车办法，以保证列车运行和施工的安全。

二、路用列车的开行

专为运送铁路自用物资和设备等的列车称为路用列车。区间施工时，往往要向区间运送施工人员和路料，向区间开行大型养路机械。这就需要开行路用列车。

（一）行车凭证

当路用列车运行在非封锁区间时，仍按该区间的行车闭塞法行车。路用列车进入施工封锁区间时，不办理行车闭塞手续，不开放出站信号，以调度命令作为进入施工封锁区间的许可。这样，一方面区别于正常列车，另一方面则可引起路用列车的注意，必须按调度命令的要求运行，命令中应包括列车车次、停车地点、到达车站的时刻等有关事项，需限速运行时在命令中一并注明。

（二）注意事项

（1）为保证行车安全，原则上封锁区间的两端站，每端只准进入一列路用列车（包括线路施工机械）。列车必须在停车手信号前停车，使两端站同时进入的路用列车间有一隔开地段，不致发生正面冲突。因工作需要，如一端进入两列及其以上路用列车，同向列车的间隔、前后列车的运行速度等安全措施及运行办法由铁路局制定，以防区间有数台机车、重型轨道车或线路施工机械作业，发生相互冲突。

（2）向封锁区间开行的路用列车，可能在区间内进行装卸、检查线路、线路施工等作业，有时还需推进运行，停车后又必须根据施工负责人的要求，按调车办法进入指定地点。因此，路用列车应有施工单位指派的胜任人员值乘，并在区间协助司机作业。

为了保证施工人员和设备的安全，路用列车（线路施工机械）进入施工地段前，不得越过施工防护人员显示停车手信号的位置。停车后，根据施工负责人提出的要求，施工单位指派的胜任人员按调车方法，使路用列车进入指定地点。

（3）由于铁路施工或其他需要，列车必须在区间装卸车时，装卸车负责人应根据调度命令的要求，指挥列车停于区间指定地点。列车未停稳时，不得打开车门。在装卸车作业过程中，装卸车负责人根据现场实际情况，变更装卸车地点时，可指挥列车适当移动位置，但必须在确认货物堆放距离不妨碍车辆移动和货物不偏重后，才可显示信号移动。

装卸车负责人必须严格掌握装卸车时间。装卸车完毕后，由装卸车负责人认真检查车上及车下装卸货物的装载、堆码状态，确认限界，清好道沿，关好车门，经确认已无妨碍行车安全的情况后，方可通知司机开车。

三、固定行车设备检修及故障处理

（一）影响设备使用的检修的处理

施工、维修作业的天窗时间相对固定。为避免施工、维修作业和行车相互干扰，确保行车安全，规定影响设备使用的检修均纳入天窗进行。

当工、电部门在线路、道岔上进行作业或检修信号、联锁、闭塞设备及 CTC、TDCS 设备影响其使用时，必须事先根据设备管理的权限，在车站或列车调度台《行车设备施工登记簿》内登记，并经车站值班员（列车调度员）签认。车站值班员（列车调度员）通过《行车设备施工登记簿》，对检修的内容、起止时间以及影响使用程度能清楚地了解，然后根据列车运行和站内作业情况进行签认，使设备检修部门和设备使用部门的人员共同掌握检修作业，有利于行车和检修作业的安全。如检修地点距行车室较远，可在扳道房或信号楼填写《行车设备施工登记簿》，由扳道员或信号员取得车站值班员同意后，在登记簿上签字，然后才能进行检修作业。驼峰、调车场、货场等不影响接发列车的行车设备检修时，具体的签认人员在《站细》中作了规定。

正在检修中的设备需要使用时，必须取得检修人员的同意，以便检修人员及时将设备恢复正常状态，以保证行车和检修人员的安全。检修完了，经试验确认良好后，方可恢复使用，并将检修结果记入《行车设备施工登记簿》内。

对处于闭塞状态的闭塞设备和办理进路后处于锁闭状态的信号、联锁设备，严禁进行检修作业。因为这些设备，无论是机械的，还是电气的，当处于闭塞或锁闭状态时，检修有可能破坏其闭塞或锁闭状态，带来安全隐患，因此禁止进行检修作业。

车站信号楼（行车室）和列车调度台设有《行车设备检查登记簿》，用于车站值班员（列车调度员）通过《行车设备检查登记簿》掌握固定行车设备状态，和对设备状态的交接。车站值班员发现或接到行车设备故障的报告后，应立即通知设备管理单位相关人员，并在《行车设备检查登记簿》内登记行车设备故障的现象或接到的设备故障报告的内容，如可能危及列车安全，应及时采取措施拦停列车。列车调度员发现或接到调度台 CTC、TDCS 等行车设备故障的报告后，应立即通知设备管理单位相关人员，并在《行车设备检查登记簿》内登记故障的现象或接到的设备故障报告的内容。

设备管理单位接到通知后，应在《行车设备检查登记簿》内签认，查明故障原因，确定故障影响范围，尽快组织修复。对暂时不能修复的，应在《行车设备检查登记簿》内登记停用设备的内容和影响范围，并注明行车限制条件。如设备故障危及行车安全需立即抢修，设备管理单位应按规定采取措施，并在《行车设备检查登记簿》内登记，通过车站值班员报告列车调度员，经调度所值班主任批准，列车调度员发布调度命令，设备管理单位组织进行抢修。

（二）沿线工务人员发现线路设备故障危及行车安全的处理

沿线工务人员发现线路设备故障，如钢轨折损、路基塌陷、坍方落石，以及水、砂、雪害等，危及行车安全的情况时，应立即在故障地点设置停车手信号防护，同时使用列车无线调度通信设备等通信工具，迅速通知车站或通知列车司机紧急停车，区间设有固定信号机时，应先使其显示停车信号防护故障地点，还应迅速通知工长或车间主任，并采取紧急措施修复故障设备。

如不能立即修复，应通过车站值班员立即向列车调度员请求，由列车调度员发布命令封锁区间或限速运行。车站值班员接到区间发生故障的警报后，应立即通知有关列车停车，并报告列车调度员。

必要时，工务部门的工长或车间主任随乘第一趟列车去故障现场，以便迅速组织和指挥抢修工作。已进入区间的列车须在故障地点前停车，由工长或车间主任根据故障判断影响行车的程度，确定运行办法，并通知司机，司机按其指挥办理。在工长或车间主任到达故障地点之前，列车运行办法由现场工务人员确定。

（三）线路发生故障时的防护办法

线路发生故障时的防护办法如下：

（1）应立即使用列车无线调度通信设备通知车站值班员或列车司机紧急停车，同时在故障地点设置停车信号。

（2）当确知一端先来车时，应急速奔向列车，用手信号旗（灯）或徒手显示停车信号。

（3）如不知来车方向，应在故障地点注意倾听和瞭望，发现来车，应急速奔向列车，用手信号旗（灯）或徒手显示停车信号。

设有固定信号机时，应先使其显示停车信号。如在自动闭塞区间，可用导电物体短路轨道电路，使防护闭塞分区的通过信号机显示停车信号，防护办法快捷、可靠和安全。

站内线路、道岔发生故障时，应按规定设置停车信号防护。

（四）设备维修人员发现信号、通信设备故障危及行车安全时的处理

设备维修人员发现信号、通信设备故障危及行车安全时，应立即通知车站，并积极设法修复；如不能立即修复时，应停止使用，同时报告工长、车间主任或电务段、通信段调度，并在《行车设备检查登记簿》内登记。

（五）铁路职工或其他人员发现设备故障危及行车和人身安全时的处理

为了保证列车运行和人民生命财产的安全，铁路职工和其他人员发现线路塌方、钢轨折断、钢轨变形、线路桥梁遭受自然灾害、信号机柱或电杆倒斜侵入限界、线路有障碍物、接触网异常等危及行车和人身安全的故障时，均有义务通知铁路有关部门，并积极采取保证行车安全的措施和协助做好故障地点的防护工作。通知时应利用一切可利用的通信工具，如无线调度通信设备、移动或固定电话、无线对讲设备等，或前往就近的车站、工区等处所通知。遇有紧急情况，发现已有列车开来，来不及通知时，应迎上前去，向开来的列车发出紧急停车信号，并注意自身的人身安全。有条件的，昼间用红旗、夜间用红灯防护。没有防护用具的，昼间可向列车开来方向两臂高举头上向两侧急剧摇动；夜间用白色灯光上、下急剧摇动，或在线路旁点燃篝火，迫使列车在故障地点前方停车，然后设法通知就近车站、工务、供电或电务人员。

第六节 轻型车辆及小车的使用

轻型车辆是指由随乘人员能够随时撤出线路的轻型轨道车及其他非机动轻型车辆，如养路使用的 16 kW（22 马力）及其以下的轨道车、养路发电车及线路平车。16 ~ 90 kW 的轨道车，虽装有自动下道装置，但当机械出现故障时，因轨道车过于笨重，随乘人员不易把它抬下线路，故不能按轻型车辆办理。

小车是指轨道检查仪、钢轨探伤仪、单轨小车及吊轨小车等。

一、轻型车辆及小车的使用规则

（一）轻型车辆使用规则

（1）轻型车辆有简易制动装置或不带制动装置，为了能够及时采取停车措施仅限于昼间封锁施工维修作业时使用。轻型车辆及小车自身重量轻，可由随乘人员随时撤出线路，而且在设有轨道电路的线路、道岔上运行的轻型车辆，装有绝缘车轴，不会影响信号的正常显示，所以日常使用时不按列车办理（规定按列车办理时除外）。

（2）在夜间或遇降雾、暴风雨雪，为消除线路故障或执行特殊任务，必须使用轻型车辆时，应按列车办理。同时轻型车辆还必须配备照明及停车信号装置等备品。

（3）轻型轨道车虽属于轨道车范畴，但由于车体轻、车轮直径小、无车钩缓冲装置，极易发生断钩或脱轨事故，因此，过岔速度不得超过 15 km/h，区间运行速度不得超过 45 km/h、不得与重型轨道车连挂运行。轻型轨道车连挂拖车时，不得推进运行。

（二）小车使用规则

（1）小车由于下道容易，在昼间使用时，不按列车办理，可跟随列车后面推行，但在任何

情况下，都不得影响列车正常运行。

（2）小车在夜间仅限于封锁施工作业时使用。

（3）运营速度160 km/h以上的区段，列车运行速度高，禁止利用列车间隔使用小车。

（4）为保证作业人员人身安全，双线地段使用单轨小车时，应面对来车方向并于远离邻线的外股钢轨上推行。

二、使用轻型车辆及小车的手续

（一）使用轻型车辆的手续

使用轻型车辆时，须取得车站值班员对使用时间的承认，填发轻型车辆使用书（在区间用电话联系时，双方分别填写），并须保证在承认使用时间内将其撤出线路以外。轻型车辆使用书格式如表6－6所示。

表6－6　轻型车辆使用书

使用日期	车种	使用区间	上下行别	起讫时间	使用目的	负责人	承认号码	承认站车站值班员
月 日		自　站　公里 至　站　公里		自　时　分 至　时　分				
注意事项								

（规格88 mm×125 mm）

轻型车辆进入区间，虽然无须与邻站办理闭塞手续和发给占用区间的许可，但使用时也必须取得车站值班员对使用时间的承认。这是为了尽量使轻型车辆在准许的时间内，避免发生未到达目的地即有列车驶来，而被迫撤除线路外的情况。若轻型车辆虽未到达目的地，但使用时间已完，不论是否见到列车驶来，都应将轻型车辆撤除线路以外，如还须搬入线路继续使用，须重新取得车站值班员的承认。

车站值班员填发轻型车辆使用书，使用人和车站值班员分别在使用书上签名后，各留一份备查；如轻型车辆在区间搬入线路，允许使用负责人在区间用电话取得车站值班员的承认，此时双方应分别填写轻型车辆使用书，并复诵核对，互报姓名，以供备查。

车站值班员在承认轻型车辆的使用后，应在信号控制台或规定位置上揭挂使用轻型车辆表示牌；承认时间到达后，应摘下使用轻型车辆表示牌。

（二）使用小车的手续

由于小车自重轻、载重量不大、撤出线路方便，故不必取得车站值班员的承认，但使用各种小车时，负责人应了解列车运行情况，按规定进行防护，并保证能在列车到达前撤出线路以外。

在车站内使用装载较重的单轨小车(具体装载重量由各铁路局规定)时，考虑到站内接发车和调车作业频繁，条件复杂，使用负责人不易掌握站内机车车辆的动态，且撤出线路较为费时，因此必须取得车站值班员的承认，办理承认手续后方可使用。

三、利用列车间隔在区间使用轻型车辆和小车时的要求

利用列车间隔在区间使用轻型车辆和小车时不得影响列车运行，但在使用中可能发生各种意外情况，如列车运缓或早点、轻型车辆和小车在运行中发生故障等。为了保证轻型车辆、小车及列车运行的安全，应该分不同情况进行防护。

(1)轻型车辆运行中，须显示停车手信号，并注意瞭望。

(2)在线路上人力推行小车时，应派防护人员在小车前后方向，按线路最大速度等级的列车紧急制动距离位置显示停车手信号，随车移动，如瞭望条件不良，应增设中间防护人员。

(3)轻型车辆及小车显示的停车手信号，是向本线开来列车司机显示的。在双线地段，显示的停车手信号容易造成邻线列车司机的误认，所以在双线地段遇有邻线来车时，应暂时收回停车手信号，待列车过后再行显示。

(4)轻型车辆遇特殊情况不能在承认的时间内撤出线路，或小车不能立即撤出线路时，在轻型车辆或小车前后方向按线路最大速度等级规定的列车紧急制动距离位置以停车手信号防护，自动闭塞区段还应使用短路铜线短路轨道电路。在设置防护的同时，应立即使用列车无线调度通信设备报告车站值班员或通知列车司机紧急停车。

(5)小车跟随列车后面推行时，应与列车尾部保持大于500 m的距离。

四、使用轻型车辆及小车的条件

为了确保轻型车辆和小车的安全，不影响列车的正常运行，使用时必须具备下列条件：

(1)使用轻型车辆前，使用单位应提前指定负责人和防护人员。防护人员应由经过铁路局有关部门培训合格的正式员工担任。轻型轨道车和养路发电车，必须由铁路局考试合格，持有驾驶证的专职人员驾驶。非机动轻型车辆(脚踏车、手压车、手推车)必须由所属段、队审查批准的专人使用。各种小车的使用负责人由工区工长指派。

上述使用负责人，应由熟悉铁路行车知识和轻型车辆或小车技术状态的人员担任，以便遇到问题能够正确及时处理。

(2)轻型车辆具有年检合格证。

(3)为保证轻型车辆和小车能随时撤出线路以外，不影响列车正常运行，必须有足够的随乘人员。如牵引拖车时，必须增加能同时撤出线路的随乘人员。

(4)须备有防护信号、列车运行时刻表、钟表及列车无线调度通信设备。

(5)轻型车辆应有制动装置(其他非机动轻型车辆根据需要安装)；牵引拖车时，连挂处应使用自锁插销，拖车必须有专人负责制动。

(6)在有轨道电路的线路或道岔上运行的轻型车辆和小车，应有绝缘车轴，如无绝缘车轴运行，将会使轨道电路短路，使有关信号的电器设备动作，影响正常列车的运行。要经常检查绝缘车轴的绝缘状态。

第七节　应急处理

一、列车发生火灾、爆炸应急处理

（1）列车发生火灾、爆炸时，应立即停车（使列车停车的方法：当车厢内设有紧急制动阀或紧急制动装置时，列车乘务员等有关人员应立即使用就近的紧急制动阀或紧急制动装置，使列车停车。当车厢内无紧急制动阀或紧急制动装置时，应报告司机停车）。机车乘务员发现火灾、爆炸情况或接到列车发生火灾、爆炸的通知时，应立即停车。停车地点应尽量不在特大桥梁或长大隧道内，选择便于旅客疏散的地点，避免因地形限制，导致救援工作不易开展。此时，列车发生火灾、爆炸后已经影响邻线列车运行的安全，因此车站接到报告后除了不再向区间放行列车，还要通知邻线及后续相关列车停车。

电气化区段立即停电不利于电力机车及动车组应急处置，因此规定根据现场情况需要停电时，应立即通知供电部门停电。

（2）列车停车后应利用当地条件就地灭火，需要分隔甩车时，应根据风向及装载货物性质确定分隔甩车位置。根据经验，一般为先甩下列车后部的未着火车辆，再甩下着火车辆，然后将机后未着火车辆拉至安全地段。

（3）对甩下的车辆，在车站由车站人员负责采取防溜措施；在区间由司机、车辆乘务员负责采取防溜措施。

二、汛期暴风雨行车应急处理

（1）工务部门应根据现场环境、气候特点、设备状况等并结合历年防洪经验，确定并公布防洪重点地段，防洪重点地段多是汛期灾害多发区域。洪水、泥石流、山体滑坡、塌方落石等，会影响线路、桥隧、路基、道床等稳定性。列车通过防洪重点地段时，司机要加强瞭望，并随时采取必要的安全措施。

（2）为确保列车在汛期的运行安全，司机要认真了解担当区段的水害特点和防洪重点地段，做到心中有数。对暴风雨可能引起的洪水、泥石流、落石等应急预案要认真学习、掌握，值乘中认真瞭望。当洪水漫到路肩时，列车应按规定限速运行；遇有落石、倒树等障碍物危及行车安全时，司机应立即停车，排除障碍并确认安全无误后，方可继续运行。

（3）列车遇到线路塌方、道床冲空等危及行车安全的突发情况时，司机应立即采取应急性安全措施，并立刻通知追踪列车、邻线列车及邻近车站。配备列车防护报警装置的列车应首先使用列车防护报警装置进行防护。

三、列车（动车组列车除外）运行途中发生车辆故障应急处理

（1）旅客列车（动车组列车除外）运行中，列车乘务人员发现客车车辆轮轴故障、车体下沉（倾斜）、车辆剧烈振动等危及行车安全的情况时，应使用紧急制动阀或报告司机停车。由车辆乘务员检查，对抱闸车辆应关闭截断塞门，排除工作风缸和副风缸中的余风，确认安全无误后，方可继续运行；如车轮踏面损坏超过限度或车辆故障不能继续运行，应甩车处理。

（2）列车热轴报告可能来自区间的轴温探测器，也可能来自旅客列车（客车车厢中安装

有轴温报警装置)，也可能来自车站接发车人员。列车调度员接到热轴报告后，应按热轴预报等级要求果断处理。必要时，立即安排停车检查(司机应采用常用制动，列车停车后由车辆乘务员负责检查，无车辆乘务员的由司机确认能否继续安全运行)或就近站甩车处理。

(3)遇客车安全监控系统报警或其他故障需要列车限速运行时，车辆乘务员应使用列车无线调度通信设备通知司机，司机根据要求限速运行并报告车站值班员(列车调度员)。

四、动车组列车运行中出现故障的处理

动车组列车运行中出现故障，司机应根据车载信息监控装置的提示，按步骤及时处理；需要由随车机械师处理时，司机应通知随车机械师。经处置确认无法正常运行时，司机应按车载信息监控装置的提示和随车机械师的要求，选择维持运行或停车等方式，并报告列车调度员。动车组运行中，轴承温度超过报警温度，或地面红外线预报热轴，经随车机械师根据车载轴温检测系统确认轴承温度超过报警温度时，均应立即停车请求处理。

五、双管改单管供风的处理

双管供风旅客列车运行途中发生双管供风设备故障或用单管供风机车救援接续牵引，需改为单管供风时，双管改单管作业应在站内进行。旅客列车在区间发生故障需双管改单管供风时，由车辆乘务员通知司机向列车调度员(车站值班员)提出在前方站停车处理的请求，并通知司机以不超过120 km/h速度运行至前方站。列车调度员发布双管改单管供风的调度命令，车辆乘务员根据调度命令在站内将客车风管路改为单管供风状态。旅客列车改为单管供风跨局运行时，由铁路总公司发布调度命令通知有关铁路局，按单管供风办理，直至终到站。

六、天气恶劣难以辨认信号的行车办法

遇天气恶劣，信号机(指进站、出站、进路及自动闭塞区间通过信号机等指示列车运行的信号机)显示距离不足200 m时，司机或车站值班员须立即报告列车调度员，列车调度员应及时发布调度命令，改按天气恶劣难以辨认信号的办法行车。

(1)列车按机车信号的显示运行。当接近地面信号机时，司机应确认地面信号，遇地面信号与机车信号显示不一致时，应立即采取减速或停车措施。

(2)当无法辨认出站(进路)信号机显示时，在列车具备发车条件后，司机凭车站值班员列车无线调度通信设备(其语音记录装置须作用良好)的发车通知启动列车，在确认出站(进路)信号机显示正确后，再行加速。

(3)天气转好时，应及时报告列车调度员发布调度命令，恢复正常行车。对恢复正常行车的调度命令，应向已收到改按天气恶劣难以辨认信号办法行车调度命令而未越过天气恶劣区间的列车司机发布。

七、紧急制动阀(紧急制动装置)的使用

车辆乘务员、客运乘务组等列车乘务人员发现下列危及行车和人身安全情形时，应使用紧急制动阀(紧急制动装置)停车。

(1)车辆燃轴或重要部件损坏；

(2)列车发生火灾；

(3)有人从列车上坠落或线路内有人死伤;

(4)其他危及行车和人身安全必须紧急停车时。

使用车辆紧急制动阀时,不必先行破封,立即将阀手把向全开位置拉动,直到全开为止,不得停顿和关闭。遇弹簧手把时,在列车完全停车以前,不得松手。

由于我国铁路采用的制动装置,不直接用总风缸的压缩空气送入制动缸,而是利用储存在副风缸中的压缩空气送入制动缸起制动作用的,不能实行连续制动,所以列车在长大下坡道上,使用紧急制动阀前,必须先看制动主管压力表。如压力表已由定压下降 100 kPa 时,不得再行使用紧急制动阀,以免因制动主管风压不足造成列车失控(遇折角塞门关闭时除外)。

动车组列车运行速度高,遇上述情况时,随车机械师、客运乘务组等列车乘务人员应立即报告司机采取停车措施;来不及报告时,应使用客室紧急制动装置停车。

列车乘务人员应将使用紧急制动阀(紧急制动装置)的情况报告司机。

第七章

列车调度指挥

第一节 铁路运输调度工作概述

铁路各部门涉及种类多，互相之间基本都有直接联系。所有部门的存在，其实都是围绕一个工作：以快捷、方便、舒适、成本最低的方式将人、物按照要求输送到目的地。铁路运输具有持续性、全天候性的特点，并涉及工种、部门、专业繁多(涉及车、机、工、电、辆、建设、信息等部门，承担客运、货运、行车、计划工作以及专运、特运等任务)。再加上我国铁路的基础性质、公益性功能，更加需要某个部门具备统一指挥、协调、组织功能，将铁路这个复杂的大联动机组织起来顺利运转，这个部门就是铁路运输调度部门。

一、铁路运输调度的基本任务

铁路运输调度是铁路日常运输组织的指挥中枢，分别代表各级领导组织指挥日常运输工作。它通过编制与执行日常工作计划，对铁路运输有关各部门、各工种进行调度和指挥，使其协调配合地进行工作，保证完成各项运输工作任务。

铁路运输调度的基本任务如下：

(1)认真执行国家运输政策，完成国家重点运输任务，如军事运输、重点物资运输等；

(2)根据运输市场的变化，科学地组织客流和货流，提高客、货运输服务质量，增进铁路运输企业社会效益和经济效益；

(3)正确地编制和执行运输工作日常计划；

(4)在确保铁路运输安全的基础上，完成和超额完成各项经营指标和技术指标；

(5)按图行车，实现列车编组计划和列车运行图，经济合理地使用机车车辆和运输设备，充分利用现有通过能力，提高运输效率。

二、调度组织机构的设置

(一)调度机构的设置

铁路运输调度工作，实行集中领导、统一指挥、分级管理的原则。铁路总公司设调度处，铁路局(含青藏铁路公司)设调度所(下设综合、安全、技术教育、生产分析、统计室及各工种调度室)，技术站设调度室，即三级调度机构。

铁路总公司值班调度设值班处长、调度员；铁路局值班调度设值班主任、值班副主任、主任调度员、调度员；技术站值班调度设值班站长、车站调度员(设调度室的技术站应设室主任、副主任)。铁路总公司值班处长、铁路局值班主任、车站值班站长分别领导一班工作。在确保安全生产的前提下，铁路总公司调度统一指挥各铁路局和专业公司完成运输生产经营任务；铁路局调度统一指挥管内运输生产单位完成运输生产经营任务；技术站调度统一指挥本站完成运输生产经营任务。

铁路总公司、铁路局、车站应根据调度的工作量配置班制，主要调度工种全路统一实行四班制(铁路总公司有特殊要求的除外)。

(二)各级调度的权限

铁路总公司、铁路局、技术站调度分别代表铁路总公司总经理、铁路局局长、车站站长，根据分级管理、集中统一指挥的原则，分别负责全国铁路、铁路局和车站的日常运输组织指挥工作。在铁路日常行车安全管理工作上，铁路总公司依法对铁路局调度的指挥安全实施监督管理，铁路局对本局调度指挥安全工作全面负责，车站对本站调度指挥安全工作全面负责。

目前全路共有18个铁路局(集团公司)，共设有18个调度所。

(三)调度员的设置

在日常运输组织工作中，调度处、调度所按照业务分工，设置若干不同职名的调度员，分别负责一定的工作。

铁路局调度所的调度组织系统如图7－1所示。

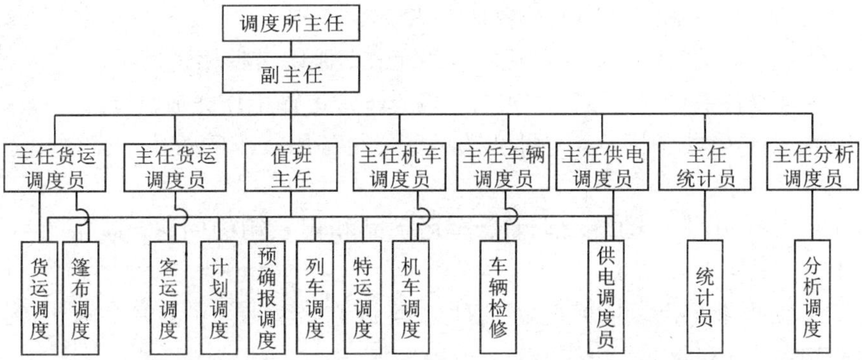

图7－1　铁路局调度所调度组织系统图

铁路局调度所一般设有：

(1)列车调度员，又称行车调度员，负责管辖区段内列车运行的组织指挥工作，实现按图行车，保证列车运行安全；

(2)计划调度员，负责管辖范围内的列车工作计划的编制和计划的组织实现；

(3)货运调度员，负责管辖区段内的装卸车组织以及管内重车的输送；

(4)客运调度员，负责旅客运输组织和客车的运用工作；

(5)机车调度员，负责机车运用的调度指挥工作。

此外，根据需要还设有预确报调度员、特运调度员、施工调度员、集装箱调度员、篷布调度员、电力调度员、车辆检修调度员、罐车调度员等。

三、各级调度工作主要职责范围

(一)铁路总公司调度主要职责范围

(1)依法对铁路局调度安全指挥进行监督管理和监督检查工作。维护调度纪律，正确发布调度命令，检查各铁路局调度执行铁路总公司调度命令和规章制度的情况，对违令、违章造成不良后果的单位和人员进行通报批评并提出处理意见。

(2)负责全路日常客运、货运和车流组织工作。组织各铁路局有计划、及时地输送旅客，平衡各铁路局货车保有量，经济合理地使用机车车辆，充分利用运输能力，挖掘运输潜力，提高运输效率和效益。

(3)编制和下达全路调度轮廓计划和日(班)计划，督促、检查各铁路局按日(班)计划均衡地完成运输生产经营任务。

(4)监督检查各铁路局按列车编组计划编车、按列车运行图行车、按运输生产经营计划组织运输，督促、组织各铁路局按铁路总公司批准的计划，均衡地完成铁路局间分界站列车、车辆交接任务，及时处理铁路局间分界站出现的问题，实现铁路路局间分界口畅通。

(5)掌握全国重点用户、港口和车站的装卸车，搞好与路外单位的协作。

(6)掌握旅客、军运及重点列车的始发运行情况；处理跨铁路局旅客列车的加开、停运、变更径路、客车甩挂，根据需要临时调拨客车、动车组。

(7)负责审批日常Ⅰ级施工和繁忙干线铁路总公司管理的施工项目日计划，组织各铁路局兑现施工日计划，做好施工期间的分界口车流调整工作。

(8)负责全路抢险救灾物资、人员运输组织工作，跟踪掌握输送情况。

(9)按阶段收取各铁路局调度工作报告，检查日常运输工作完成情况。

(10)掌握铁路总公司备用货车，批准铁路总公司备用货车的备用、解除，检查各铁路局对备用货车的管理情况。

(11)负责全路专用货车的统一调整，军运备品和集装箱的回送，篷布的运用、备用及解除。

(12)检查、通报安全正点情况，及时收取、掌握铁路交通事故、自然灾害等突发事件信息，启动应急预案，通报信息、组织救援、调整运输。

(13)负责全路日常运输工作完成情况和全路调度安全监督检查情况的分析工作，抓好典型，及时总结、推广调度工作先进经验。

(14)负责《铁路运输调度规则》(以下简称《调规》)的修订，检查指导全路调度基础管理和技术培训工作，不断加强和规范调度管理和队伍建设。

(15)负责全路调度信息化统一规划，积极采用、推广先进设备和技术，促进调度指挥工作现代化。

(二)铁路局调度主要职责范围

(1)严格执行各项规章、安全管理制度和安全卡控措施，遵守和维护调度纪律，正确发布调度命令，及时处理影响行车安全的有关情况，确保调度指挥安全。

(2)组织铁路局管内各运输生产单位密切配合、协同动作，经济合理地使用机车车辆，充分利用运输能力，挖掘运输潜力，压缩运输成本，提高运输效率和效益，完成运输生产经营任务。

(3)负责编制和下达铁路局调度日(班)计划，并组织各站段落实，提高计划兑现率。

(4)组织调整铁路局管内的货流、车流，按阶段均衡地完成铁路总公司下达的车流调整计划和去向别装车计划，重点掌握排空、重点物资运输。

(5)按铁路总公司批准的计划组织列车在分界站均衡交接，保证机车与列车的紧密衔接，保持与邻局的密切联系，向邻局作出正确的列车预报，及时协商、解决发生的问题，保证分界站畅通。

(6)负责组织和监控列车运行，重点掌握旅客、专运、军特运、超限超重、挂有装载危险货物车辆等重点列车，督促、检查车站按列车编组计划、列车运行图、运输生产经营计划和重点要求编发列车，实现按图行车。

(7)掌握铁路局管内各站和主要用户、港口装卸车，搞好与路外单位的协作。重点抓好大客户、路企直通、战略装卸车点的运输组织工作，提高直达列车和成组装车的比重，扩展运输能力。

(8)负责铁路局管内抢险救灾物资、人员运输组织工作，跟踪掌握输送情况。

(9)认真执行铁路总公司备用货车管理制度，严格掌握铁路局管内备用货车的备用、解除。

(10)掌握铁路局管内客车配属、客流变化、旅客列车开行情况，重点掌握动车组、特快旅客列车、国际旅客列车及跨铁路局重点旅客列车的运行情况；组织站段按计划、及时地输送旅客，组织铁路局管内旅客列车的临时加开、停运、迂回运输、编组、车辆甩挂和实施票额调整。

(11)负责铁路局管内专用货车的调整，军运备品和集装箱的回送，篷布的运用、备用和解除。

(12)负责编制、下达施工日计划，发布运行揭示调度命令、施工调度命令，协调组织施工按计划进行，确保施工期间行车安全。

(13)检查、通报各站段安全正点情况，及时收取、上报铁路交通事故、自然灾害等突发事件信息，启动应急预案，通报信息、组织救援、调整运输。负责调动救援列车或向铁路总公司调度请求调动跨铁路局的救援列车。

(14)及时收取、上报调度工作报告。

(15)检查各站段执行调度命令和规章制度的情况；对违令、违章的单位或人员，进行通报批评并提出处理意见。

(16)负责铁路局日常运输工作完成情况及调度安全工作情况分析，抓好典型，及时总结、推广运输生产先进经验。

(17)负责铁路局调度基础管理和技术培训，指导站段调度工作，不断加强和规范调度管理和队伍建设。

(18)负责配合铁路局有关部门实施铁路局调度信息化建设规划，积极采用、推广先进设备和技术，促进调度指挥工作现代化。

(三)技术站调度主要职责范围

(1)严格执行各项规章、安全管理制度和安全卡控措施，遵守和维护调度纪律，认真执行上级调度命令和指示，及时处理影响行车安全的有关情况，确保调度指挥安全。

(2)掌握货源、货流、车流，根据铁路局下达的日(班)计划，正确编制和组织实现车站的班计划和阶段计划，保证车站按列车编组计划和列车运行图编发列车，不间断地接发列车。

(3)经济合理地运用车站技术设备和能力，掌握调车机车运用，组织有关部门、单位密切配合，协同动作，按作业计划、技术作业过程和时间标准，完成编组和解体列车的任务，提高调车作业效率，加速机车车辆周转。

(4)及时收集到达列车预确报，掌握车流变化，正确推算现在车和指标，按阶段向铁路局调度汇报车流和车站作业情况。

(5)组织旅客、军运、行邮、行包列车，“五定”班列、重载和重点货物列车的开行。

(6)主动与厂矿企业联系，及时预报车辆到达情况和取送车作业计划，掌握货位、装卸劳力情况，按计划均衡地完成装车和卸车任务，组织开行路企直通列车。组织新送(厂修)客车、货物作业车、检修车(修竣车)和专用车的取送，缩短待取、待送时间。

(7)发生影响行车的事故时，积极组织救援，减小事故对行车的影响。

(8)正确、及时地填画技术作业图表，并运用计算机等先进设备组织指挥运输生产。

(9)认真分析考核车站日常作业计划的兑现情况和日常运输生产完成情况，及时向铁路局和车站领导报告。

四、调度基本工作制度

为检查、落实当日运输生产情况，不断提高调度指挥水平，更好地完成各项经营指标和技术指标，必须加强调度基础工作，建立各种调度工作制度，强化提高调度人员的综合素质，我国铁路调度各级机构依据《调规》的要求，建立了自己的基本工作制度。

(一)调度所管理制度

调度所管理制度应包括安全、生产、施工、基础、培训管理等基本制度，并将基本管理制度纳入《调度所管理工作细则》，使调度人员日常组织指挥有法可依、有章可循，调度所日常工作应按照管理制度抓好落实。

1. 调度所安全管理基本制度和办法

该办法包括安委会、安全逐级负责、安全信息管理、安全检查监控、安全考核、安全分析等制度和调度命令、军事运输、专特运、超限超重列车、自轮运转特种设备运行、工程路用列车开行、防止列车错放方向、接触网停送电安全卡控、防止乘务员超劳、试验列车、试运转列车、天气不良行车安全、新图实施、危及行车安全信息处置、应急预案等管理办法。

2. 调度所运输生产基本管理办法

该办法包括车流调整、日(班)计划编制和实施、三四小时列车运行调整计划编制和实施、临时旅客列车开行组织、承认车、装卸车、排空、重点物资运输、挖潜提效(旅客列车正点组织、战略装车点和路企直通等直达列车组织、车种代用和杂型车使用管理等)、成本控制(控制违编、欠轴、单机走行，压缩中停时、大点车管理等)及工作联系、生产考核、生产分析等管理办法。

3. 调度所施工组织管理办法

该办法包括施工组织领导，施工组织管理程序，施工日计划、运行日计划、运行揭示调度命令、施工调度命令的编制、审批、下达，施工期间运输组织、施工监控和施工分析等内容。

4. 调度所教育培训管理制度

该办法包括调度所人员业务培训、考试、技术比武、竞岗晋级、持证上岗和深入现场等制度。

5. 调度所日常基础管理制度和办法

其包括会议、考勤、值班、作息、请假、卫生(含物品定置管理)、保密、廉政建设、文明生产、安全保卫等所务制度；各工种调度一日工作程序标准；班组管理、文电管理、规章管理、技术资料管理、设备管理、台账管理、班组(岗位)竞赛评比等办法。

(二)电视电话会议制度

为了检查落实当日运输生产情况，布置、审批次日计划，铁路总公司和各铁路局每日都要召开运输生产电视电话会议。

各铁路局值班主任每日 7:00 前向铁路总公司值班处长汇报第一班运输安全和班计划任务完成情况及保证完成全日计划的措施，铁路总公司值班处长向铁路局值班主任布置第二班重点工作要求。

铁路总公司每日 10:50 召开全路运输生产电视电话会议，由各铁路局分管运输副局长(总调度长)汇报第一班运输安全和运输生产经营任务完成情况及完成全日运输生产经营任务的措施，铁路总公司向铁路局提出运输生产经营任务要求和工作重点。

铁路局每日至少召开一次全局运输生产电视电话会议，由各站段分管生产的副站(段)长汇报全日运输安全及运输生产经营任务完成情况，铁路局向站段提出运输生产经营任务的要求和工作重点。

(三)交接班和班中会制度

由于运输生产的不间断性，调度指挥工作不能随着调度员的交接班而中断、停顿，因此，要求接班的调度员必须提前到岗，认真了解现场作业情况，重点掌握并详细交接下列事项：各种行车备品情况；列车运行调整阶段计划的安排和下达情况；折返机车和调度机车的使用情况；待办的有关列车运行命令的内容和下达情况；施工慢行的有关事项；阔达货物的挂运条件；各级领导的重点指示；待办的公文电报等。

铁路总公司、铁路局交接班和班中会，分别由值班处长、值班主任负责主持，各有关工种调度人员参加。

(1)接班会：传达有关命令、指示和重点事项，以及上一班安全、运输生产经营任务完成情况，研究制定本班确保安全、完成运输生产经营任务的具体措施。

(2)交班会：各工种调度分别汇报本班安全、运输生产经营任务完成情况，分析存在的问题，总结经验教训。各工种调度的交班内容和待办事项必须清楚、完整，不得遗漏。

(3)班中会：每班至少应召开一次，根据日(班)计划执行情况，研究确保本班和全日任务的具体措施。

(四)报告制度

为保持各级调度之间的持续联系，加强与有关安全监察、专业部门之间的信息沟通，准确地掌握工作进度和不失时机地处理问题，车站应向路局调度，铁路局调度应向铁路总公司调度，即下级各工种调度应向上级各工种调度报告工作。规定如下。

1. 车站向铁路局调度

(1)车站在列车到、开或通过后，及时报告车次、时分(具有自动采点设备除外)和列车状态。

(2)列车始发站应及时报告列车解编进度、编组内容、列车编组变化情况及出发列车速报(车次、机车型号、机车号、司机姓名、现车辆数、牵引总重、换长);列车在非始发站摘挂作业,作业站要及时报告摘挂列车在站作业、占用股道及作业后的编组变化情况。

(3)机车及股道占用情况。

(4)车站有关工种人员每3 h向铁路局所属工种调度上报各项规定内容。

(5)具备信息系统上报条件的车站,须通过系统及时准确上报。

(6)安全情况和重要事项应随时报告。

2. 铁路局调度向铁路总公司调度

(1)10:00(22:00)前,铁路局值班主任向铁路总公司调度报告接班后的管内运输情况,预计本班分界站列车交接、排空、机车运用情况,19:00(7:00)前以书面形式向铁路总公司值班处长报告运输安全和运输生产经营任务完成情况的综合分析。

(2)铁路局各工种调度,每3 h向铁路总公司所属各工种调度上报各项规定的内容。

(3)安全情况和重要事项应随时报告。

3.

当上级调度向下级调度和站段了解有关运输情况时有关人员应及时认真汇报。

4. 调度向有关部门

调度部门接到铁路交通事故、行车设备故障等安全情况的报告后,应按规定填写《铁路交通事故(设备故障)概况表》(安监报1),及时通知给相关部门和安全监察部门,并建立(安监报1)相互签认和定期核对制度。

(五)运输领导值班制度

为加强全路运输安全生产,铁路局建立运输领导值班制度。

(1)值班人员:铁路局总调度长、运输处长(副处长)、调度所主任和书记。

(2)值班时间:工作日18:00~次日8:00、节假日8:00~次日8:00。

(3)值班要求:

①对重点运输任务,按等级认真盯控,确保安全正点、万无一失。

②对Ⅰ、Ⅱ级施工,严格监控,确保按施工日计划实施,对临时发生的问题采取果断措施及时正确处置。

③遇恶劣天气,提前预想,对设备运行、运输组织造成影响时,立即启动应急预案,确保运输安全。

④遇旅客列车大面积晚点,技术站、分界站严重等线、运输不畅时,要详细了解、掌握情况,采取有效措施,尽快恢复列车运行秩序。

⑤发生事故或干线行车设备故障时,亲自组织处理,减少对运输秩序的影响。

(六)分界站会议制度

为加强铁路局间的协作,保证分界站运输的畅通,铁路局间分界站会议每年至少召开一次,由两个铁路局轮流主持,必要时也可由铁路总公司组织,研究改进列车交接和日常施工等工作,制定、修改分界站协议。

(七)深入现场制度

为提高调度人员组织指挥水平,加强各级调度之间、调度与站段有关人员之间的工作联系,各级调度人员每季度深入现场应不少于1次,便于熟悉设备、人员情况,交换工作意见,改进工作作风，解决好日常运输生产中存在的问题。深入现场前要有计划，返回后要有报告。

深入现场可采用添乘机车、列车，召开座谈会、联劳会、同班会，跟班劳动，专题调查研究等多种形式。

调度人员应持机车添（登）乘证添（登）乘机车、列车，并准许在乘务员公寓食宿。

第二节　列车调度员的作业程序

列车调度员是一个调度区段行车工作的组织者和指挥者，主要职责是组织、指挥本区段车、机、工、电、辆等部门的有关行车人员，实现列车运行图、列车编组计划和运输方案规定的任务和要求，加速机车车辆周转。

一、列车调度员的主要工作

以铁路局调度所列车调度员为例，说明其主要工作。

（一）主要工作

（1）积极组织全区段有关人员实现按图行车，遇有列车晚点，及时采取调整措施，使晚点列车恢复正点；及时正确地发布有关行车的命令和指示。

（2）检查各站按列车编组计划编车，按运输方案组织运输的情况。

（3）注意列车到发及区间运行情况，及时处理临时发生的问题。

（4）组织区段内各站按日（班）计划完成卸车、排空及装车任务和中时、停时、旅速等指标。

（二）工作要求

列车调度员应熟悉主要行车人员和机车、车辆、线路、通信信号、桥隧、牵引供电等设备情况，掌握天气变化对行车工作影响的规律，组织行车有关人员协调动作，保证列车按列车运行图正点运行。

（1）列调应熟悉管辖区段内的人、车、天、地、图。即：主要行车人员、机车车辆、气候变化、线路站场等技术设备、列车运行图。

（2）熟悉有关规章、制度。

（3）在接班前应详细了解情况。

（4）在值班过程中，应加强与邻台列调、机调、客调等联系。

（5）及时制定三四小时列车运行计划。

（6）及时、正确地填记列车运行实际图。

（7）按规定提供编制日（班）计划的资料。

（8）交班前要为下一班打好交班基础，为接班列调创造良好的工作条件。

二、列车调度员的基本作业程序

列车调度员在计划调度员的领导下，组织列车按图行车，确保客货列车正点；掌握摘挂列车甩挂作业，按计划配空车和及时将车站待挂车挂出；保证所管辖车站各项运输指标的完成。

铁路局调度所的列车调度员，一个班的基本作业程序如表 7 - 1 所示。

表 7－1 列车调度员基本作业程序

时　间	作业项目	作业内容
7:30—7:50 (18:30—18:30)	班前准备	1. 阅读有关命令、文电及领导重点指示
		2. 了解军运、重点列车注意事项及超限列车限制条件和挂运车次
		3. 了解分界口列车交接情况，车流接续，本台列车运行、编组及摘挂作业情况，中间站存车及股道运用、停运列车分布
		4. 了解行车设备使用状态、有关施工和区间路料卸车及区间限速情况
		5. 了解跨班的调度命令发布和交付情况
		6. 了解旅客列车接入情况及货物列车车位
		7. 了解本辖区内装卸作业和配空计划
		8. 了解机车交路情况
		9. 了解其他与本岗位有关的事宜
7:50—8:10 (18:50—19:10)	参加接班会	1. 认真听取上一班值班主任对重点事项的交班
		2. 汇报本岗位工作情况，针对存在的问题，提出完成任务的方法
		3. 听取相关台和其他工种调度情况介绍
		4. 听取值班主任布置本班的工作任务和有关的重点注意事项
		5. 听取领导传达上级文件、电报、命令及完成军运和各项任务的指示要求
8:10—8:20 (19:10—19:20)	接班	1. 按规定程序检查、使用调度管理信息系统
		2. 检查备品、图表和卫生
		3. 听取交班者的交班事项，情况不明不准接班
		4. 在交接本上互相签字
8:00—9:00 (20:00—21:00) 12:30—13:00 (0:30—1:00) 16:30—17:00 (4:30—5:00)	编制阶段计划	1. 收集编制阶段计划的相关资料
		2. 编制 4 h 阶段计划：(1)根据列车运行图按照先客后货、先跨局后管内和按列车的等级顺序的原则铺画列车运行计划线；(2)车站列车到、发时分和列车会让计划；(3)列车在中间站作业计划；(4)区间天窗综合维修施工计划和装卸计划；(5)重点列车注意事项
9:00(21:00) 13:00(1:00) 17:00(5:00)	下达阶段计划	1. 对所辖区段的车站、机务段(折返段)、乘务室等有关的行车人员点名
		2. 与现场校对钟表
		3. 列车到发车次、预计时分、编组内容、机车交路及型号
		4. 会让计划、摘挂列车和调小机车外出作业计划
		5. 列车停运及恢复运行计划
		6. 对重点事项列车调度员通过录音电话口头详细布置给有关站段和人员，并要求有关人员进行复诵

续表 7－1

时　间	作业项目	作业内容
8:20—19:10 (19:20—8:10)	实施阶段计划	1. 列车运行组织： (1)充分利用线路允许速度，组织晚点列车恢复正点或赶点 (2)选择合理的会让站、越行站，在线路允许速度内加速放行列车 (3)组织列车进行快速、平行作业，以缩短列车在站作业时间 (4)组织好施工点前、点后的列车运行 (5)按规定，组织反方向行车及列车合并运行 (6)对非正常情况的列车运行组织指挥，严格按规定程序和要求作业，不得盲目求快 (7)及时收取列车在车站运行实绩和作业后的列车编组内容并预报前方作业站
		2. 发布调度命令： (1)详细了解现场情况(包括电化区段是否影响电力牵引) (2)拟写调度命令 (3)按规定审核签认 (4)发布调度命令(电话发布命令的在复诵核对后再发命令号码和时间) (5)按规定落实有关命令是否已经交付
		3. 施工组织： (1)阅读施工电报 (2)核对施工计划(包括天窗施工计划，下同) (3)与车站核对施工申请 (4)发布限速调度命令(包括施工前、后) (5)发布准许天窗维修或施工封锁调度命令 (6)确认施工完毕 (7)落实是否具备区间开通的条件 (8)发布施工完毕开通的调度命令
		4. 区间装卸组织： (1)核对区间装(卸)计划 (2)落实卸车负责人、劳力是否到位 (3)发布准许进入区间作业的命令 (4)电气化区段填写电调表 (5)电力机车牵引的列车，接到列车到达指定卸车地点的报告后，办理停电手续 (6)接到电调停电号码后，下达准许上车作业的命令 (7)得到并确认作业完毕后请求送电 (8)发布有关命令
		5. 其他工作： (1)向有关站段通报旅客列车晚点情况 (2)加强与司机出退勤的联系，根据列车运行情况按时叫班 (3)及时、正确、完整地填记各种图表 (4)及时完成其他规定内容的工作

续表 7－1

时　间	作业项目	作业内容
14:00—14:30 (2:00—2:30)	提供编制日(班)计划资料	1. 在途列车编组内容、预计到达编组、区段站的时间
		2. 按重车分去向，空车分车种，推定本区段各站 18:00(6:00)现在车分布情况
19:10—19:20 (8:10—8:20)	交班	1. 整理有关文电重要事项并填写交班日志本
		2. 整理室内卫生
		3. 与接班人员按交班日志的内容逐项交班
		4. 在交接本上互相签字
19:20—19:30 (8:20—8:30)	参加交班会	1. 汇报本岗位工作情况，总结经验教训
		2. 听取值班主任对本班工作的情况总结及存在的问题
		3. 听取主任(正班主任助理)对本班工作的总结及存在问题

第三节　调度命令

铁路总公司、铁路局调度在组织指挥日常运输工作中，应及时发布与运输有关的调度命令，下级调度以及行车有关人员必须坚决执行。

一、调度命令的基本概念

(一)调度命令

调度命令是行车调度处理日常行车工作中的有关问题，以及在非正常情况下组织指挥行车有关部门、单位和人员办理行车工作、指示作业方法和安全注意事项的带有约束性的指令，是编有调度命令号码并在《调度命令登记簿》上登记的书面命令。调度命令的主要作用有：

(1)行车各部门具体办理行车工作的依据。

(2)行车调度组织指挥行车工作和安全生产的必要手段。

(3)考察行车调度组织指挥工作的过程及工作质量的依据。

(二)口头指示

除调度命令外，调度员在日常生产指挥中向有关人员发布的完成运输生产任务的具体部署和指挥行车工作的指令，称为口头指示。口头指示和调度命令具有同等作用，有关人员必须坚决执行。发布口头指示，也应正确、及时、清晰、完整。

(三)调度命令的发布权限

调度命令的发布必须贯彻行车工作集中统一指挥的原则，各级调度机构和各工种调度的调度命令只能在规定的权限范围内发布，不得越级或越权。

二、发布调度命令的基本规定

(1)调度命令发布前，列车调度员应详尽了解现场情况，听取有关人员的意见，书写命令内容，受令处所必须正确、完整、清晰。

(2)采用计算机发布调度命令时，必须严格遵守“一拟、二审核(按规定须监控人审核的)、三签(按规定须领导、值班主任签发的)、四发布、五确认签收”的发布程序。受令人必须认真核对命令内容并及时签收。

(3)采用电话发布调度命令时，必须严格遵守“一拟、二审核(按规定须监控人审核的)、三签(按规定须领导、值班主任签发的)、四发布、五复诵核对、六下达命令号码和时间”的发布程序。发布、接收调度命令时，应填记《调度命令登记簿》(《技规》附件7)，并记明发收人员姓名及时刻。

(4)采用常用行车调度命令用语(《铁路运输调度规则》附件2)拟写的命令，计算机编辑时，皆“用语”中未用到的字句删除，书面拟写时，将“用语”中未用到的字句圈掉。

(5)调度命令书写不正确时，应重新书写。

(6)已发布的调度命令，遇有错、漏或变化时，必须取消前发命令，重新发布全部内容的调度命令。

(7)使用调度命令无线传送系统、计算机或传真机发布行车调度命令，必须认真执行确认和回执制度。

(8)发布运行揭示调度命令，不准夹带与受令处所无关的内容和命令。

(9)发布有关线路、道岔限速的调度命令，必须注明具体地点(包括站内线别、道岔号码)、起止里程及时间。发布事故救援命令，有关线路、道岔必须注明里程。

(10)指定时间段内的维修作业，车站值班员在维修作业完毕销记后，应立即报告列车调度员，列车调度员不再发布维修作业结束恢复行车的命令。如需延长作业时间，须列车调度员发布调度命令批准。

三、需要发布调度命令的情况

应发布调度命令的情况如表7－2所示。

表7－2　应发布调度命令的情况

顺序	命令项目	受令者	
		司机	车站值班员
1	封锁、开通区间		○
2	向封锁区间开行救援列车、路用列车	○	○
3	临时变更或恢复原行车闭塞法	○	○
4	双线反方向行车、由双线改为单线或恢复双线行车	○	○
5	变更列车径路	○	○
6	发出在区间内停车或由区间返回的列车	○	○
7	开往区间内岔线的列车	○	○
8	发出临时由区间内返回后部补机的列车	○	○
9	列车需临时降弓运行	○	○

续表 7－2

顺序	命令项目	受令者	
		司机	车站值班员
10	因行车设备故障、灾害或施工，以及列车中挂有限速的机车车辆等，需要使列车临时限速运行（纳入运行揭示调度命令或本务机车、动车组自身设备原因限速时除外）	○	○
11	动车组列车空调失效需打开部分车门限速运行	○	○
12	车站使用故障按钮、总辅助按钮		○
13	超长列车或列车挂有装载超限货物的车辆	○	○
14	单机附挂车辆	○	○
15	半自动闭塞区间，超长列车头部越过出站信号机（未压上出站方面的轨道电路）发车	○	○
16	在非到发线上接发列车	○	○
17	调度日（班）计划以外，临时加开或停运列车（单机除外）	○	○
18	双线区间在区间内进行跨线装卸作业时，对开入其邻线的列车	○	○
19	双线区间在区间内有除雪机、起重机工作时，对开入其邻线的列车	○	○
20	双线区间在区间内发生冲突、脱轨、火灾、爆炸事故，对开入其邻线的列车	○	○
21	列尾装置故障（丢失）的货物列车继续运行	○	○
22	改按天气恶劣难以辨认信号的办法行车或恢复正常行车	○	○
23	动车组列车转入或退出隔离模式（被救援时除外）	○	○
24	动车组列车在列控车载设备控车和列车运行监控装置控车之间人工转换	○	○
25	临时利用本务机车调车作业	○	○
26	利用天窗施工、维修作业		○
27	施工、维修作业较指定时间延迟结束		○
28	运行揭示调度命令与实际限速、行车方式或设备不符时	○	○
29	正线、到发线接触网停电或送电（接触网倒闸、跳闸后试送电、向中性区送电或弓网故障排查除外）		○
30	正线、到发线接触网停电后准许登顶作业	○	○
31	双管供风旅客列车运行途中改为单管供风	○	○
32	列车调度员认为有必要记录的上述以外的命令	有关人员	

注：1. 画○者为受令人员。

2. 天窗维修作业在指定的时间内完成并销记后，列车调度员不再发布维修作业结束恢复行车的调度命令。

3. 动车组列车改按列车运行监控装置方式运行需将列控车载设备隔离时，列车调度员仅发布改按列车运行监控装置方式行车的调度命令。

4. 因调车作业动车组控车模式转换，不发布调度命令。自动站间闭塞法行车转为半自动闭塞法行车及转回的调度命令，可不发给司机。

四、调度命令的编号

调度命令号码的编制应按不同工种分别规定。铁路局行车调度命令按日循环，运行揭示调度命令及其他专业调度命令按月循环；铁路总公司各工种调度命令按月循环（其中铁路总公司货运和列车工作日计划命令按年循环）。

调度命令日期的划分，以0:00为界；调度命令循环号码的起讫时间，以18:00区分。

各级调度命令应保管一年。

铁路总公司调度命令号码编为：

(1)货运和列车工作日计划命令号码：0001～0366；

(2)车流调整命令号码：0401～0499；

(3)行车调度命令号码：0501～1499；

(4)客运调度命令号码：1501～1999；

(5)动车调度命令号码：2001～2299；

(6)货运调度命令号码：2301～2499；

(7)行包调度命令号码：2501～2599；

(8)机车调度命令号码：2601～2899；

(9)车辆调度命令号码：2901～2999；

(10)军运调度命令号码：3001～3299（其中D型车使用命令号码3001～3199，超限超重调度命令号码3201～3299）；

(11)特运调度命令号码：3301～3599（其中机械冷藏车使用及回送命令号码3301～3399，重点石油装车命令号码3401～3499，部属罐车调整命令号码3501～3599）；

(12)供电调度命令号码：3601～3699；

(13)跨铁路局的站对站停、限装及恢复装车命令号码：3701～3999；

(14)备用车命令号码：4001～4599。

铁路局调度命令号码由各铁路局自定。

五、发布各种调度命令的规定

(一)发布行车调度命令的规定

(1)指挥列车运行的命令（运行揭示调度命令除外）和口头指示，只能由列车调度员发布。

旅客列车的加开、停运、折返、变更径路及车辆甩挂的命令，须经铁路局值班主任同意签字，跨铁路局的还须经铁路总公司值班处长同意签字后，由客运调度员发布。

(2)铁路局列车调度员发布行车命令，要一事一令，不得发布无关内容。

一事一令是指对一个独立事件发布一个命令，该独立事件包括单因素事件和多因素事件两类。单因素事件是指不与其他工作发生关联的简单事件；多因素事件是指涉及两项及其以上工作内容，且因此及彼、因果相关、时间相连的复杂事件，可发布一个调度命令。

(3)设有双线双向闭塞设备且作用良好的区间，需要连续反方向行车时，可发布一个调度命令。

(4)交付调度命令的规定：

①具备调度命令无线传送系统的，应使用调度命令无线传送系统向值乘司机发布调度命令。

②在具备良好转接设备和通信记录装置的条件下，符合使用列车调度电话发布、转达调度命令内容的，列车调度员（车站值班员）可使用列车调度电话向列车司机发布（转达）调度命令。

③不具备上述条件时，本区段有停车站，列车调度员指定车站值班员在进入关系地点前的停车站交付调度命令；本区段无停车站或来不及时，在进入关系地点前的车站停车交付调度命令。

（5）交付和核对限速调度命令的规定：

①限速调度命令，须在进入限速地点前发布（转达）、复诵完毕，如来不及，必须在进入限速地点前的车站停车转达调度命令。

②具备使用调度命令无线传输系统或提前在停车站交付调度命令条件的须传输（交付）书面调度命令。

③不具备使用调度命令无线传输系统或提前在停车站传输（交付）书面调度命令，需使用列车调度电话发布（转达）调度命令时，列车调度员除发给限速地点关系站（限速地点在区间内，关系站为区间的两端站；限速地点在车站站内或站内跨区间，关系站为限速地点车站和相邻车站）外，还应发给转达调度命令车站和进入限速地点前的第二个车站，转达调度命令车站应在列车进入限速地点前的第二个车站以前传达、复诵完毕。

④对限速的调度命令，列车进入限速地点前的第一个车站值班员逐列与司机核对限速内容。

⑤限速地点在车站站内，限速车站的车站值班员在列车进入车站前要与司机核对限速内容。

⑥使用列车调度电话发布、转达限速调度命令时，进入限速地点前的第二个车站须与司机核对限速内容。

⑦核对不一致时，司机应在进入限速地点前的车站停车并向车站值班员报告，车站值班员立即向列车调度员报告，列车调度员核实后，发布正确的限速调度命令。

（6）对跨铁路局的列车，接车铁路局列车调度员可委托发车铁路局列车调度员发布调度命令，委托铁路局要将需转发的调度命令号码、内容和具体车次发给受委托铁路局，受委托铁路局在时间允许情况下，不得拒绝委托。

（7）使用“常用行车调度命令用语”发布行车调度命令时，涉及限速内容须一并下达（司机事先已有限速调度命令除外）。

（二）使用列车调度电话发布、转达调度命令内容的规定

（1）临时变更（改按电话闭塞法行车除外）或恢复原行车闭塞法。

（2）设有双线双向闭塞设备且作用良好的区间，双线反方向行车。

（3）有计划封锁施工开通后，指定1，2，3，…列限速。

（4）临时限速（指未纳入运行揭示调度命令的限速，下同）。

（5）临时停运列车、加开单机。

（6）旅客列车以外的列车在非到发线上接车或发车。

（7）半自动闭塞区间，超长列车头部越过出站信号机（未压上出站方面的轨道电路）

发车。

(8)进站(接车进路)信号机故障的引导接车。

(9)机车信号、列车运行监控记录装置、列尾装置故障。

(10)列控车载设备转入或退出隔离模式。

(11)列控车载设备控车人工转换LKJ方式行车或LKJ方式行车人工转换列控车载设备控车。

(12)动车组在区间被迫停车后,准许返回后方站。

(13)特殊情况下,不能在基本进路上接发动车组旅客(检测)列车。

(14)调度集中区段,由列车调度员办理接、发列车,调度命令用作允许列车运行的行车凭证。

(15)铁路局《行车组织规则》规定,可以利用列车调度电话发布、转达的调度命令。

(三)发布列控限速命令的规定

(1)在既有线CTCS-2区段运行的动车组,遇区间或站内正线有限速时,列车调度员必须提前向相关车站发布列控限速调度命令(数据格式)。遇临时产生的限速或施工等实际产生的限速与运行揭示调度命令限速不符时,列车调度员还应通过调度命令无线传送系统向动车组司机发布限速调度命令。所有列控限速调度命令设置及取消必须经调度台监控人员审核后方可发布。

(2)遇列控中心故障或列控限速调度命令(数据格式)未正确设置时,列车调度员应及时发布调度命令,指示动车组改按LKJ方式行车越过限速地点。

(3)跨铁路局限速调度命令涉及两个铁路局的相邻车站,特别是站内限速调度命令需要同时发送给本站及其相邻的两端车站,由限速地点所在铁路局列车调度台的调度员拟定列控限速调度命令,发布给本局管辖的车站和相邻铁路局的一个站。

(四)发布施工调度命令的有关规定

施工调度命令是指施工当日由列车调度员发布的准许施工开始、确认施工结束等与实际施工有关的调度命令。

(1)施工调度室负责拟写次日施工调度命令,经一人拟写、另一人核对后,传(交)列车调度台。

(2)列车调度员发布施工调度命令前,须经在调度台的施工监控人员审核。

(3)施工当日,列车调度员根据施工日计划与车站值班员的施工请求(CTC区段无车站值班员的车站,由施工单位负责人请求)核对一致后,方可拟定并下发施工调度命令。

(4)施工完毕后,列车调度员根据车站值班员请求(CTC区段无车站值班员的车站,由施工单位负责人请求),发布施工开通(结束)的调度命令。

(5)封锁施工开通后有第1,2,3,…列限速要求的列车,由列车调度员发布调度命令。

(6)因施工提前、延迟或其他原因造成与运行揭示调度命令不符时,列车调度员须在取消前发运行揭示调度命令的同时,向有关车站值班员、司机、施工负责人重新发布全部内容的调度命令;相符时仍按前发运行揭示调度命令执行。

(五)发布运行揭示调度命令的有关规定

运行揭示调度命令是指由施工调度室编制的涉及限速、行车方式变化和设备变化的调度命令。

(1)施工调度室须依据施工日计划和主管业务处提报的灾害、故障涉及限速、行车方式变化的申请及“常用运行揭示调度命令基本用语”(《铁路运输调度规则》附件3)编制运行揭示调度命令，将命令中未用到的字句删除。

(2)铁路总公司发布的“常用运行揭示调度命令基本用语”未涉及的项目，由铁路局制定“补充运行揭示调度命令用语”。

(3)运行揭示调度命令内容应包括时间、地点、因由、速度、行车方式变化、设备变化六要素。

(4)运行揭示调度命令须一人拟写、另一人核对，施工调度室主任(副主任)、调度所副主任逐级审核(签字备查)，于施工前1日12:00前(其中0:00～4:00执行的运行揭示调度命令为前1日8:00前)发布至有关机务段所属单位、车务段(直属站)、主管业务处，传(交)列车调度员。车务段(直属站)应根据施工及车机联控要求转发给相关车站；主管业务处转交施工单位。

(5)列车运行途中遇跨越运行揭示调度命令有效时段或其他原因，造成列车运行没有可依据的运行揭示调度命令时，司机须提前向本次乘务出勤派班室和车站值班员报告，车站值班员立即向列车调度员报告，列车调度员安排列车停车交付运行揭示调度命令(可在一个行车调度命令中下达)，跨区段(局)运行时，须通知相邻区段(局)列车调度员。

(6)运行揭示调度命令发布的限速条件需转变为LKJ基础线路数据时，除按有关LKJ基础线路数据管理工作规定程序办理外，本着“谁申请(登记)、谁取消”的原则，由申请(登记)部门按LKJ车载固定基础数据文件换装电报的终止时间，向施工调度室、车站申请取消限速，施工调度室须在得到申请(登记)部门取消限速的申请后，方准发布调度命令取消该限速的运行揭示调度命令。

(7)发生灾害、设备故障等影响行车的突发情况(含施工开通后未达到规定的放行列车条件)，列车调度员接到报告后，须立即采取应急处理措施，向有关车站、司机发布调度命令；主管业务处可根据设备管理单位的施工申请，审核提报，由施工调度室发布运行揭示调度命令。

(8)涉及铁路局间分界站的施工日计划和运行揭示调度命令，由发布局施工调度台委托相关邻局施工调度台转达；相关邻局施工调度台向本局所属相关车务段(直属站)下达[车务段(直属站)负责向相关车站下达]，并转交本局相关列车调度员；邻局施工调度台及时向发令局施工调度台反馈施工日计划和运行揭示调度命令的交递情况。

六、常用行车调度命令用语

(一)封锁及开通区间

1. 封锁区间

____站至____站间____行线因________，自接令时(____时____分)起(至____时____分止)，区间封锁。

2. 封锁区间

____站至____站间____行线因________，自接令时(____时____分)起(至____时____分止)，区间封锁，准许____部门抢修作业。

3. 开通封锁区间

根据____站报告，____站至____站间____行线____完毕，区间已空闲，自接令时起区间开通。

(二)向封锁区间开行救援列车

1. 救援列车(救援队)出动

因____站至____站间____行线(____站)发生事故，____救援列车(救援队)立即出动。

2. 救援列车开行

____站至____站间加开____次列车，______站____时____分开，按现时分办理。

3. 救援列车开行

____站至____站间加开____次列车，____站____时____分开，按现时分办理。救援列车限速____km/h。

4. 向封锁区间开行救援列车

准许____站开____次列车，进入____站至____站间____行线封锁区间____km ____m 处进行事故救援，将____次列车推进(返回开____次列车)至____站(按事故救援指挥人的指挥办理)。

5. 救援单机开行

自接令时起，____站至____站间____行线区间封锁。准许____站利用____机车开行____次列车进入____km ____m 处救援，将____次列车推进(返回开____次列车)至____站。

6. 列车分部运行

根据____站报告，____次列车因________，自接令时起____站至____站间____行线区间封锁。

准许____站利用____机车开行____次列车进入封锁区间____km ____m 处挂取遗留车辆，将____次列车推进(返回开____次列车)至____站。

(三)临时变更行车闭塞法或恢复原行车闭塞法

1. 停用基本闭塞法，改用电话闭塞法

因________，自接令时(____次列车到____站)起，____站至____站间____行线停用基本闭塞法，改用电话闭塞法行车。

2. 停用自动站间闭塞法，改半自动闭塞法

因________，自接令时(____次列车到____站)起，____站至____站间____行线停用自动站间闭塞法，改用半自动闭塞法。

3. 恢复原行车闭塞法

自接令时(____次列车到____站)起，____站至____站间____行线，恢复基本闭塞法行车。

4. 恢复自动站间闭塞法

自接令时(____次列车到____站)起，____站至____站间____行线，恢复自动站间闭塞法行车。

5. 双线反方向行车(未设双线双向闭塞设备或双线双向闭塞设备故障)

自接令时(____次列车到____站)起，____站至____站间____行线停用基本闭塞法，改用电话闭塞法行车。准许____次列车在____站至____站间利用____行线反方向运行，____次列

车到____站后，恢复____行线基本闭塞法行车。

6. 双线改单线行车(未设双线双向闭塞设备或双线双向闭塞设备故障)

因________，自接令时(____次列车到____站)起，____站至____站间____行线停用基本闭塞法，改用电话闭塞法，按单线行车。

7. 恢复双线行车(未设双线双向闭塞设备或双线双向闭塞设备故障)

自接令时(____次列车到____站后)起，恢复____站至____站____行线基本闭塞法，____站至____站间恢复双线行车。

8. 列车反方向进入区间并运行至前方站(未设双线双向闭塞设备或双线双向闭塞设备故障)或自动、半自动闭塞发出由区间返回的列车

自接令时(____次列车到____站)起，____站至____站间____行线停用基本闭塞法，改用电话闭塞法行车。准许____站开____次列车(反方向)进入区间____km ____m 至____km ____m 处____，(返回开____次列车)限____时____分前到____站，本列到达后恢复基本闭塞法。

(四)双线反方向行车或双线改单线(设有双线双向闭塞设备)和恢复双线正方向行车

1. 双线反方向行车

自接令时(____次到____站)起，准许____次、____次……列车在____站至____站间利用____行线反方向运行。

2. 双线改单线行车

因________，自接令时(____次列车到____站)起，____站至____站间____行线改按单线行车。

3. 恢复双线行车

自接令时(____次列车到____站后)起，恢复____站至____站间双线行车。

(五)变更列车径路

准许____次列车由原____径路，改经____运行，各站按现时分办理。

(六)列车在区间内停车并运行至前方站(使用基本闭塞法)

1. 列车正方向进入区间内停车并运行至前方站

准许____站开____次列车进入____站至____站间____行线____km ____m 至____km __m 处____，限____时____分前到____站(本列到达____站后，____站方准放行续行列车)。

2. 列车反方向进入区间并运行至前方站(设有双线双向闭塞设备)

自接令时(____次列车到____站)起，准许____站开____次列车反方向进入____站至____站间____行线____km ____m 至____km ____m 处____，限____时____分前到____站。

(七)临时指定列车运行速度

1. 线路临时限速

自接令时(____时____分，____次列车到达____站)起至另有命令时(____时____分)止，____站至____站间____行线____km ____m 至____km ____m 处限速____km/h。

____次列车运行至____站至____站间____行线____km ____m 至____km ____m 处限速____km/h。

2. 列车中挂有限速的机车、车辆

____次列车在____站挂有____辆(台)，____站至 ____站间限速____km/h 运行。

3. 动车组、旅客列车车辆故障、动车组安装过渡车钩限速运行

根据____报告，____次列车因空气弹簧故障（密接式车钩因故更换为15号车钩、动车组安装过渡车钩、动车组车窗破损导致车厢密封失效），限速____km/h运行。

4. 恢复正常速度

自接令时（____时____分，____次列车到达____站）起，____站至____站间____行线__km____m至____km____m处，恢复正常速度。

（八）使用故障按钮、总辅助按钮、预复零按钮、故障复零按钮

1. 半自动闭塞区段使用故障按钮

根据____站请求，现查明____站至____站间____行线区间空闲，准许____站使用故障按钮办理闭塞机复原。

2. 自动闭塞区间使用总辅助按钮

根据____站请求，现查明____站至____站间____行线区间空闲，准许____站使用总辅助按钮改变闭塞方向。

3. 计轴－环线自动闭塞区间使用预复零按钮、故障复零按钮

根据____站、____站请求，现查明____站至____站间____行线区间空闲，准许____站、____站使用预复零按钮（故障复零按钮）办理复位。

（九）列车挂有装载超限超重货物的车辆

____次列车挂有超限（超重）货物____辆，____级超限，____站至____站间运行条件如下：

（1）限速____km/h；

（2）行经300 m及其以下半径曲线，限速____km/h；

（3）进出站经侧向道岔限速____km/h，禁止通过____号道岔；

（4）____站至____站间区间会车限速____km/h；

（5）____站至____站间禁止在区间会车；

（6）____站至____站间禁止在区间会特快旅客列车和特快行邮列车；

（7）CTCS－2区段在区间禁止与动车组、动车组检测车交会；

（8）禁止接（进）入有高站台的线路；

（9）各站按《车站行车工作细则》规定的线路接发；

（10）其他要求。

（十）单机附挂车辆

准许____次列车在____站挂车____辆到____站，尾部车辆车号____。

（十一）半自动闭塞区段，超长列车头部越过出站信号机（未压上出站方面的轨道电路）发车

准许____次列车在____站____道____行出站信号机开放情况下越过出站信号机发车。

（十二）在非到发线上接发列车

1. 在非到发线上接车

准许____次列车接入____站非到发线____道。

2. 半自动闭塞区间在非到发线上发车

自接令时（____次列车到____站）起，____站至____站间____行线停用基本闭塞法，改用

电话闭塞法行车，准许____次列车在____站非到发线____道发车，本列到____站后恢复基本闭塞法行车。

3. 自动闭塞区间在非到发线上发车

准许____次列车在____站非到发线____道发车。

（十三）临时加开或停运列车

1. 临时停运列车

准许____次列车在____站停运，____站至____站间加开____次列车，按现时分运行。

2. 临时加开列车

准许____站至____站间加开____次、____次、……列车，____站至____站间加开____次、____次、……列车，按现时分运行。

（十四）货物列车超长

____次列车超长____，准许在____站至____站间超长运行。

（十五）双线区间在区间内进行跨线装卸作业，区间有除雪机、起重机工作，区间内发生冲突、脱轨、火灾、爆炸事故，对开入其邻线的列车

因____站至____站间____行线____km ____m 至____km ____m 处____，____次列车注意运行。

（十六）临时利用本务机车调车作业

指定____次列车本务机车在____站进行调车作业。

（十七）单线半自动闭塞或双线反方向越出站界调车

自接令时（____时____分）起，____站至____站间____行线停用基本闭塞法，改用电话闭塞法。准许____站利用该区间越出站界调车，限____时____分前完毕，作业完毕后恢复基本闭塞法。

（十八）接触网停、送电

1. 接触网停、送电（施工）

（1）接触网有计划停电。

根据供电调度____号申请，自接令时（____时____分）起，准许____站（含）至____站（含）间____行线（____km ____m 到____站至____站间____km ____m）接触网停电。

（2）以行车限制卡为单元的接触网停电。

根据供电调度____号申请，自接令时（____时____分）起，准许____号行车限制卡停电影响范围接触网停电，同时执行____号行车限制卡。

（3）接触网故障停电。

根据供电调度____号通知，自接令时起，____站（含）至____站（含）间____行线（____km ____m 到____站至____站间____km ____m）接触网已停电，准许进行____作业。

（4）非供电部门处理非正常情况时的临时停电。

根据供电调度____号通知，自接令时起，____站（含）至____站（含）间____行线（____号行车限制卡停电影响范围）接触网已停电，可以处理故障。

（5）接触网送电。

根据供电调度____号通知，____站（含）至____站（含）间____行线（____km ____m 到____站至____站间____km ____m）接触网已恢复供电。

(6)以行车限制卡为单元的接触网送电。

根据供电调度____号通知，自接令时起，____站(含)至____站(含)间____行线(____号行车限制卡停电影响范围)接触网已恢复供电(同时取消执行该行车限制卡)。

2. 接触网故障及电力机车降弓运行。

(1)接触网故障及电力机车降弓运行。

根据供电调度____号通知，因接触网故障，自接令时起，____站至____站间____行线(站内____道)____km ____m至____km ____m处，电力机车降弓运行。

(2)接触网故障修复。

根据供电调度____号通知，______站至____站间____行线(站内____道)____km ____m至____km ____m处，接触网故障修复，恢复正常运行。

(十九)施工作业和维修作业

1. 施工作业

(1)封锁区间并向封锁区间开行路用列车(适用于每端各进一列)。

因____站至____站间____行线施工，自接令时(____时____分)起区间封锁，限____时____分施工完毕。

①准许工务部门在____km ____m至____km ____m处施工。

②准许供电部门在____km ____m至____km ____m处施工。

③准许____部门在____km ____m至____km ____m处施工。

准许____站开____次，进入封锁区间____km ____m防护点处停车，按施工负责人的指示进行作业，(返回开____次列车)限____时____分前到达____站。

准许____站开____次，进入封锁区间____km ____m防护点处停车，按施工负责人的指示进行作业，(返回开____次列车)限____时____分前到达____站。

(2)同一线路跨越站界施工。

因____站____道及____号道岔(含)至____站____道及____号道岔(含)至____站____道及____号道岔(含)间____行线施工，自____时____分起封锁，限____时____分施工完毕。

准许____部门在____km ____m至____km ____m处施工。

准许____站开____次列车进入封锁线路____km ____m至____km ____m处按施工负责人的指示进行作业(返回开____次列车)，限____时____分前到____站____道(不得越过关闭的____信号机)。

准许____站开____次列车进入封锁线路____km ____m至____km ____m处按施工负责人的指示进行作业(返回开____次列车)，限____时____分前到____站____道(不得越过关闭的____信号机)。

(3)同一线路跨越站界施工完毕。

根据____站报告，____站____道及____号道岔(含)至____站____道及____号道岔(含)至____站____道及____号道岔(含)间____行线施工完毕，____次已到达____站____道，区间已空闲，自接令时起开通。

(4)自动闭塞区间路用列车追踪进入区间后封锁施工。

准许____站开____次列车跟随____次列车按自动闭塞方式进入____站至____站间____行线，在____km ____m防护点处停车。____次列车到达____站后区间封锁。准许____部门在

____km ____m 至____km ____m 处施工，限____时____分施工完毕。____次列车按施工负责人的指示进行作业(返回开____次列车)，限______时____分到达____站。

(5)施工较规定时间推迟开始(提前完毕)。

根据____站请求，____站(含____道、____号道岔)至____站(含____道、____号道岔)间____行线施工(封锁)推迟(提前)至____时____分开始(完毕)。____次列车前发____号运行揭示调度命令取消，运行条件如下：

①____站(含____道、____号道岔)至____站(含____道、______号道岔)间______行线______km ____m 至____km ____m 限速____km/h。

②____站至____站间____行线按基本闭塞法行车。

③施工结束后设备变化情况……

(6)施工较规定时间推迟开始(提前完毕)。

因________(根据____、____站请求)，____站____道及____号道岔(含)至____站____道及____号道岔(含)间____行线施工推迟(提前)至____时____分开始(完毕)。____次列车前发____月____日____号运行揭示调度命令取消，运行条件如下：

①____站____道及____号道岔(含)至____站____道及____号道岔(含)间____行线______ km ____ m 至____ km ____ m 限速____ km/h。

②____站至____站间____行线按基本闭塞法行车。

③施工结束后设备变化情况……

(7)较规定时间施工延迟结束(提前开始)。

根据____站请求，准许____站(含____道、____号道岔)至____站(含____道、____号道岔)间____行线施工(封锁)延迟(提前)至____时____分结束(开始)。____次列车前发____号运行揭示调度命令取消，运行条件如下：

①____站(含____道、____号道岔)至____站(含____道、____号道岔)间______行线______km ____m 至____km ____m 限速____km/h。

②____站____行进站(____接车进路)信号停用，改按引导(手)信号接车。

③______站____道____行出站(____发车进路)信号停用。

④______站至____站间____行线按____闭塞法行车。

(8)较规定时间施工延迟结束(提前开始)。

根据____站请求，准许____站____道及____号道岔(含)至____站____道及____号道岔(含)间____行线施工延迟(提前)至____时____分结束(开始)。____次列车前发____月____日____号运行揭示调度命令取消，运行条件如下：

①____站____道及____号道岔(含)至____站____道及____号道岔(含)间____行线______km ____m 至____km ____m 限速____km/h。

②____站____行进站(接车进路)信号停用，改按引导(手)信号接车。

③____站____道____行出站(发车进路)信号停用。

④____站至____站间____行线按____闭塞法行车。

2. 维修作业

(1)单个区间和车站维修作业。

自接令时(____时____分)起，准许____站(含____道、____号道岔)至____站(含____

道、____号道岔)____行线进行____分钟维修作业。

(2)单个区间和车站维修作业。

自接令时(____时____分)起，准许____站(含)至____站(含)间____行线进行____分钟(信联闭)维修作业。

(3)双线维修“V形天窗”作业(连续多个区间和车站)。

____站(含____道、____号道岔)至____站(含____道、____号道岔)间____·行线自接令时(____时____分)起，准许各站及后方区间进行____分钟维修作业。

(4)双线维修“V形天窗”作业(连续多个区间和车站)。

____站(含)至____站(含)间____行线自接令时(____时____分)起，准许各站及后方区间进行____分钟维修作业。

(5)维修　“垂直天窗”作业。

自接令时(____时____分)起，____站(含____道、____号道岔)至____站(含____道、____号道岔)间____行线准许各区间及站内进行____分钟维修作业。

(6)维修　“垂直天窗”作业。

自接令时(____时____分)起，____站(含)至____站(含)间____行线准许各区间及站内进行____分钟(信联闭)维修作业。

(二十)信联闭施工(采用施工特定行车)

1. 信联闭施工(采用施工特定行车)

自接令时(____时____分)起，准许____站至____站间____行线____部门施工，限____时____分施工完毕，施工期间：

(1)____站____行进站(____接车进路)信号停用，改按引导(手)信号接车。

(2)____站____道____行出站(____发车进路)信号停用。

(3)自____时____分起____站至____站间____行线停用基本闭塞法，改用电话闭塞法行车。

(4)有关行车凭证的交付和正线通过列车的引导按“施工特定行车”规定办理。

2. 信联闭施工(采用施工特定行车)

自接令时(____时____分)起，______站____行线____号道岔封锁，准许____部门施工，限____时____分施工完毕，____时____分至____时____分：

(1)____站____行进站(接车进路)信号停用，改按引导(手)信号接车。

(2)____站____道____行出站(发车进路)信号停用。

(3)自____接令时____(____时____分)起____站至____站间____行线停用基本闭塞法，改用电话闭塞法行车。

(4)有关行车凭证的交付和正线通过列车的引导按“施工特定行车”规定办理。

(二十一)行车设备故障

1. 进站(接车进路)信号机故障时的引导接车

根据____站报告，因____站____进站(接车进路)信号机故障，自接令时(____时____分)起，____次(____行)列车凭引导(手)信号运行。

2. 进站(接车进路)信号机故障修复

根据____站报告，____站____进站(接车进路)信号机故障已修复，自接令时起，恢复信号机原显示方式行车。

3. 列车调度电话故障

根据____站(____次列车司机)报告，____次列车本务机车列车调度电话故障(同时列尾装置停止使用)，沿途各站加强监视。

4. 列尾装置故障或列尾主机丢失

根据____站报告，____次列车列尾装置故障(列尾主机丢失)，____站负责吊起尾部风管，准运行至____站，各站注意接车。

5. 列尾装置故障修复

根据____站报告，____次列车列尾装置已修复，自接令时起恢复使用。

6. 列尾主机回送

指定____次列车携带列尾主机____台(回送)到____站。

7. 双风管改单风管运行

根据____号部令，准许____次列车在____站改按单风管运行至本次列车终到站。

8. 自动过分相系统停用或启用

根据____站(供电调度)报告，____站至____站间____行线分相地面传感器故障(已修复)，自接令时起，____站至____站间____行线自动过分相系统停(启)用。

(二十二)动车组列车列控模式转换

1. 列车将列控车载设备人工转入隔离模式

准许____次列车将列控车载设备人工转入隔离模式。

2. 列控车载设备由隔离模式退出，人工转换为列控车载设备方式行车

准许____次列车将隔离模式退出，人工转换为列控车载设备方式行车。

3. CTCS－2 级区段，列控车载设备故障(停用)转入隔离模式后，能够提供机车信号，人工转换为 LKJ 方式行车；CTCS－2 级区段向 CTCS－0/1 级自动转换失败，人工转换为 LKJ 方式行车

准许____次列车由列控车载设备人工转换为 LKJ 方式行车。

4. CTCS－2 级区段，列控地面设备故障，列控车载设备方式行车人工转换为 LKJ 方式行车

因____站(____站至____站____行线)列控地面设备故障，准许____次列车在____站____行线进(出)站信号机前，由列控车载设备方式行车转为 LKJ 方式行车，列车运行到______站____行线进站信号机(____行线反向进站信号机)后，由 LKJ 方式行车转为列控车载设备方式行车。

5. CTCS－2 级区段，施工限速，列控车载设备方式行车人工转换为 LKJ 方式行车

因____站(____站至____站____行线区间)施工，准许____次列车在____站____行线进(出)站信号机前，由列控车载设备方式行车转为 LKJ 方式行车，列车运行到____站____行线进站信号机(____行线反向进站信号机)后，由 LKJ 方式行车转为列控车载设备方式行车。

6. 由 LKJ 方式行车人工转换为列控车载设备行车

准许____次列车由 LKJ 方式行车人工转换为列控车载设备方式行车。

(二十三)特殊情况下，不能在基本进路上接发动车组列车

(1)准许____次列车____站变更进路进入____道。

(2)准许____次列车________站变更进入____道。

(二十四)动车组列车在区间被迫停车后，准许返回后方站

准许____次列车返回____站，返回开行____次列车，并将列控车载设备转入隔离模式，区间限速20 km/h，按车站进站信号机显示的允许信号[引导(手)信号]进入______站。

(二十五)调度集中区段，由列车调度员办理接发列车，调度命令用作允许列车运行的行车凭证

1. 调度集中区段，由列车调度员办理发车，调度命令用作允许列车运行的行车凭证

(1)因____站至____站间____行线停用基本闭塞法，已查明该区间空闲，准许____次列车由____站____道凭本调度命令发车。

(2)在____站____道出站(____发车进路)信号机故障[未设出站信号机、列车头部越过出站(____发车进路)信号机]的情况下，准许____次列车由____站____道凭本调度命令发车。

2. 调度集中区段，由列车调度员办理接车，调度命令用作允许列车运行的行车凭证

因____站____行进站(____接车进路)信号机故障，准许____次列车以不超过20 km/h速度凭本调度命令越过____站____行进站(____接车进路)信号机进入____站____道。

(二十六)施工开通启用新版本LKJ数据后涉及径路、线路允许速度变化列车的调度命令

____次列车为施工开通启用新版本LKJ数据后第1列(或第2列、第3列、第____列)列车：

(1)经由(____线)____站(含)至____站(含)间____行线运行。

(2)经由____站____道运行。

(3)运行至(____线)____站(含)至____站(含)间上(下)行线____km____m至____km____m处限速____km/h(按线路允许速度____km/h运行)。

(二十七)限速警戒及封锁警戒

1. 降雨(大风)限速警戒

自接令时起，____站(含)至____站(含)至____站(含)间(上下行线)执行降雨(大风)限速警戒，限速____km/h。

自接令时起，____站(含)至____站(含)至____站(含)间(上下行线)降雨(大风)限速警戒解除。

2. 降雨封锁警戒同时加开路用列车(轨道车或单机)进封锁区间检查线路

____站至____站间____行线降雨封锁警戒，自接令时起至另有命令时止，区间封锁，准许____站开____次列车进入____行线封锁区间检查线路，运行(返回开______次)至____站，按工务登乘人员指定的速度运行。

3. 降雨封锁警戒区间已封锁，加开路用列车(轨道车或单机)进封锁区间检查线路

准许____站开____次列车进入____站至____站间____行线封锁区间检查线路，运行(返回开____次)至____站，按工务登乘人员指定的速度运行。

(二十八)其他

1. 改按天气恶劣难以辨认信号的办法行车

根据____报告，____站至____站间信号显示距离不足200 m，自接令时起，改按天气恶劣难以辨认信号的办法行车。

2. 天气转好，恢复正常行车

根据____报告，____站至____站间信号显示距离达到200 m，自接令时起，恢复正常行车。

3. TDCS 系统故障停用

因TDCS系统故障停用，____站至____站间自接令时起，改按人工方式办理。

4. TDCS 设备恢复命令

自接令时起，____站至____站间，TDCS系统恢复使用。

5. 天窗时间外上道作业

____站至______站间____行线(______站____行线____道____号道岔)列车已停运，邻线____km ____m 至____km ____m 处列车已限速____km/h 运行(邻线列车已停运)，自接令时起，准许______部门在____站至____站间____行线(____站____行线____道____号道岔)____km ____ m 至____km ____ m 处上道作业，限____时____分作业完毕。

6. 利用动车组在区间停车下故障处理人员

准许故障处理人员在____站添乘____次列车运行至____站至____站间____行线____km ____m 处停车下人。(作业完毕，得到列车调度员准许运行的口头指示后方可继续运行)

7. 利用动车组在区间停车上故障处理人员

准许____次列车运行至______站至______站间____行线____km ____ m 处停车上人。(作业完毕，得到列车调度员准许运行的口头指示后方可继续运行)

8. 利用维修作业时间进行设备操作演练

自接令时起，准许______站(含)至______站(含)上、下行线进行____分钟维修作业(维修作业时间内仅准许车务进行控显终端设备操作演练)。

9. 防灾监控终端报警

因防灾监控终端发生异物侵限灾害报警，准许____次列车运行至行车许可终点停车后，以目视行车模式速度接近报警地点____km ____m 处，检查线路有无异物影响行车。

10. 降级工作状态运行

允许____次列车在____站至____站____行线(____站____联络线或____站____信号机至____信号机间或____站____号……____号道岔间)LKJ 基础数据不对应区域，由通常工作状态人工转为随时停车工作状态(降级工作状态)运行。

11. 动车组列车空调失效需打开部分车门限速运行

____次列车因空调失效，在安装好防护网后开放部分车门，限速60 km/h(通过邻靠高站台的线路时限速40 km/h)运行。

12. 货物列车尾部车辆无法安装列尾装置

____次列车尾部末端车辆无法安装列尾主机，准许在____站吊起列车尾部末端车辆软管代替尾部标志运行至____站。

13. 货物列车列尾装置后所挂车辆的自动制动机作用良好

准许____站____次列车列尾装置后挂车一辆，吊起列车尾部末端车辆软管代替尾部标志运行至____站。

七、常用运行揭示调度命令基本用语

（一）限速

____月____日____时____分至____月____日____时____分（另有命令时），____线____站（含______道、____号道岔）至____站（含____道、____号道岔）间____行线____km ____m 至____km ____m 处施工（灾害、故障），限速____km/h。

（二）封锁并限速

____月____日____时____分至____月____日____时____分，____线____站（含____道、____号道岔）至____站（含____道、____号道岔）间____行线封锁，____km ____ m 至____km ____m 处施工。

封锁前____月____日____时______分至____月____日____时____分（____km ____m 至____km ____m 处）限速____km/h；开通后（____ km ____m 至____km ____m 处）第 1 列限速____km/h，第 2 列限速____km/h，第 3 列限速____km/h，……；____月____日____时____分至____月____日____时____分（____km ____m 至____km ____ m 处）限速____km/h 运行，（……，____月____日____时____分起恢复正常速度）。其中开通后第 1，2，3，……列限速由列车调度员发布调度命令。

设备变化：……

（三）信联闭设备停用

____月____日____时____分至____月____日____时____分，因____线____站施工，施工期间：

（1）____行进站（______接车进路）信号停用，列车凭引导（手）信号的显示，以不超过 20 km/h 速度进站。

（2）（____道）____行出站（____发车进路）信号停用，列车凭绿色许可证发车。

（3）____站至____站间____行线停用基本闭塞法，改用电话闭塞法。____站____行列车凭路票发车。

（4）设备变化：……

（四）施工特定行车

____月____日____时____分至____月____日____时____分，因____线____站施工，施工期间执行施工特定行车办法。

（1）____行进站（____接车进路）信号停用，引导接车并正线通过时，列车司机凭特定引导手信号的显示，以不超过 60 km/h 速度进站。

（2）____道____行出站（____发车进路）信号停用，车站使用列车调度电话（其通信记录装置须作用良好）将绿色许可证编号和调度命令号码通知司机，列车凭通过手信号通过车站。

（3）____站至____站间____行线停用基本闭塞法，改用电话闭塞法。____站使用列车调度电话（其通信记录装置须作用良好）将路票电话记录号码和调度命令号码通知司机，列车凭通过手信号通过车站。

（4）设备变化：……

八、调度命令的发布

列车调度员在发布调度命令时，应力求做到以下几个方面：

1. 情况清楚

在发布命令前，应详细了解现场当时的线路、设备、列车或机车车辆所处的状态，需要进行的作业的性质、要求和必要性，了解有关领导的指示和日（班）计划的要求，并认真听取相关行车领导、其他工种调度和现场有关行车人员的意见，对现场的实际情况做出全面、正确的判断，确定该不该发布调度命令和如何正确发布调度命令，做到情况不清不发调度命令。

2. 规章明确

规章制度是列车调度员发布调度命令的依据。当需要发布调度命令时，调度员应根据《技规》《行规》《调规》等有关行车工作的文件、电报和领导指示等有关规定条文，正确及准时地发布相应的调度命令。

3. 内容确切

调度命令的内容要严密、确切、详细、完整，在调度命令中一般应包括：作业的主体、对象、时间（包括起止时间）、地点（包括起止地点）、具体方法和安全注意事项。不得模棱两可，不明不白，防止命令下达后，被受令人误解、曲解而出现漏洞。

4. 受令人齐全

调度命令发出后，有关受令人将以调度命令为依据进行作业，为了保证这些部门和人员工作时能协调一致，发布调度命令时，必须受令人齐全，不可遗漏。

5. 措辞简明

发布调度命令时，措辞必须简明扼要、准确、文理通顺，尽可能规范化、标准化。

6. 记载完整

调度命令的号码、发布时间、受令人及转抄受令人、复诵人、命令内容、发令人等，必须在《调度命令登记簿》中逐项记载齐全，并书写清楚，保管期限为一年。表 7－3、表 7－4 为调度命令和调度命令登记簿。

表 7－3 调度命令

_______年___月___日___时___分 第___号

受令处所		调度员姓名	
内　容			

（规格110 mm×160 mm） 受令车站______ 车站值班员______

表7－4　调度命令登记簿

月日	发出时刻	命令			复诵人姓名	接受命令人姓名	调度员姓名	阅读时刻(签名)
		号码	受令及抄知处所	内容				

（规格190 mm×265 mm）

第四节　列车调度指挥的基本方法

一、列车调度指挥的原则

（一）安全生产的原则

在列车调度指挥工作中，必须坚持安全生产的原则，正确指挥列车运行。不能发布没有安全保障依据的命令和指示。

当得到有关危及行车安全的信息时，要正确、及时、妥善处理，以保证旅客列车的安全为重点，组织列车安全运行。

（二）按图行车的原则

列车正点率(尤其是旅客列车正点率是个敏感的问题)是铁路运输产品质量的重要技术指标，也是铁路运输组织管理水平的综合反映。只有按图行车，才能保持正常的运输秩序，进而保证列车的正点率。

（三）单一指挥的原则

铁路行车工作是一个由互相联系、互相影响的多部门、多单位、各工种所组成的完整系统。在这个系统中，各部门、各单位、各工种间的紧密联系和协调一致，对于保证行车安全和运输效率有着决定性的意义。铁路行车调度就是为适应铁路行车特点而设置的铁路行车工作的统一指挥者。

在列车运行调整工作中，与行车有关的人员，必须服从所在区段当班列车调度员的集中统一指挥。其他任何人不得发布与行车有关的命令和指示。

（四）下级调度服从上级调度的原则

在列车运行组织与调整过程中，相邻调度台、相邻局之间应保持紧密联系，以保证列车的正常交接。对出现的问题，双方要主动协商解决，当出现意见不一致的情况时，由上一级调度进行仲裁。调度台间的问题由值班主任解决；局间分界站出现的问题，由铁路总公司解决。一经上级调度决定，有关人员必须无条件执行。

(五)按等级进行调整的原则

列车调度员要按列车运行图指挥列车运行，当列车不能按列车运行图运行时，除特殊情况外，要按先客后货、先跨局后管内的原则和下列规定等级顺序调整：

(1)最高运行速度为350 km/h 动车组旅客(检测)列车(简称动车组，下同)；

(2)最高运行速度为250 km/h 动车组；

(3)直达特快旅客列车；

(4)特快行邮列车；

(5)特快旅客列车；

(6)快速旅客列车；

(7)快速行邮列车；

(8)普通旅客快车；

(9)普通旅客慢车；

(10)行包列车；

(11)军用列车；

(12)“五定”班列(定点、定线、定车次、定运到时间、定运价)；

(13)快运货物列车；

(14)2 万 t 组合重载货物列车；

(15)1 万 t 组合重载货物列车；

(16)单元重载货物列车；

(17)直达货物列车；

(18)直通货物列车；

(19)冷藏列车；

(20)自备车列车；

(21)区段货物列车；

(22)摘挂列车；

(23)超限超重货物列车；

(24)小运转列车。

单机、路用列车应根据用途按指定条件运行。开往事故现场救援、抢修、抢救的列车应优先办理。专运和特殊指定的列车，按指定的等级运行。

二、列车调度指挥的基本方法

要保证列车运行秩序，实现按图行车，列车调度员首先要抓列车始发正点，这样不仅该列车可按运行线正点运行，而且还避免了对其他列车的干扰，因此，抓好始发列车正点是保证列车运行的基础。反过来，列车运行正点又是保证列车始发正点的主要条件。

(一)组织列车正点出发

1. 组织旅客列车始发正点

在组织列车正点出发的工作中，保证旅客列车始发正点是实现按图行车的首要条件。因为旅客列车等级较高，一旦晚点就会影响整个区段的列车始发或运行，所以列车调度员应该重视旅客列车始发正点的组织工作。

(1)本区段始发：客车车底及时出库，按时组织旅客进站上车，行包快装快卸。

(2)邻区段接入：对由邻区段接入的旅客列车，列车调度员要及时向邻台(所)了解列车正、晚点情况，提前做好列车运行调整计划。当遇有旅客列车晚点时，应设法组织快速作业，与客运调度员密切配合，组织列车乘务员双开车门、旅客快上快下、行包邮件快装快卸，及时准备好换挂的机车，缩短列车停站时间，保证列车正点出发。

2. 组织货物列车始发正点

为了保证货物列车始发正点，列车调度员要抓好车流和机车这两个环节，重点要做好以下工作：

(1)在编制日(班)计划时，所做出的列车出发计划要切合实际，车站作业时间、车流和机车要有保障，避免计划晚点。

(2)在运行组织上，对编组列车所需车流，组织按时送达，并注意技术站列车的均衡开到，保证车站的正常作业，为按时编组列车创造条件。同时，要注意督促车站按时编组，及时技检。

(3)对始发列车所需的机车，列车调度员应加速放行。保证机车有足够的整备时间，并督促机务段组织机车按时出库。

(4)加强与车站的联系，督促车站按时做好发车的各项准备工作，确保按时发车。

(二)列车运行调整的方法

列车始发正点，是保证按图行车的基础，但由于种种原因(如停车待发、停车待接、作业延误、途中运缓等)，使列车不一定都能够按运行图的时刻正点运行。当出现这种情况时，就需要列车调度员对列车运行进行调整，尽可能使晚点列车恢复正点运行。列车调度员在进行列车运行调整时，所采用的方法一般有：

1. 充分利用线路、机车、车辆的允许速度，组织缩短列车区间运行时分

为了使晚点列车恢复正点运行，或为了使列车赶到指定地点会车、让车，以及为了赶机车交路、车流接续等，在列车编组情况、机车类型及技术状态、乘务员技术水平、线路情况以及天气状况等条件允许的情况下，说明运行调整的意图，提出对本次列车赶点的要求，在司机同意配合的情况下，方可组织实施。

例如，在某单线区段，按运行图规定 10001 次要在 B 站停会 K168 次，实际工作中因 K168 次晚点 36 min，影响 10001 次的正点运行。列车调度员预先了解到这种情况后，经过周密的计算分析，提前在 A 站通知 10001 次司机并征得同意，要求在 A – B、B – C 两区间“赶点”4 min，至 C 站会 K168 次，如图 7 – 2 所示。

2. 选择合理的会让站，加速放行列车

当有列车发生早点、晚点或停运、加开时，往往有变更会让、越行站的必要，以提高铁路运输质量和运输效率。

(1)有列车早点时。

如图 7 – 3 所示，按运行图规定 22001 次货物列车在 C 站会 22002 次让 K225 次，现由于 22001 次在 A 站早开 15 min，此时可将 22001 次与 22002 次的会车地点改在 D 站，这样就不必在 C 站避让 K225 次，提前到达终点，而 22004 次也能早到 A 站。在双线区段，适当组织列车早开，可以减少待避次数，进而有利于提高列车旅行速度。

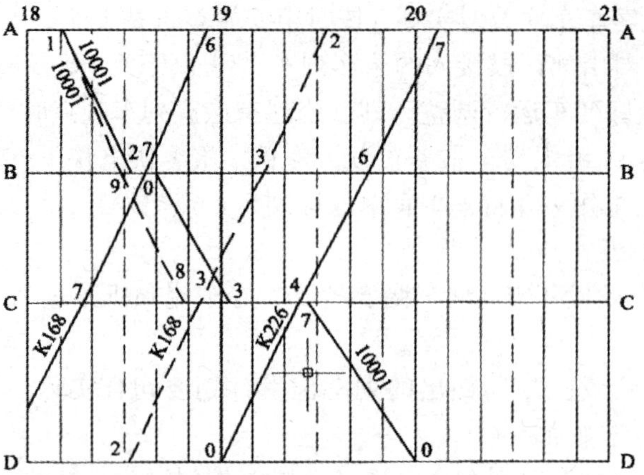

图7－2 要求列车赶点的运行调整示意图

注：图中实线为计划线，虚线为调整线(下同)

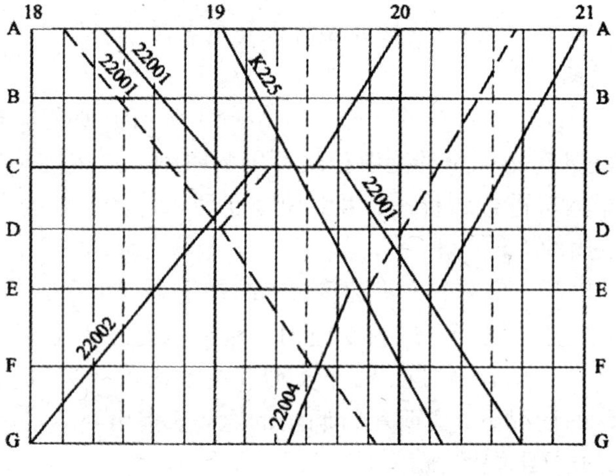

图7－3 列车早点时变更会让地点的列车运行调整示意图

(2)有列车晚点时。

如图7－4所示，11006次按图定时间在18:50到达C站停会11005次，但因11005次列车晚点40 min，此时可将会车地点由C站改为B站，这样就保证了11006次列车的正点运行。

3. 组织列车在车站进行快速、平行作业，缩短列车在站作业时间

一般来说，列车在运行途中往往要进行一些技术作业。例如旅客列车在途中要进行旅客上下、行包装卸等客运作业，摘挂列车要进行车辆甩挂等作业。当遇有列车发生晚点或加开、停运需要压缩某列车的停站时间时，列车调度员要事先周密计划布署，与车站和司机提前联系说明情况，取得有关人员的支持，组织快速平行作业，压缩列车在站作业时间，保证列车正点运行。

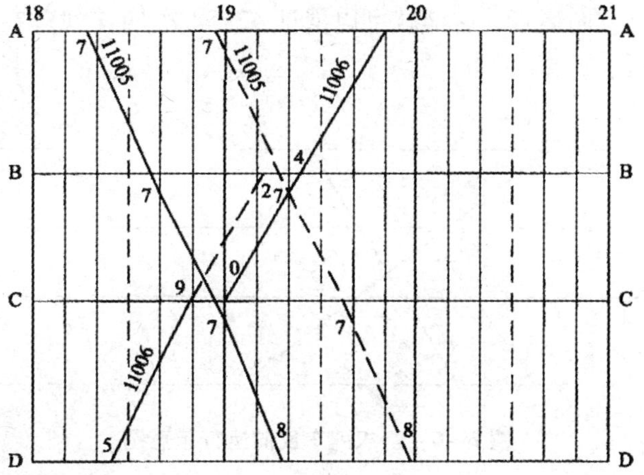

图 7－4　列车晚点时变更会让地点的列车运行调整示意图

如图 7－5 所示，按运行图计划规定，45415 次摘挂列车在 B 站作业并等会 T208 次旅客列车，在 C 站也要进行甩挂作业。现因 T208 次列车晚点，若仍按图定计划在 B 站等会 T208 次列车，就会大大延长 45415 次列车在 B 站的停留时间，造成该列车晚点。此时为了保证 45415 次列车的正点运行，列车调度员应有预见性地组织 B 站采取各种措施（如提前准备好待挂车辆，尽可能进行平行作业等），抓紧 45415 次列车的作业，压缩其在 B 站的作业停留时间，提前开到 C 站等会 T208 次。这样既保证了 45415 次在 C 站的正常作业时间，也使其能按图定时间正点到达终点。

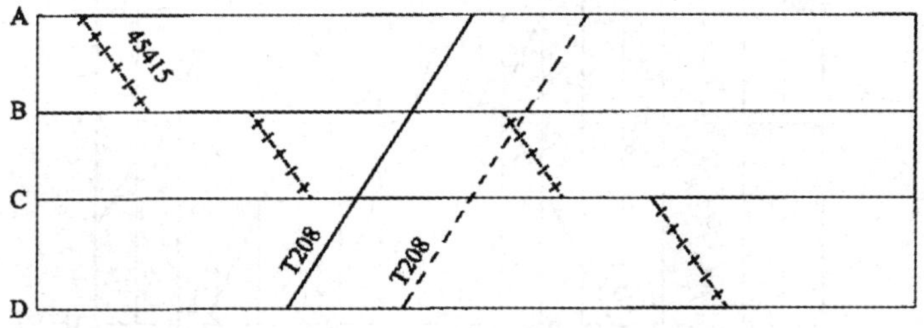

图 7－5　缩短列车在站停留时间示意图

4. 组织列车反方向行车

双线列车反方向运行，是列车调度员调整列车运行的一种方法。它是充分运用现有技术设备，提高区间通过能力，组织列车按图行车的有利措施。调整列车运行时，为了避免列车晚点及作业需要，根据不同方向的列车密度，选择有利时机，可组织适当的列车反方向行车。

组织列车反方向行车时，因其属于非正常行车组织办法，不安全的因素较多，所以列车调度员要检查督促车站及有关人员注意行车安全，严格按有关作业程序和要求进行组织。

如图 7－6 所示，按运行图规定 42158 次摘挂列车要在 C 站待避 2416 次旅客列车，又要会 25665 次货物列车。现 25665 次因故停运，同时 42158 次列车在 B 站的甩挂作业量较大，在此种情况下，列车调度员可组织利用下行线的空闲时间，在保证安全的前提下，组织42158次列车在C－B区间反方向运行，这样就可以保证42158次摘挂列车在B站有充分的作业时间，并保证其正点运行。

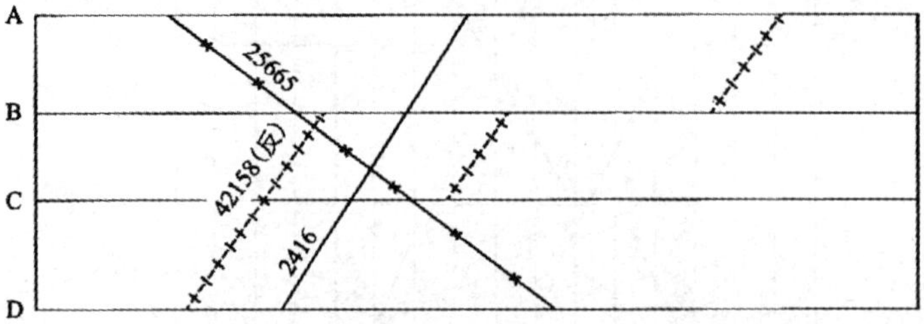

图7－6　组织列车反向运行示意图

5. 组织列车合并运行

如图7－7所示，将两个在途列车(包括单机)合并成一条运行线运行，是列车调度员在调整列车运行时，为了缓和区间通过能力和车站到发线使用紧张时采取的一种运行调整方法。一般是对单机、小运转列车或牵引辆数较少而前方又无作业的列车采用此方法。

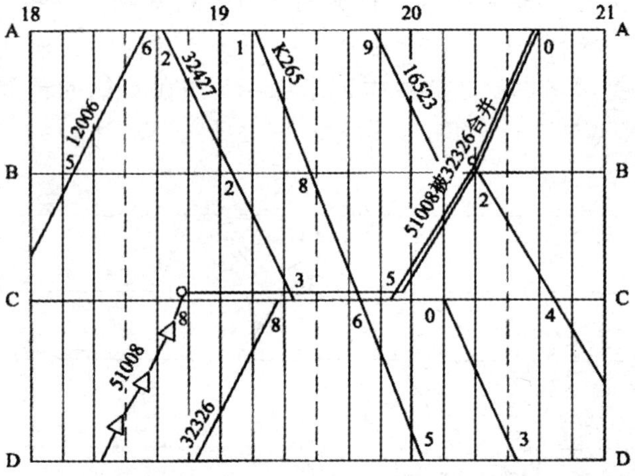

图7－7　组织列车合并运行示意图

将单机51008次与32326次列车合并，不但节省了一条运行线，而且还可以增加32326次列车的牵引力。

当技术站接车线路紧张时，把编组辆数较少的列车(如摘挂列车、小运转列车等)保留在技术站附近的中间站，与同方向的次一列车合并运行，可以缓和接车线路紧张的矛盾。

三、列车调度指挥的要求

1. 确保实现列车工作计划、挖掘运输潜力，提高运输效率、要求

(1)组织晚点旅客列车恢复正点。

(2)组织货物列车压缩区段旅行时分。

(3)组织有关部门按各项作业时分标准完成作业，压缩中停时，保证列车正点。

(4)组织单机挂车。

(5)组织机车紧交路。

(6)合理运用机车，加速车辆周转。

2. 调度指挥，必须坚持安全生产

为确保列车安全正点和良好的运行秩序，列车调度员应加强与现场行车有关人员联系，及时布置重点工作。发生非正常情况时，现场行车有关人员须立即向列车调度员报告，列车调度员向行车有关人员了解情况时，有关人员须如实汇报。

(1)熟悉有关站段及列车的技术设备、作业过程、各项技术作业标准及各站接发列车的有关规定，正确地指挥列车运行。

(2)值班时要精力集中、坚守岗位、严格遵守规章制度，及时正确处理问题。

(3)遇有施工慢行、设备故障、"天窗"施工、区间装卸、天气不良、铁路交通事故等情况和对区间封锁、开通的处理，列车调度员要严格遵守有关规定，值班主任(值班副主任)应加强检查，调度台监控人员要加强监控。

(4)遇有铁路车辆运行安全监控系统报警时，红外线、车辆调度员应按预报等级进行处理，列车调度员接到报告后，必须确认车次，并及时安排列车停车检查或甩车处理。

(5)当得到现场关于列车、线路等出现危及行车安全的报告时，应及时指示有关人员立即停车，查明情况，妥善处理。

(6)双线反方向行车，必须确认区间空闲。

(7)超限超重货物车辆的挂运，必须纳入日(班)计划，根据超限超重货物运输批示电报和超限超重车辆挂运通知单规定的运行条件，由列车调度员向有关车站发布调度命令。

(8)装载剧毒品货物车辆的挂运，必须纳入日(班)计划，重点布置、预报、交接、跟踪掌握。

(9)限速机车车辆，须根据限速机车车辆挂运电报及规章制度有关规定挂运。纳入日(班)计划的按日(班)计划挂运、交接。未纳入日(班)计划时，铁路局管内由调度所主任(副主任)准许挂运；跨铁路局交接时，由相邻铁路局计划调度员共同确认有挂运电报及规章制度有关规定，并协商同意后方准挂运、交接。低于列车或线路运行速度时，列车调度员要根据限速条件发布调度命令。

(10)调度所须加强调度安全生产管理工作，健全完善安全管理制度，领导干部对调度室和班组包保包建要全覆盖。

调度班组及调度室要落实安全责任，抓好规章制度执行及安全生产的检查、监控、分析考核工作。

第五节　列车运行调整阶段计划

列车运行调整计划是列车调度员组织列车运行调整的综合部署，也是实现列车运行图、列车编组计划、运输方案和日(班)计划的具体行动计划。

列车运行调整计划按阶段进行编制，通常分为三小时阶段计划和四小时阶段计划。一般枢纽台采用三小时阶段计划，其他台采用四小时阶段计划。

一、编制原则及主要内容

（一）编制原则

（1）“先客后货”、“先快后慢”、按等级调整和合理会让，使晚点列车恢复正点，实现按图行车的原则。

（2）根据实际情况决定工作方法，注意使计划留有余地。

（3）保证日（班）计划任务的完成。

（4）在保证安全的前提下，努力提高效率。

（二）列车运行调整阶段计划的主要内容

（1）车站列车到、发时分和列车会让计划（采用计算机下达的为实时调整计划）。

（2）列车在中间站作业计划。

（3）区间装卸车计划。

（4）施工计划。

（5）重点列车注意事项。

二、编制方法

列车调度员编制和执行运行调整计划的方法，一般可以分为收集资料、编制计划、下达计划、组织实现等四个步骤。

（一）收集资料

（1）区段内各站现在车（空车分车种，重车分去向）情况及到发线占用情况。

（2）邻台（局）及本区段内客、货列车实际运行情况。

（3）摘挂列车编组内容及前方站作业情况。

（4）技术站到发线使用和待发列车情况。

（5）机车整备及机车交路情况。

（6）区间装卸及施工情况。

（7）领导指示及其他情况。

（二）编制计划

列车调度员将收集了解到的情况和资料，经过认真的分析、研究，依据列车运行图、编组计划、运输方案及日（班）计划的任务，运用各种列车运行调整方法，做出合理、切实可行的计划。

（1）优先铺画旅客列车和重点列车运行线。

必要时，优先安排困难区间的列车运行，充分利用通过能力。在运行图表上铺画运行线时，采用正铺与倒铺相结合的方法。

如图 7 - 8 所示，42206 次列车计划在 G 站进行摘挂车作业量比较多，什么时间开才能赶到 D 站会 K519 次客车，需要精确计算，如果从 G 站开始铺画，往往时间算不准而返工，若采取从 D 站向 G 站倒铺，一次铺出 G 站 19:09 必须开车。采取正铺与倒铺相结合的方法铺画节省了时间。

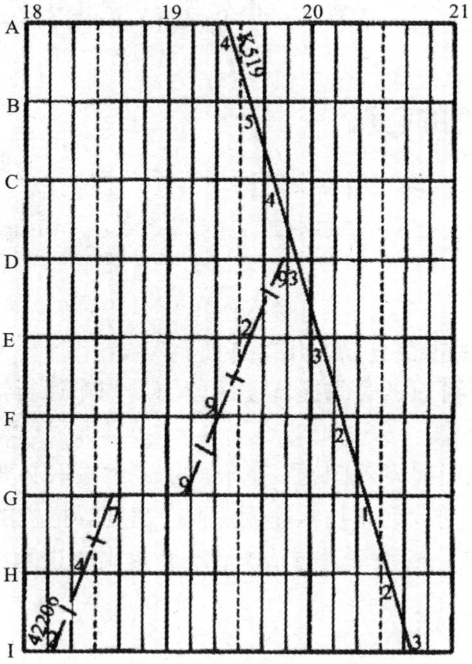

图7－8　倒铺与正铺相结合示意图

(2)编制计划时，应注意留有余地，为各种必需的作业留足充分的作业时间，必要时，可拟订两个以上的调整方案，以适应情况的突然变化。

(3)在安排列车运行计划时，还应特别注意本区段技术站自编始发列车的车流接续和机车交路，以保证技术站有良好的工作秩序。

(4)在编制计划时，一般采用“满表铺线，分段编制”的方法。具体做法是：

接班后，根据所掌握的情况粗线条地将列车计划线铺画到18:00(6:00)，然后按照三、四小时列车运行调整计划编制列车运行调整计划。在“满表铺线”的基础上，执行上一个阶段计划列车运行调整计划的同时，边收集资料，边铺画下一个阶段的列车运行调整计划。这样一步一步地进行，在列车运行调整计划执行前一小时编制完成。

(三)下达实施

列车调度员在阶段计划编制完成后，要及时下达给各站、段。根据具体情况，可采取集中、分段或个别的方式下达计划。应向基层站段执行者交代清楚，使其明确计划意图，做到心中有数。

(四)组织实现

列车运行调整计划下达后，仅仅是组织计划实现的开始。在执行计划的过程中，列车调度员要随时注意列车运行情况的变化，做到勤沟通、勤联系，特别是对关键列车(如在旅客列车前运行的货物列车，或在旅客快车前面运行的旅客慢车等)和重点车站，要及时收点，随时监督列车的运行，以便发现问题，及时采取调整措施，保证列车按计划安全正点运行。

第六节　列车运行实际图

一、基本图与实际图的区别

列车基本运行图，是指按最大运量编制的运行图。列车运行实际图，则是记载一个调度区段内列车运行实际情况以及列车运行有关事项的图表，二者作用是不同的。

二、实际图的作用

列车运行实际图的作用主要有以下几个方面：

(1)通过铺画实际图，可以随时掌握调度区段内的列车运行情况，有关车站到发线占用、作业情况及机车交路等。

(2)通过实际图，可以及时发现问题，便于提早考虑采取必要的调整措施。

(3)作为统计列车正晚点、列车技术速度、旅行速度等指标的主要依据。

(4)列车运行实际图是分析列车运行情况，不断提出改进意见的重要资料。

三、实际图的绘制方法

列车运行实际图一般采用十分格运行图，有关列车运行、列车运行调整符号应按规定填绘在规定的表格内。

(一)列车运行线的表示方法

列车运行线的表示方法如表7－5所示。列车基本运行图与实际图中列车运行线的表示方法一致。

表7－5　列车运行线的表示方法

列车种类	表示方法		备　注
旅客列车(包括行邮列车、动车组检测车)	红单线	————	以车次区分
临时旅客列车	红单线加红双杠	—‖—‖—	
回送客车底	红单线加红方框	—□—□—	
行包列车	蓝单线加红圈	—○—○—	
“五定”班列	蓝单线加蓝圈	—○—○—	
快运货物、直达、单元重载货物列车	蓝单线	————	以车次区分

续表 7－5

列车种类	表示方法	备　注
组合重载货物列车	蓝色断线　- - - - - - - - - -	2 万 t、1 万 t 组合重载列车以车次区分
直通、自备车、区段、小运转列车	黑单线　————	以车次区分
冷藏列车	黑单线加红圈　—○—○—	
军用列车	红色断线　- - - - - - - - - -	
回送军用列车	红色断线加红方框　- - □ - - □ - -	
超限超重货物列车	黑单线加黑方框　—□—□—	
摘挂列车	黑单线加“＋”“丨”　—＋—丨—	
路用列车、试运转列车	黑单线加蓝圈　—○—○—	车次区分
单　机	黑单线加黑三角　—▷—▷—	
高级专列及先驱列车	红单线加红箭头　—→—→—	
救援和除雪列车	红单线加红“×”　—×—×—	
重型轨道车、轻油动车	黑单线加黑双杠　—‖—‖—	

（二）列车运行整理符号

（1）列车始发、终止、在中间站临时停运及由邻接区段转来或开往邻区段，如图 7－9 所示。

说明：列车到开时分记在钝角内。早点用红圈，晚点用蓝圈记于锐角内，圈内注明早、晚点时分。晚点原因可用简明略号注明，如因编组晚点可只写“编”字。

（2）列车合并运行时（在列车运行线上注明某次列车被合并），如图 7－10 所示。

（3）列车让车时，如图 7－11 所示。

（4）列车反方向运行时，在反方向运行区间的运行线上填写车次及（反）字，如图 7－12 所示。

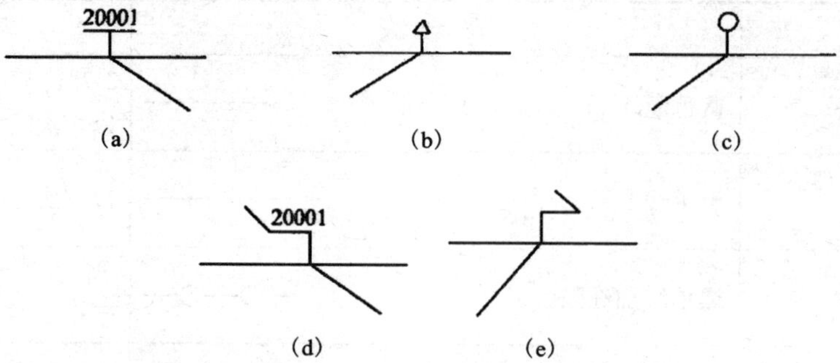

图 7-9 列车到发表示

(a)列车始发；(b)列车终止；(c)列车在中间站临时停运；
(d)列车由邻接区段转来；(e)列车开往邻接区段

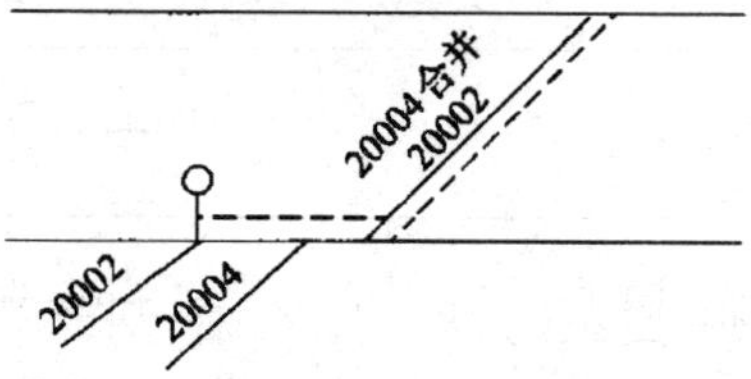

图 7-10 列车合并运行表示图

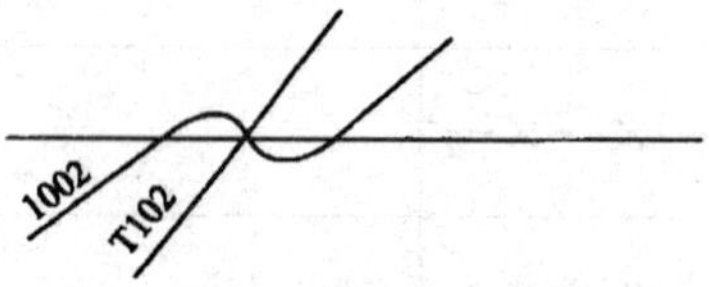

图 7-11 列车让车表示

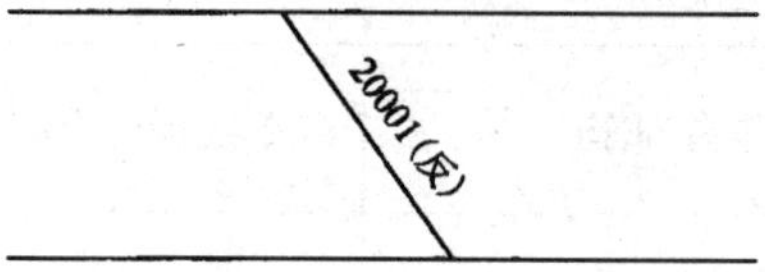

图 7-12 列车反方向运行表示

(5)列车在区间分部运行时，如图 7-13 所示。
(6)补机中途折返时，如图 7-14 所示。

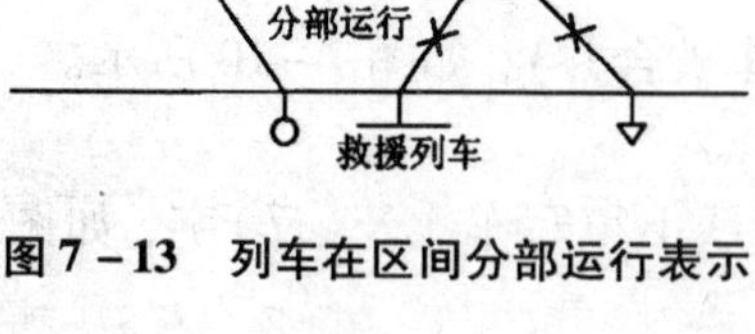

图 7-13 列车在区间分部运行表示

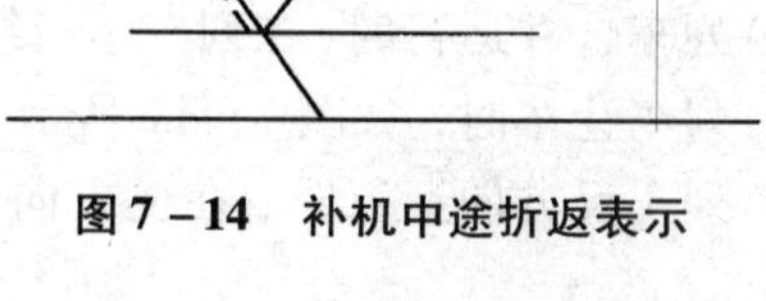

图 7-14 补机中途折返表示

(7)线路中断或施工封锁区间时，要在该区间内画一红横线表示，单线区间中断或封锁时，如图 7-15(a)所示；双线区间上、下行线路全部中断或封锁时，表示方法与单线区间相同；有一线中断或封锁时，以在红横线上或下画的蓝断线表示上行线或下行线中断或封锁，如图 7－15(b)所示。

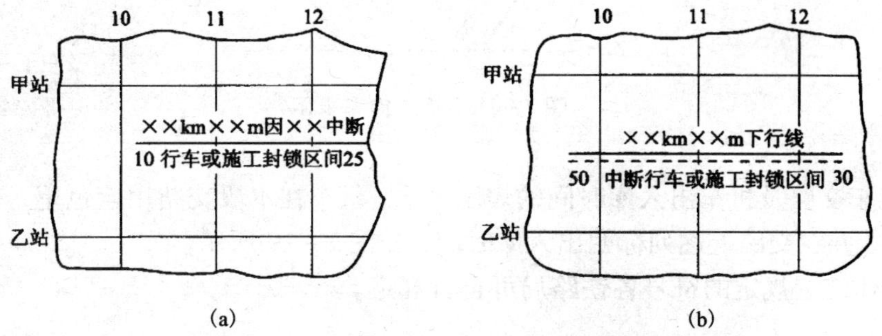

图 7－15　线路中断或施工封锁

(8)因施工或其他原因区间内需要慢行时，由开始时起至终了时止，用红色笔画断线表示，并标明地点、原因、限制速度(如双线就标明上行线或下行线)，如图 7－16 所示。

(9)列车在区间内有装卸作业时，要标明车次、作业地点、装卸货物品名，如图 7－17 所示。

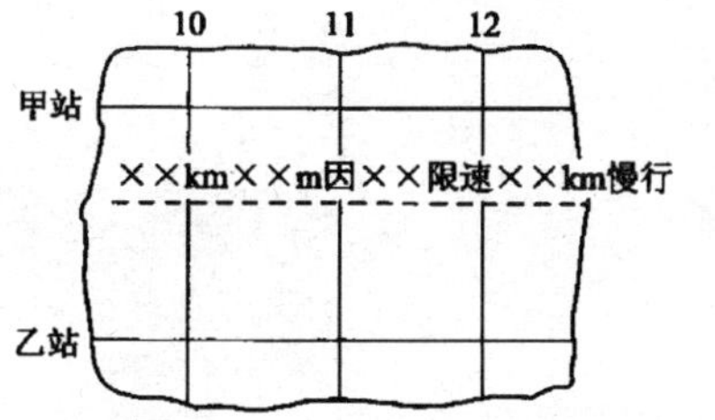

图 7－16　列车慢行表示

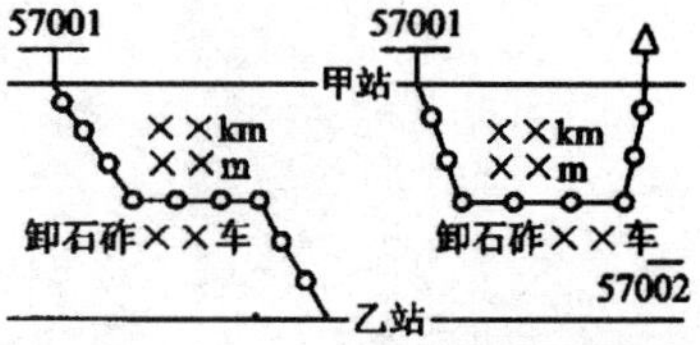

图 7－17　区间装卸表示

(10)列车在中间站不摘车作业，用红色笔表示。分子表示装车数，分母表示卸车数。

$$\frac{6}{9}\quad \begin{matrix}\text{分子表示装车数}\\ \text{分母表示卸车数}\end{matrix}$$

(11)列车在中间站甩挂作业，用蓝色笔表示，用“＋”表示挂，“－”表示甩。分子表示重车，分母表示空车。

$$\frac{-3}{+6}\quad \begin{matrix}\text{分子表示重车}\\ \text{分母表示空车}\end{matrix}$$

(12)列车运缓时，在列车运行线上方用蓝色笔标明运缓时分；赶点时，在列车运行线上方用红色笔标明赶点时分。

(13)列车在进站信号机外停车时，用红色笔画“△”，并标明停车时分，如图 7－18 所示。

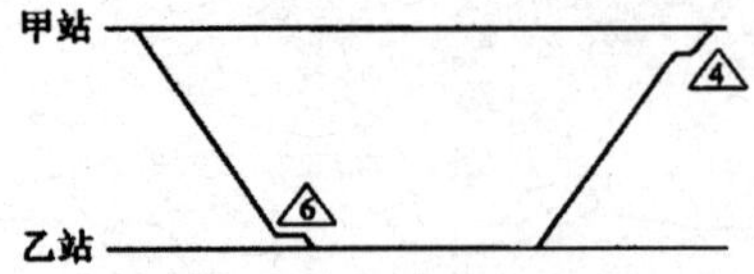

图7－18　机外停车表示

(14)机车交路及机车出入库时间的表示方法：机车在本段交路用蓝色笔，在折返段用黑色笔画实线，并在交路上逐列标明出入库时间，如图7－19所示。

其他未作统一规定的符号各铁路局可自行规定。

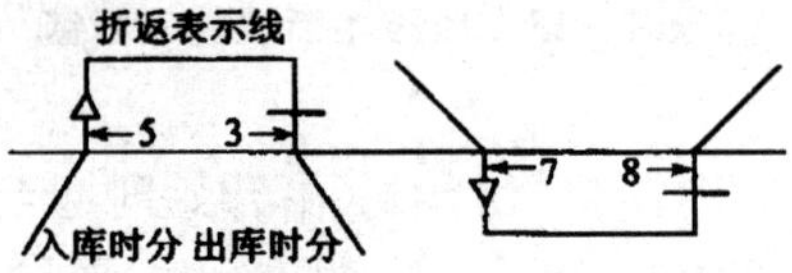

图7－19　机车交路及机车出入库表示

第八章

施工作业组织

加强铁路营业线施工管理和施工安全管理，应做到运输、施工兼顾，加强施工计划管理，加强施工组织和施工期间的运输组织，确保行车和施工安全。同时，积极推广使用先进的施工机具和科学的施工方法，提高施工作业效率，按计划、有组织地进行各项施工。

第一节　铁路营业线施工

铁路营业线施工是指影响营业线设备稳定、使用和行车安全的各种施工作业。

邻近营业线施工是指在营业线两侧一定范围内，新建铁路工程、既有线改造工程及地方工程等影响或可能影响铁路营业线设备稳定、使用和行车安全的施工作业。

营业线施工必须把确保行车安全放在首位，坚持“安全第一、预防为主、综合治理”的方针，建设、设计、施工、监理、行车组织、设备管理等单位和部门必须严格执行《中华人民共和国安全生产法》《铁路运输安全保护条例》《建设工程安全生产管理条例》《铁路交通事故应急救援和调查处理条例》等有关规定。影响营业线设备稳定、使用和行车安全的施工，必须纳入天窗，对影响行车和施工安全的每个环节，都必须强化管理，确保行车和施工安全。

一、营业线施工的分类

营业线施工按组织方式、影响程度分为施工和维修两类。

1. 施工项目

(1)线路及站场设备技术改造，增建双线、新线引入、电气化改造等施工。

(2)跨越、穿越线路、站场的桥梁、涵洞、管道、渡槽和电力线路、通信线路、油气管线以及铺设道口、平过道等设备设施的施工。

(3)在铁路安全保护区内架设、铺设管道、渡槽和电力线路、通信线路、杆塔、油气管线等设施的施工。

(4)在规定的安全区域内实施爆破作业，在线路隐蔽工程(含通信、信号、电力电缆径路)上作业，影响路基稳定的各种施工。

(5)在信号、联锁、闭塞、CTC/TDCS、列控等行车设备上的大中修、改造施工。

(6)影响营业线正常运营的铁路重要信息系统运行环境改造、软硬件平台更新、应用软件变更等施工。

(7)设置在线路上的安全检测、监控设备的新建、技术改造、大中修及TPDS设备标定施工。

(8)承载行车通信业务的通信网络调整施工和中断行车通信业务的通信设备施工。本章中行车通信业务是指列车调度语音通信、无线调度命令信息、无线车次号校核信息以及列控数据等与列车运行相关的信息传送业务和承载列车控制、CTC/TDCS、信号闭塞、5T、牵引供电远动、防灾监控等系统的网络通道。

(9)线路大中修，路基、桥隧涵大修及大型养路机械施工。

(10)成段破底清筛、更换钢轨或轨枕，成组更换道岔(含钢轨伸缩调节器)，更换轨枕板施工。

(11)无缝线路应力放散。

(12)牵引供电变配电设备、电力、接触网技术改造及大修施工。

(13)车站站台、雨棚、天桥等建筑物及客运上水和吸污设备、站场供水设施技术改造及大中修施工。

(14)其他影响营业线设备稳定、使用和行车安全的施工。

2. 维修项目

维修项目是指作业开始前不需限速，结束后须达到正常放行列车条件，并且在维修天窗时间内能完成的项目。

二、天窗和慢行的规定

天窗是指列车运行图中不铺画列车运行线或调整、抽减列车运行线为施工和维修作业预留的时间。

凡影响行车的施工(特别规定的慢行施工除外)、维修作业，都必须纳入天窗，不得利用列车间隔进行。线路、桥隧、信号、通信、接触网及其他行车设备的施工、维修，力争开通后不降低行车速度。

(一)天窗的分类及时间要求

天窗按用途分为施工天窗和维修天窗，规定如下。

(1)施工天窗：技改工程、线桥大中修及大型养路机械作业、接触网大修及改造时，不应少于 180 min。

(2)维修天窗：双线不应少于 120 min，单线不应少于 90 min。

维修天窗在时间安排上应与施工天窗重叠套用，除春运、节假日及铁路总公司调度命令停止外，原则上每月每区间不应少于 20 次(双线为单方向)。维修单位确不需要时，经主管业务处室处长或副处长批准，可不申请或减少天窗次数、时间，不计入天窗修考核。不影响正线及区段通过能力的到发线维修天窗时段，由铁路局具体规定。

(3)各条线路天窗时间和位置在编制列车运行图时确定。铁路局因施工、维修需要临时调整繁忙干线和影响跨局运输的干线天窗时，必须报铁路总公司运输局批准。

(4)双线车站同时影响上下行正线的渡线道岔或影响全站信号设备正常使用的电务为主、工务综合利用的设备检修，每月应保证 2 次垂直天窗，每次不少于 30 min。编组、区段站，可按接发列车方向划分联锁区，按联锁区每月应保证 1 次不少于 30 min 天窗。

(5)编组、区段站每个供电臂每月应保证 1 次不少于 30 min 封锁停电时间。电气化双线区段每月应适当安排垂直检修天窗。

(6)不影响跨局运输的干线和其他线路，根据施工和维修需要，铁路局可适当增加天窗时间和次数或对天窗时段进行调整。

（二）天窗的安排

施工天窗和维修天窗的安排，按以下规定办理。

1. 施工天窗的安排

（1）繁忙干线集中修、图定货物列车对数小于12对的普速铁路施工时，可连续安排施工天窗。

（2）其余各线周六、周日不安排施工天窗。

2. 维修天窗的安排

轨道结构为新Ⅱ型或Ⅲ型轨枕、Ⅰ级以上道砟、无缝线路区段，周一至周四安排维修天窗，周五、周六、周日不安排维修天窗；其他区段周一至周五安排维修天窗，周六、周日不安排维修天窗。

（三）慢行处所的规定

各项施工、维修作业要采用平行作业的方式，综合利用天窗，提高天窗的利用率。要严格按照运行图预留的慢行附加时分控制线路慢行处所，繁忙干线和干线原则上单线1个区段慢行处所不超过2处，双线1个区段每个方向慢行处所不超过2处，同一区间内慢行处所不超过1处（包括施工慢行处所）。各项施工要按规定控制慢行速度和慢行距离。

针对施工需要，编制施工分号运行图时，可依据慢行附加时分，适当增加施工慢行处所。滚动施工阶梯提速，按一处慢行处所掌握。施工后产生的慢行在12 h以内恢复常速时，可不统计慢行处所。

各项施工作业，施工点前不得安排慢行。大机清筛、换轨、更换道岔、路基处理车施工时，在运行图条件允许的情况下，应适当增加天窗时间。增加天窗时间影响图定跨局旅客列车开行时，必须报铁路总公司运输局批准。

三、施工等级的划分

（一）施工等级

铁路营业线施工等级分为三级。

1. Ⅰ级施工

（1）繁忙干线封锁5 h及以上、干线封锁6 h及以上或繁忙干线和干线影响信联闭8 h及以上的大型站场改造、新线引入、信联闭改造、电气化改造、CTC中心系统设备改造施工。

（2）繁忙干线和干线大型换梁施工。

（3）繁忙干线和干线封锁2 h及以上的大型上跨铁路结构物施工。

（4）中断繁忙干线6 h及以上或干线7 h及以上且同时中断两站以上行车通信业务的通信网络设备施工。

2. Ⅱ级施工

（1）繁忙干线封锁正线3 h及以上或影响全站（全场）信联闭4 h及以上的施工。

（2）干线封锁正线4 h及以上或影响全站（全场）信联闭6 h及以上的施工。

（3）繁忙干线和干线其他换梁施工。

（4）繁忙干线和干线封锁2 h以内的大型上跨铁路结构物施工。

（5）中断繁忙干线4 h以上或干线5 h以上且同时中断两站以上行车通信业务的通信网

络设备施工。

大型养路机械维修、清筛，人工处理路基基床，成段更换钢轨和轨枕以及不影响邻线正线行车的更换道岔施工除外。

3. Ⅲ级施工

除Ⅰ级、Ⅱ级施工以外的各类施工。

（二）维修等级

维修等级分为二级。按照作业复杂程度和设备影响范围，维修项目分为Ⅰ级维修和Ⅱ级维修。

四、施工组织领导

（一）施工协调小组的组成

为加强施工组织领导，铁路局、站段应成立施工协调小组。

（1）Ⅰ级施工由铁路局分管运输副局长、有关分管副局长担任施工协调小组正、副组长，成员由行车组织、设备管理、建设、设计、施工、监理、安监等有关部门和单位负责人组成。

（2）Ⅱ级施工由铁路局运输处、施工主体项目业务处室分管副处长担任施工协调小组正、副组长，成员由行车组织、设备管理、建设、设计、施工、监理、安监等有关部门和单位主管人员组成。

（3）Ⅲ级施工：

①Ⅲ级施工由车务段（直属站）分管副段长（副站长）担任施工协调小组组长、设备管理单位分管副段长担任施工协调小组副组长（建设项目由建设项目管理机构分管负责人担任施工协调小组副组长），成员由行车组织、设备管理、建设、施工等有关单位成员组成。

②施工协调小组组长（副组长）因Ⅲ级施工较多等原因不能亲自到现场组织时，可委托车间副主任及以上级别胜任人员。

（二）施工协调小组的主要职责

（1）负责组织相关部门和单位协调解决营业线施工、运输、安全等问题，做到运输、施工统筹兼顾，确保行车、人身和施工安全。

（2）负责施工现场的组织协调工作。检查施工前的准备工作，检查各项安全措施的落实，掌握施工进度，维护施工期间的运输秩序，协调解决施工各部门临时发生的问题。

（3）负责组织召开施工预备会和总结会。

（4）Ⅰ、Ⅱ级施工协调小组负责审定相应施工等级的施工方案、施工过渡方案、施工安全措施等。

（三）施工负责人的确定及主要职责

1. 施工负责人的确定

施工负责人由施工单位按照施工等级安排相应人员担当。

（1）建设项目Ⅰ级施工由标段项目负责人担当，Ⅱ级施工由标段副职担当，Ⅲ级施工由分项目负责人（副）担当。

（2）技术改造、大中修项目Ⅰ级施工由施工单位负责人担当，Ⅱ级施工由施工单位分管副职担当，Ⅲ级施工由施工单位段领导或车间主任（副）担当。

（3）配合人员资格由铁路局规定。

维修的组织领导工作由设备管理单位负责。Ⅰ级维修负责人由车间主任(副)担当(Ⅰ级维修较多时，车间主任可委托车间干部担当)，Ⅱ级维修负责人由工(班)长担当。

2. 施工负责人的主要职责

(1)负责施工现场的组织指挥工作。检查施工和开通前的各项准备工作，指挥现场施工，安排施工防护，确认放行列车条件等。

(2)负责协调解决施工中发生的问题，协调各单位施工作业，掌握施工进度，反馈现场信息，及时向施工协调小组汇报施工情况。

(3)负责总结分析施工组织、进度和安全等情况，对施工现场的安全负责。

3. 施工现场为两个及以上施工单位时的管理

施工现场为两个及以上施工单位综合利用天窗在同一区间作业时，由运输部门指定施工(维修)主体单位，明确主体施工(维修)负责人。主体施工(维修)负责人负责协调各单位施工组织，各单位必须服从主体施工(维修)负责人指挥，按时完成施工和维修任务，确保达到规定的列车放行条件。

两个及以上单位作业车进入同一个区间移动作业时，由主体施工(维修)负责人统一划分各单位作业车作业范围及分界点，作业单位必须按规定分别进行防护。

(四)天窗修的管理

为强化天窗修的管理，各铁路局要成立天窗修领导小组，下设天窗修管理办公室。其主要职责：加强天窗修管理和考核工作，检查指导有关单位实施天窗修基础管理、现场作业及安全措施的制定和落实，协调、解决天窗修出现的问题，负责考核天窗兑现率和利用率，定期总结工作，不断提高天窗修质量。

铁路局运输、工务、电务、供电、车辆、房建等部门是实施天窗修的主要责任部门，要确定专(兼)职管理人员，在天窗修领导小组的领导下，负责本部门天窗修的日常管理工作。

第二节　施工计划的编制与审批

营业线施工计划分为年度轮廓施工计划、月度施工计划、施工日计划和维修计划。

铁路总公司运输局负责全路繁忙干线集中修年度轮廓施工计划的编制，审批繁忙干线、干线部管施工项目月度施工计划和繁忙干线及干线分界口施工停运计划；铁路局运输处负责组织编制本铁路局年度轮廓施工计划、月度施工计划；铁路局调度所负责编制施工日计划，繁忙干线部管施工的日计划须由铁路局调度所报铁路总公司运输局调度部审核。

一、年度轮廓施工计划与月度施工计划的编制

(一)年度轮廓施工计划的编制

铁路局运输处于每年12月初组织有关业务处室编制铁路局次年年度轮廓施工计划，各业务处室应提前提出部门年度轮廓施工计划。年度轮廓施工计划包括：站场、线路、桥隧、信联闭、通信、接触网等行车设备大、中修及技术改造等主要施工。在此基础上，铁路总公司运输局组织有关铁路局于每年12月份召开次年繁忙干线集中修年度轮廓施工计划协调会，协调铁路局繁忙干线集中修年度轮廓施工计划。

（二）月度施工计划的编制

铁路局运输处负责编制铁路局月度施工计划。

（1）施工单位应于每月9日前将次月施工计划申请上报铁路局主管业务处室（建设项目施工计划申请应先报项目管理机构预审，再报主管业务处室）。各业务处室对施工计划申请进行审查汇总，由主管处长批准后，于11日前向运输处提出月度施工计划申请表。

（2）运输处每月组织相关业务处室和主要施工单位审查编制月度施工计划，主要内容报分管运输副局长决定。月度施工计划经分管运输副局长批准后，以铁路局文件下发各站段和有关施工单位。

（3）双线车站电务为主、工务综合利用的每月每站2次、每次不少于30 min的设备检修垂直天窗，分站别在月度施工计划中公布（或在运行图文件中公布）。

（4）超出维修天窗时间的区间装卸路料计划应纳入月度施工计划；未纳入月度施工计划的临时区间装卸路料，有关业务处室提前3 d向调度所提出计划，由调度所负责协调安排。防洪、抢险区间装卸路料由调度所及时安排。

月度施工计划如表8－1所示。

表8－1　月度施工计划

编号	施工等级	线路	行别	施工项目	施工日期	施工地点	封锁时间	施工内容及影响范围	限速及行车方式变化	设备变化	运输组织	施工单位及负责人	备注
						区间及起止里程	封锁起止时间（封锁时间分钟）	施工内容影响范围	限速要求行车方式	线路数据变化，站场线路、道岔、径路变化，信号机位置及显示变化，接触网信号标志位置变化，其他变化		主体施工单位（职务）（姓名）施工单位（职务）（姓名）	

铁路总公司运输局负责审批部管施工项目月度施工计划及繁忙干线和干线分界口停运计划，审批程序如下：

（1）每月13日前，铁路局运输处与相关处室及施工单位协调编制次月繁忙干线和干线部管施工项目申请计划及繁忙干线和干线分界口停运申请计划，经分管运输副局长批准后，繁忙干线施工申请计划经铁路总公司施工计划管理系统、其余以文电形式上报运输局调度部，同时抄送运输局相关专业部门。

对于繁忙干线和干线以外的其他线路影响跨局运输的施工，施工计划可由施工铁路局与相邻铁路局商定后报铁路总公司备案。

(2)铁路总公司运输局每月 17 日左右组织相关部门研究确定次月部管施工项目月度施工计划。

(3)部管施工项目月度施工计划及繁忙干线和干线分界口停运计划，经铁路总公司运输局调度部主任(副主任)批准后，于每月 20 日前以铁路总公司文电形式下达有关铁路局，纳入铁路局月度施工计划。

二、铁路局施工日计划的编制

(一)施工日计划的编制程序

铁路局调度所负责铁路局施工日计划的编制，程序如下：

(1)施工单位于施工前 3 d 将施工日计划申请报铁路局主管业务处室(建设项目施工日计划申请应先报项目管理机构预审，再报主管业务处室)，主管业务处室审核(盖章)后，于施工前 2 d 9:00 前向调度所施工调度室提报施工日计划申请。

(2) Ⅰ级施工和繁忙干线部管施工项目，铁路局调度所于施工前 2 d 15:00 前将施工日计划提报铁路总公司运输局调度处，运输局调度处根据铁路总公司月度施工计划和批准的施工文电进行审核后，于施工前 2 d 18:00 前将施工日计划反馈相关铁路局调度所。

(3)编制施工日计划应以月度施工计划为依据，施工调度室应将主管业务处室提报的施工日计划申请与月度施工计划(批复文电)进行核对，编制施工日计划，经铁路局运输处主管副处长或调度所主任(副主任)审批后，纳入调度日计划。Ⅰ级施工和繁忙干线部管施工项目的施工日计划于施工前 1 d 15:00 前报铁路总公司运输局调度处。

(4)施工调度室于施工前 1 d 12:00 前(0:00 ~ 4:00 执行的施工日计划于前 1 d 8:00 前)将施工日计划下达有关机务段、动车段所属单位和车务段(直属站)，传(交)主管业务处室、相关列车调度和计划调度台。主管业务处室负责通知施工单位、配合单位，车务段(直属站)负责通知相关车站。

(二)要求

(1)铁路局所管设备越过局间分界站延伸至相邻铁路局调度指挥区段时(简称延伸段)，按下列规定办理。

①延伸段的施工计划：由施工单位向本铁路局提报施工方案，本铁路局按规定程序审核。施工方案审核后，由施工单位于每月 9 日前向调度管辖区段铁路局运输处提报经本铁路局主管业务处室审核(盖章)的次月施工计划申请(附带施工方案审核资料、施工安全协议)，由调度管辖区段铁路局安排月度施工计划，部管施工项目由调度管辖区段铁路局按规定报部审批。施工单位于施工前 3 d 将施工计划报本铁路局主管业务处室，经主管业务处室审核(盖章)后，于施工前 2 d 9:00 前向调度管辖区段铁路局调度所施工调度室提报施工计划申请，由调度管辖区段铁路局调度所编制、下达施工日计划，发布施工调度命令。施工现场组织实施工作由本铁路局负责。

②延伸段的维修计划：由设备管理单位向调度管辖区段车务段(直属站)提报，由车务段(直属站)负责审核、编制后，报调度所安排实施。

(2)在线间距不足 6.5 m 地段进行清筛、成段更换钢轨及轨枕、成组更换道岔、成锚段更换接触网线索作业时，邻线列车应限速 160 km/h，做好隔离并按规定进行防护。施工单位在提报施工计划时，应提出邻线限速的条件。

三、计划变更及临时施工

（一）计划变更

（1）月度施工计划原则上不准变更。特殊情况必须进行调整时，由施工单位提前 5 d 向铁路局主管业务处室和运输处提出书面申请，由运输处调整施工计划。涉及 LKJ 基础数据变化的施工日期不得提前。

（2）纳入月度施工计划的施工项目原则上不准停止施工，因专特运及调整车流等原因需停止施工时，须经分管运输副局长（总调度长）批准并于前日 14:00 前以调度命令通知有关单位。

（3）已批准的部管施工项目需停止施工时，须经铁路总公司运输局调度部主任（副主任）批准。

（4）对于停止的施工，铁路总公司运输局调度部和铁路局调度所应尽快重新安排，因停止施工引起的本月未按月计划完成的连续性施工，可顺延至下月。

维修计划下达后，因特殊原因需临时增加维修作业时，在不与其他施工及维修作业产生冲突的前提下，由设备管理单位报车务段（直属站）审核同意后，报铁路局调度所实施。铁路局所管设备越过局间分界站延伸至相邻铁路局调度指挥区段时，由调度管辖铁路局车务段（直属站）审核同意后，报铁路局调度所实施。

（二）临时施工

未纳入月度施工计划的施工项目原则上不准进行施工。特殊情况必须施工时，由施工单位提出施工申请，并签订安全协议，制定安全措施，通过主管业务处室审查（建设项目施工计划应先报项目管理机构预审），经分管运输副局长（总调度长）批准，由运输处安排施工。需增加部管施工项目时，铁路局提前 10 d 向铁路总公司运输局提出申请电报（涉及修改 LKJ 基础数据、旅客列车提前开车和停站变化、快运货物班列提前开车和装卸车组织站变化的须提前 15 d），经铁路总公司运输局批准后方可安排施工。

综合检测列车及设备管理单位发现 160 km/h 以上区段行车设备需要临时维修时，由设备管理单位向铁路局主管业务处室提出申请，经主管业务处室审核后会同调度所向分管运输副局长（总调度长）汇报并同意后，由调度所及时安排。

（三）临时封锁要点施工的规定

对突发性设备故障和灾害的紧急抢修及轨道状态超过临时补修标准和重伤设备处理等需临时封锁要点的施工，按下列程序办理：

（1）需临时封锁要点时，由设备管理单位向铁路局主管业务处室提出申请，主管业务处室审查，经分管运输副局长（总调度长）批准后，由调度所安排施工。

（2）危及行车安全需立即抢修时，设备管理单位按规定采取措施，在《行车设备检查登记簿》内登记，通过车站值班员报告铁路局列车调度员经调度所值班主任批准，发布调度命令进行抢修，设备管理单位同时通知配合单位和铁路局主管业务处室。

四、营业线施工计划审批权限

营业线施工实行铁路总公司、铁路局、车务段（直属站）分级管理，逐级审批制度。

（一）铁路总公司负责审批的施工计划

（1）影响跨局旅客列车停运、变更运行区段、改变始发终到时刻和局间分界站运行时刻的施工。

（2）影响繁忙干线和干线跨局货物列车停运的施工。

（3）调整繁忙干线和干线跨局货物列车编组计划的施工。

（4）调整繁忙干线和干线跨局车流运行径路，实行迂回运输的施工。

（5）变更繁忙干线和干线跨局货物列车牵引定数的施工。

（6）编制跨局施工分号列车运行图的施工。

（7）繁忙干线封锁正线 180 min 及以上、影响全站（全场）信联闭 240 min 及以上的施工。

（8）因特殊原因，繁忙干线（大秦线，石太线，侯月线，新焦线，新菏线，兖菏线除外）慢行处所超过《铁路营业线施工安全管理办法》（铁运〔2012〕51 号）第 11 条之规定时。

（9）中断跨局行车通信业务的施工。

（10）中断繁忙干线 6 h 及以上或干线 7 h 及以上且同时中断两站以上行车通信业务的通信网络设备施工。

铁路总公司审批的施工，由铁路局进行施工方案审核和施工计划编制，并制定运输调整方案和安全措施。铁路总公司运输局组织相关部门进行审批，运输调整由运输部门负责，施工方案由各专业部门对口负责。铁路局依据铁路总公司批复，编制具体施工计划并组织实施。

大型客运站、枢纽、繁忙干线和干线影响较大的Ⅰ级施工，按规定须铁路总公司审批时，由铁路局分管领导组织研究，提出施工方案、运输组织和安全措施等报铁路总公司运输局。根据施工对运输的影响情况，运输局组织相关铁路局及施工单位进行专题研究审定。

（二）铁路局审批的施工计划

维修计划和铁路总公司负责审批以外的施工计划，全部由铁路局负责审批。

正线、到发线以外的对运输影响较小的施工计划审批权限，由铁路局界定。

影响行车或影响行车设备稳定、使用的施工项目未经申报批准严禁施工，擅自施工或擅自扩大施工内容和范围的，一经发现立即停工并追究施工单位责任。

五、施工方案审核程序

施工方案由施工单位制定，经相关设备管理单位会签后，上报铁路局主管业务处室，其中建设项目施工方案应先报项目管理机构预审，再报铁路局主管业务处室。

（一）施工方案的内容

提报的施工方案应包括：施工项目及负责人、作业内容、地点和时间、影响及限速范围、设备变化、施工方式及流程、施工过渡方案、施工组织、施工安全和质量的保障措施、施工防护办法、列车运行条件、验收安排等基本内容。

（二）施工方案的审核

施工方案由主管业务处负责审查，初步确定施工等级，Ⅰ、Ⅱ级施工分别报Ⅰ、Ⅱ级施工领导小组审定，Ⅲ级施工由有关业务处共同审定。

（三）施工安全协议

施工方案审核通过后，施工单位应与设备管理单位和行车组织单位按施工项目分别签订施工安全协议。

设备管理单位在自管范围内进行的维修作业，不需签订施工安全协议，涉及到非自管设备时应与相关单位签订施工安全协议。

施工安全协议书的基本内容应包括：

①工程概况（施工项目、作业内容、地点和时间、影响范围）；

②施工责任地段和期限；

③双方所遵循的技术标准、规程和规范；

④安全防护内容、措施及专业结合部安全分工（根据工点、专业实际情况，由双方制定具体条款）；

⑤双方安全责任、权利和义务（包括共同安全职责和双方各自安全职责）；

⑥违约责任和经济赔偿办法（包括发生铁路交通责任事故时双方所承担的法律责任）；

⑦安全监督检查和基建、更新改造项目配合费用；

⑧法律法规规定的其他内容。

施工单位在提报施工计划申请时，必须同时提报施工安全协议。未签订施工安全协议的施工计划申请，铁路局主管业务处室不予审核，严禁施工。

第三节　施工组织与实施

一、维修天窗的组织实施

（一）维修天窗的施工组织

（1）营业线维修作业，双线V形天窗区段一线作业时不得影响另一线行车设备的正常使用，涉及上下行渡线时由铁路局安排。同一区间当日安排有施工天窗时，维修作业应在施工天窗内等时长套用，不再单独安排维修天窗。

（2）车站不办理接发列车（含到达场、出发场不办理接发列车一端）的行车设备，在确保安全的前提下，维修作业由车站负责安排。车站驼峰设备检修实行“停轮修”，应利用交接班、调车作业间休等时间进行，原则上每次不少于40 min。

机务、车辆、动车（所）段内有关行车设备的维修作业，在确保安全和不影响机车（动车组）出入、车辆取送的前提下，由机务、车辆、动车（所）段负责安排。

（二）可在天窗点外进行的作业

下列维修作业可在天窗点外进行，但严禁利用速度160 km/h及以上的列车与前一趟列车之间的间隔时间作业。其他维修项目必须纳入天窗，严禁利用列车间隔时间作业。

（1）工务部门。

①使用探伤小车、轨检小车等随时能撤出线路的便携设备进行上线检查、检测作业；预卸路料的加固；线路标志涂刷；整理道床；清理垃圾或弃物。其他在道床坡脚以外栅栏以内不影响线桥设备正常使用的作业。

②线路限速或允许速度小于或等于或限速60 km/h的区段，允许使用撬棍、洋镐、小型液压起拨道器、螺栓扳手等小型工具进行螺栓涂油、捣固、改道、补充或紧固轨道联接零件、撤垫板作业，但严禁利用旅客列车与前一趟列车之间的间隔时间作业。

(2)信号部门：光电缆径路检查、室内外设备巡视检查及道岔转换试验等不影响电务设备机械强度、电气特性的作业。

(3)通信部门：在道床坡脚以外进行不影响行车通信业务正常使用的通信设备、线路及附属设施的日常维修、业务办理和保护试验等作业。

(4)供电部门：接触网步行巡视、静态测量、测温等设备检查作业；接触网打冰，处理鸟窝、异物；在道床坡脚以外栅栏以内的标志安装及整修、基础整修、接地装置整修、支柱基坑开挖等不影响设备正常运行的作业。

(5)车辆部门：设备巡视、检查、油润、紧固和清除异物的作业。

(6)货运部门：货运计量安全检测设备巡视、检查和外部清扫、油润，清除影响正常工作的异物作业。

(7)房建部门：在站台安全线以内进行日常设备巡视。

上述作业必须制定天窗点外维修作业计划，天窗点外维修作业计划由设备管理单位车间或段一级批准，具体审批程序由铁路局规定。上线作业时必须在车站《行车设备检查登记簿》内登记，车站值班员签认，必须按规定设置驻站联络员、现场防护员，联系中断时必须停止作业。

(三)实施要求

运输部门要加强运输组织和调度指挥工作，确保天窗次数及时间兑现。因旅客列车晚点等原因，准许变更天窗起止时间，列车调度员应提前通知有关车站值班员，车站值班员通知施工负责人。

二、集中修的组织实施

集中修是集中调配施工机械、人员、路料，综合利用施工天窗，集中完成一条线路行车设备大中修和技术改造任务的一种施工组织形式，有利于提高施工效率和质量，及减少施工对运输的整体影响。集中修主要适应于通过能力紧张的繁忙干线。

(一)集中修的安排

(1)集中修的施工时间根据施工工作量来确定，可集中安排一段时间，也可分段进行施工。为做好集中修工作，一般需调整施工分号运行图，在运输条件许可的情况下，施工天窗、施工慢行附加时分和处所可适当增加，同时，相应采取整体运输调整措施，为集中修创造条件。在完成集中修的地段，铁路总公司适当调整维修天窗时间和作业次数。

(2)集中修的年度轮廓计划由铁路总公司运输局协调相关铁路局编制，以铁路总公司文电形式公布实施。涉及每条线集中修施工前，铁路总公司运输局组织相关铁路局对施工日期、天窗、运输调整等事项进行协调。集中修具体施工计划由铁路局编制，先编制总体施工计划，根据施工进度，在总体施工计划的基础上适时进行计划调整，以旬或周计划的方式组织实施。施工计划报铁路总公司运输局有关部门备案。

(二)集中修的组织实施

(1)铁路局要加强集中修的组织管理，成立集中修协调小组，协调小组成员参照Ⅰ级施工协调小组，全面负责施工方案、施工计划、施工组织协调、施工安全管理等工作，协调小组可指定人员具体负责集中修日常协调组织工作。根据集中修范围，可分片区成立集中修施工管理小组，负责本片区的施工组织协调实施工作。

(2)为强化集中修的安全监控工作，设备管理单位应配备专人对每处施工地点进行监控，加强对施工安全和质量的监督检查，并负责与施工单位负责人共同确认开通条件，严把施工开通关。与集中修有关的车站，站长(或主管副站长、车间主任)必须到岗监督作业，保证行车安全。铁路局应成立集中修施工安全监督队伍，强化施工现场安全监控，发现问题及时纠正，危及行车安全时有权责令施工单位恢复设备，停止施工。

(3)集中修的施工机械、人力、路料调配工作由铁路总公司相关部门协调各铁路局确定，铁路局应提前做好集中修的各项准备工作。为保证集中修的路料运输工作，铁路局应制定路料运输方案，调度所应加强路料运输的日常组织。

(4)铁路局要加强集中修考核工作，安排专人对施工天窗兑现率和利用率进行逐日统计、分析、考核，掌握施工进度，提高施工天窗的综合利用效率。

三、施工登销记程序及施工时的安全措施

(一)施工登记

封锁施工时，施工负责人应确认已做好一切施工准备，按批准的施工计划(临时封锁区间抢修施工时除外)，亲自或指派驻站联络员在车站《行车设备施工登记簿》内登记，按规定向车站或通过车站值班员向列车调度员申请施工。

(二)封锁区间施工时的安全措施

(1)封锁区间施工时，车站值班员根据封锁或开通命令，在信号控制台或规定位置上揭挂或摘下封锁区间表示牌。列车调度员应保证施工时间，并向施工区间的两端站、有关单位及施工负责人及时发出实际施工调度命令。施工负责人接到调度命令，确认施工起止时刻，设好停车防护后，方可开工，并保证在规定时间内完成。

(2)施工封锁前，通过施工地点的最后一趟列车前进方向为不大于6‰的上坡道时，列车调度员可根据施工负责人的请求，在调度命令中注明该次列车通过施工地点后即可开工(按自动闭塞法行车时可安排施工路用列车跟踪该次列车进入区间)，列车到达前方站后，再封锁区间。上述命令应抄交司机，该列车不得后退。

(3)施工时，除本项施工外的车列或列车不得进入封锁区间。进入封锁区间的施工列车司机应熟悉线路和施工条件。

(三)施工销记

(1)施工单位应在实际施工调度命令的起止时间内完成作业，施工单位作业完成后，经施工、设备管理单位检查达到放行列车条件，由施工负责人(驻站、驻调度所联络员)、设备单位检查人(或设备单位指定人员)办理开通登记(施工销记)，车站值班员(或列车调度员)签认后，按规定开通线路。如因特殊情况不能按时开通区间或不能按规定的开通速度运行，应提前通知车站值班员，要求列车调度员延长时间或限速运行。

(2)铁路局所管设备越过局间分界站延伸至相邻铁路局调度指挥区段时，延伸段的登销记应在局间分界站办理。

同时影响两站以上的通信施工，登销记应在调度所办理。

(3)扰动道床不能预先轧道的线路、道岔施工，开通后第一趟列车不准为旅客列车，具备下列条件之一时，可视为轧道：①大型养路机械施工经过稳定车作业；②开通后经过重型轨道车牵引的施工列车；③开通后经过单机。

速度 160 km/h 以上区段，线路、接触网封锁施工开通后，第一趟列车不准为载客动车组列车。

四、施工过渡工程

施工过渡是增建双线、新线引入、技术改造、电气化工程等营业线建设项目组织施工和运输配合的重要环节。建设、设计、施工、监理、行车组织、设备管理部门和单位要加强过渡工程管理，保证行车、人身和施工安全。

（一）施工过渡工程的组织

（1）建设单位要将过渡工程按正式工程组织建设，并组织行车组织、设备管理、设计、监理部门和单位对施工单位编制的施工过渡方案进行审查。

（2）设计单位要按照正式工程进行过渡工程勘察设计，提出指导性施工过渡方案和保证安全运营的具体措施；要优化设计方案和指导性施工过渡方案，减少线路换边拨接次数，减少过渡工程；要根据规程规范、线路条件和运输需要，合理选择便线的曲线半径以及其他技术标准，保证勘察设计质量；设计审查部门要按照正式工程进行审查。

（3）施工、监理单位要按照正式工程组织过渡工程施工和实施工程监理。施工单位要对既有设备布置进行现场核对，根据设计文件和审查后的指导性施工过渡方案编制施工过渡方案，严格按照设计文件和批准的施工过渡方案进行施工。监理单位应督促施工单位严格按照批准的施工过渡方案进行施工，并实施旁站监理，参与竣工验收。

（4）行车组织和设备管理部门要参加指导性施工过渡方案和施工过渡方案的审查工作，做好现场配合工作。

（5）工程质量安全监督机构要加强对过渡工程的监督，检查施工过渡方案，对实施过程和竣工验收工作实施监督。

（二）施工过渡工程的管理

（1）严禁进路有关道岔未纳入联锁时开放信号办理列车和调车作业。营业线站场改造工程中，凡所接入或移动的道岔，必须按信号过渡工程设计、施工，将道岔表示纳入车站联锁后方可开放相应的信号机，否则按非正常办理行车。

（2）过渡工程的竣工验收要按照正式工程组织。过渡工程除拢口拨接地段外，其他应提前进行验收。对不能预先轧道的过渡工程，由建设、施工、监理和设备管理单位联合检查确认达到《工程施工质量验收标准》要求，验收合格后方可开通。未经验收或验收不合格的，不得交付运营单位，也不得开通运营。

（3）过渡工程的开通速度和运行速度由施工单位依据设计和施工资料提出申请，经运营单位审查后确定。验收合格的过渡工程，由运营单位（维管单位）维护，开通后 24 h 内，施工单位协助运营单位进行维护。施工单位对过渡工程的施工质量负责，运营单位对过渡工程的设备维护负责。有关费用按规定办理。

五、工程验收交接

营业线基建、更新改造项目的施工必须遵照“建成一段，投产一段”的原则，及时验收交接、拨接开通。未经验收合格的工程不得拨接开通使用。

工程验收交接的规定如下：

(1)施工单位要严格按批准的设计文件和施工方案进行施工，确保工程质量。基建、更新改造项目必须达到设计规范和《工程施工质量验收标准》要求，且竣工资料齐全后方可申请验交。行车组织、设备管理部门要提前做好各项接管准备工作，对新增人员提前进行培训，提前调配到位。

电气化改造项目在受电前15 d由项目管理机构将具体受电日期、范围通知路内外有关单位，并进行路外安全宣传。

(2)营业线的铁路建设项目施工，工程完成并达到设计要求后，施工单位要及时向建设单位提出验收交接申请；建设单位按照铁路总公司竣工验收交接办法及时组织工程验收交接。验收交接工作要在开通使用前进行。竣工验收交接后，方能正式移交使用单位运营或投产使用，未办理验收交接或验收不合格的工程一律不得交付使用。

(3)铁路建设项目新线(无砟轨道除外)施工中的正、站线线路在验交开通前要经过机车多次轧道(正线轧道50次、站线轧道30次)及整修或大型养路机械整道，直至达到《工程施工质量验收标准》要求，经验收交接后方可开通。凡正式办理验交手续的线路及设备，均应由设备管理单位负责维修养护。

对不能预先轧道和进行动态验收的线路、道岔施工，由建设、施工、监理和设备管理单位联合检查确认达到《工程施工质量验收标准》要求，验收合格后方可开通。开通后由运营单位接管，开通后24 h内，施工单位协助运营单位进行维护。运营单位要使其尽快达到规定的允许速度。

(4)车站信联闭设备施工后，必须封锁进行全面的联锁试验，确认联锁关系无误后方可开通使用，涉及列车进路使用的设备严禁利用列车间隔进行联锁试验。列控设备施工后须动态试验正确后方可开通使用。

六、施工安全管理责任

确保施工安全是建设、设计、施工、监理、行车组织、设备管理等单位和部门的共同责任。各单位要牢固树立安全意识，严格执行各项规章制度，建立健全安全责任制，落实安全措施和责任，正确处理施工与行车安全的关系，严格遵循“安全第一”的原则，服从行车安全的需要。做到分工明确，责任清楚，措施具体，管理到位。

(一)建设单位的责任

建设单位负责按照国家及铁路总公司有关规定审核设计、施工、监理单位的资质，审查施工单位的工程技术人员、机械设备、施工组织设计、安全生产保障措施等。在设计、工程招投标、审批施工方案、项目经理和有关人员的安全培训、法制教育、工程质量和安全的日常监督检查、工程竣工验收等各个环节上，要做好确保行车安全的组织协调和监督检查工作。

(二)设计单位的责任

设计单位在设计文件中，必须明确施工期间营业线的行车安全条件、施工影响范围内各种行车设备的状况、所涉及的行车设备的防护措施以及为确保行车安全必须采取的施工工艺和指导性施工安全方案等。

（三）监理单位的责任

监理单位要认真履行监理合同，按旁站监理的原则监督施工单位按设计标准和有关规范、规定施工，及时防范施工中的安全隐患，彻底消除因施工质量不良给行车安全留下的隐患。

（四）施工单位的责任

（1）施工单位要建立健全施工安全保证体系，按规定设置安全生产管理机构，配备安全生产管理人员，履行施工安全管理和日常检查的职责；负责对全体施工人员进行施工安全教育，建立完善的施工安全责任制；要严格执行营业线施工的各项规章制度，科学制定施工方案，对Ⅰ、Ⅱ级施工还要制定施工方案示意图、施工作业流程计划图、安全关键卡控表，并严格按审定的方案、范围和批准的封锁慢行计划组织施工。

（2）施工单位的人员要求：

①施工负责人对施工项目的安全工作全面负责。因施工原因发生的铁路交通事故，首先要追究施工负责人的责任。

施工负责人应具备必需的施工安全素质。施工项目经理、副经理，安全、技术、质量等主要负责人必须经铁路总公司（或铁路局）营业线施工安全培训，未经培训或培训不合格的人员不得担任上述工作。

②施工单位的安全员、防护员、联络员、带班人员和工班长必须经过铁路局有关部门培训。未经培训或培训不合格的人员担任上述工作，要追究施工单位领导的责任；培训合格的上述人员担任上述工作时，因施工安全知识不达标发生事故的，要追究培训部门的责任。

（3）施工单位对施工过程的掌控：

①施工单位在施工前，要做好充分准备，并提前向设备管理和使用单位进行技术交底，特别是影响行车安全的工程和隐蔽工程；施工中，要严格执行技术标准、作业标准、工艺流程和卡控措施，严禁超范围作业，确保施工质量；施工完成后，必须达到放行列车条件并经设备管理单位确认后，方可申请开通线路。

轨道车、施工机械等自轮运转特种设备上线运行必须符合铁路总公司的有关规定。施工单位要接受运输、设备管理单位和部门安全检查人员的监督检查，对检查出的问题要立即整改。

②封锁施工开通后，施工单位和设备管理单位要加强检查和整修，设备管理单位要严格把关；开通后列车运行速度必须按速度阶梯逐步提高。线路慢行应尽快恢复正常速度，并按有关规定尽快办理交接。

（4）施工单位至少在正式施工 72 h 前向设备管理单位提出施工计划、施工地点及影响范围。设备管理单位接到施工单位的施工请求后，应对施工方案和计划及影响范围进行认真核对，并在施工开始前派员进行施工安全监督。

（五）设备管理部门和单位的责任

（1）设备管理部门和单位要建立施工安全监督体系，加强对施工安全和工程质量的监督检查。

①设备管理部门应根据工程规模和专业性质，对安全监督检查人员进行培训，并对合格人员发培训合格证。

②设备管理单位应加强对本单位派出的安全监督检查人员的管理，要委派熟悉业务的安

全监督检查人员持证上岗，对各种施工涉及行车安全的各方面实行全程监督检查。安全监督检查人员对施工单位违章作业、安全措施不落实以及危及行车安全的施工，有权停止作业；对封锁施工要根据施工质量，最终确认满足线路放行列车条件后，方可开通线路；线路开通后，需要慢行的地段还要对慢行的速度、距离和时间检查，直到列车恢复常速、线路质量稳定。

③设备管理单位要加强对施工的点前准备、点中控制、点后开通、逐步提速等情况的监护工作，实行开通、提速检查签认制度。

(2)设备管理单位应积极协助设计和施工单位核查既有设备情况，提供地下管、线、光电缆等隐蔽设施的准确位置。无法提供准确位置时，由设计单位会同施工、设备管理单位(对行车安全影响较大的还必须有铁路局参加)共同探查、核实，划定防护范围，并在签订安全协议时，明确各方安全责任。

(六)行车部门的责任

行车组织部门必须积极做好施工组织协调工作，制定非正常情况下的行车组织措施，提前调整车流，加强施工期间的行车组织指挥，为施工作业创造条件。

行车部门要加强施工期间行车组织和调度指挥，非正常情况下接发列车，站长(或主管副站长、车间主任)必须到岗监督作业，严格执行作业标准，落实施工安全卡控措施。控制好发布行车命令、确认区间空闲、进路检查确认、行车凭证填写交付、引导信号使用等关键环节。施工开通必须严格执行施工单位、设备管理单位登记开通、车站签认和列车调度员发布开通命令的程序。

各级施工协调小组，必须提前确定现场监控人员，深入施工现场，做好组织协调工作，强化现场安全监控。建设、设计、施工、监理、设备管理、行车组织、安全监察等部门、单位人员，要在组长或副组长的领导下，明确工作重点，盯住关键环节，督促安全措施落实，协调解决施工过程中临时发生的问题，保证施工安全。

七、营业线施工安全专项管理

施工单位要严格执行铁路安全生产各项规章制度。对于施工前超范围准备、施工中挖断光电缆、爆破损坏行车设备、作业车辆溜逸、轨道车辆违章行驶、施工后线路未达到放行列车条件违章放行列车、开通后整修线路不及时、机械和料具侵限、使用封联线和违章使用手摇把等危及行车安全的问题，要制定管理制度，坚决杜绝此类问题发生。施工料具要集中管理，必要时派人看守。对影响行车的各个环节，必须加强管理，落实措施，严密防范，确保行车安全。

(一)劳务工的安全专项管理

(1)参加营业线施工的劳务工必须由具有带班资格的正式职工(即带班人员)带领，不准劳务工单独上道作业。

(2)用工单位对劳务工要进行施工安全培训、法制教育和日常管理；要先培训，培训合格后方可上岗。

(3)对营业线施工的轨道、桥隧、通信信号、接触网等技术复杂、可能危及行车安全的作业项目，严禁分包、转包。

(4)劳务工不能担任营业线施工的施工安全防护员和带班人员等工作，不准单独使用各类作业车辆。

(二)雨季施工安全工作

(1)营业线施工要认真执行《铁路实施〈中华人民共和国防汛条例〉细则》，落实防洪措施。施工中必须保持营业线排水系统的畅通，对可能影响营业线路基、桥涵、隧道等设施设备稳定的任何作业，必须有足够可靠的安全防护措施，做到防患于未然。

(2)建设单位要及时组织设计、施工、监理及设备管理等单位和部门，对施工地段联合进行汛前防洪检查，发现问题由设计、施工单位及时处理。

(3)凡可能影响安全渡汛的施工地段，施工单位要认真接受防洪部门的防洪检查和指导，按要求认真落实责任，并制定防洪预案。

(三)施工和维修作业安全防护

加强施工和维修作业安全防护。施工和维修作业前必须按规定设置驻站(调度所)联络员、防护员，驻站(调度所)联络员或现场防护员不得临时调换。

现场防护员应根据施工作业现场地形条件、列车运行特点、施工人员和机具布置等情况确定站位和移动路径，并做好自身防护。

作业过程中，驻站(调度所)联络员与现场防护员必须保持通信畅通并定时联系，确认通信良好。一旦联控通信中断，作业负责人应立即命令所有作业人员下道。铁路局应制定驻站(调度所)联络员、现场防护员及施工负责人之间的联控办法，明确通信设备管理要求，对联控时机、联控内容、联控对象、联控标准用语及复诵确认等环节进行规范。

(四)临时道口的安全管理

施工期间需设置临时道口时，要依照《设置或拓宽铁路道口人行过道审批办法》办理相关的行政审批手续。施工单位在临时道口设置期间要设人看守，并按规定日期拆除。施工单位在施工中必须保证道口(含临时道口)设备符合标准，并按铁路道口管理有关规定进行管理。

参考文献

[1] 中国铁路总公司. 铁路技术管理规程(普速铁路部分)[M]. 北京: 中国铁道出版社, 2014
[2] 中国铁路总公司. 铁路技术管理规程(普速铁路部分)条文说明[M]. 北京: 中国铁道出版社, 2014
[3] 王立松. 铁路行车技术管理[M]. 北京: 中国铁道出版社, 2008
[4] 张雅净, 王鹤鸣. 铁路行车调度[M]. 北京: 中国铁道出版社, 2010
[5] 李一龙. 铁路行车规章教程[M]. 北京: 中国铁道出版社, 2009
[6] 陈锦生, 靳丽丽. 列车调度指挥[M]. 北京: 中国铁道出版社, 2014
[7] 中华人民共和国铁道部. 铁路运输调度规则[M]. 北京: 中国铁道出版社, 2008
[8] 中华人民共和国铁道部. 接发列车作业标准(TB/T 1500.1—2009, TB/T 1500.2—2009, …, TB/T 1500.8—2009)[M]. 北京: 中国铁道出版社, 2009
[9] 中华人民共和国铁道部. 铁路营业线施工安全管理办法(铁运〔2012〕280 号)[M]. 北京: 中国铁道出版社, 2012
[10] 中华人民共和国铁道部. 铁路货车运用维修规程[M]. 北京: 中国铁道出版社, 2010

图书在版编目（C I P）数据

铁路行车技术管理. 普速铁路部分 / 肖龙文主编. --长沙：中南大学出版社，2017.7

ISBN 978 - 7 - 5487 - 2926 - 6

Ⅰ.①铁… Ⅱ.①肖… Ⅲ.①铁路行车－技术管理－高等学校－教材 Ⅳ.①U292

中国版本图书馆 CIP 数据核字(2016)第 189375 号

铁路行车技术管理

（普速铁路部分）

肖龙文　主编

□**责任编辑**　刘　辉
□**责任印制**　易红卫
□**出版发行**　中南大学出版社
社址：长沙市麓山南路　　邮编：410083
发行科电话：0731 - 88876770　　传真：0731 - 88710482
□**印　　装**　长沙市宏发印刷有限公司

□**开　　本**　787×1092　1/16　□**印张** 14.75　□**字数** 371 千字
□**版　　次**　2017 年 7 月第 1 版　□**印次**　2017 年 7 月第 1 次印刷
□**书　　号**　ISBN 978 - 7 - 5487 - 2926 - 6
□**定　　价**　36.00 元